高等职业院校商务文秘实用技能教材

新编文档管理

谭书旺　苗　杰　编著

中国财富出版社

图书在版编目（CIP）数据

新编文档管理/谭书旺，苗杰编著．—北京：中国财富出版社，2014.5
（高等职业院校商务文秘实用技能教材）
ISBN 978-7-5047-5177-5

Ⅰ.①新⋯ Ⅱ.①谭⋯②苗⋯ Ⅲ.①文书档案—档案管理—高等职业教育—教材
Ⅳ.①G275.2

中国版本图书馆 CIP 数据核字（2014）第 059973 号

| 策划编辑 | 寇俊玲 | 责任印制 | 方朋远 |
| 责任编辑 | 杨银旗　张　娟 | 责任校对 | 梁　凡 |

出版发行	中国财富出版社	
社　　址	北京市丰台区南四环西路 188 号 5 区 20 楼	邮政编码　100070
电　　话	010-52227568（发行部）	010-52227588 转 307（总编室）
	010-68589540（读者服务部）	010-52227588 转 305（质检部）
网　　址	http://www.cfpress.com.cn	
经　　销	新华书店	
印　　刷	北京京都六环印刷厂	
书　　号	ISBN 978-7-5047-5177-5/G·0576	
开　　本	787mm×1092mm　1/16	版　次　2014 年 5 月第 1 版
印　　张	14.75	印　次　2014 年 5 月第 1 次印刷
字　　数	332 千字	定　价　33.00 元

前　言

　　文书与档案管理是企业行政管理岗位的必备核心能力，也是高等职业院校商务文秘类专业的核心课程。

　　随着我国职业教育的快速发展，采用科学的方法培养高层次技能型人才已经成为当务之急。本书就是在当前最新高职教育课程改革理念的指导下，尝试采用"项目引领，任务驱动"的模式编写而成的一本文档管理教材。

　　教材内容的选取符合企业文档管理岗位的实际需求，融入国家有关部门最新颁布的《党政机关公文处理工作条例》《党政机关公文格式》《归档文件整理规则》《企业文件材料归档范围和档案保管期限规定》《电子公文归档管理暂行办法》等政策法规，确保教材的学习和使用者能够按照国家有关政策法规的最新要求，完成企业文档管理岗位的相关工作任务，做到"一册在手，文档管理不用愁"。同时，参考了国家秘书职业标准在文档管理方面的要求，兼顾了"双证书"教育的需求。

　　根据文秘工作的需要，全书共设计了认识文书、行文制度、公文的体式和稿本、收文处理程序、发文处理程序、归档文件整理、档案的收集、档案的鉴定、档案的整理、档案的保管、档案的检索、档案的提供利用、特殊载体档案的管理、档案管理制度与档案管理模式十四个项目，包括 20 个工作任务。在内容的编排上，首先，列出任务内容，使学习者产生解决问题的需要，激发学习者的学习动力；其次，列出任务目标，包括知识目标和技能目标，使学习者明确地了解通过完成该工作任务应该达到的目标；再次，给出该项目的课时建议，以便安排教学课时；最后，列出完成该工作任务所需要的知识支撑。

　　在教学过程的设计上，施教者既可以在交代清楚任务要求后让学习者通过带着问题找答案的形式自我学习，自己负责解难答疑，也可以在交代清楚任务要求后对知识支撑部分的难点要点进行有选择地讲解或组织讨论，最后，让学习者设计出任务的解决方案。

　　本教材的建议教学时数为 36 课时，其中项目一 1 课时，项目二 2 课时，项目三 4 课时，项目四 3 课时，项目五 3 课时，项目六 4 课时，项目七 2 课时，项目八 2 课时，项目九 2 课时，项目十 2 课时，项目十一 4 课时，项目十二 2 课时，项目十三 4 课时，项目十四 1 课时，使用者可以根据实际教学需要在此基础上酌情调整。

　　本教材的项目一至项目五和项目十四由谭书旺编写，项目六、项目七、项目九和

项目十二由谭书旺和苗杰共同编写，项目八、项目十、项目十一和项目十三由苗杰编写，最后由谭书旺负责统稿和审定。在编写的过程中，广泛吸收了近年来本领域的最新研究成果和素材，参考和借鉴了有关同行专家的著作和文献，有的可能未能一一列出，在此一并致以诚挚的谢意！

由于编者水平有限，错漏之处在所难免，希望广大的读者和同人提出宝贵的意见和建议。

编　者
2014 年 1 月

目 录

项目一　认识文书

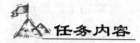

任务内容

青萌商贸有限公司是一个刚刚成立不久的小型商贸流通企业，现有员工 7 人。公司的所有管理活动都是以口头的形式进行的，文书工作近乎空白。

随着公司规模的不断扩大和员工的不断增加，经理李德胜感到原来的管理方式有点力不从心，效果越来越差。于是招聘了一名秘书来帮助自己管理公司。

新来的秘书叫初苗，她了解公司的基本情况后，根据自己在学校里学到的有关知识，决定先从建章立制、抓好文书工作入手。她应该怎样来说服李经理积极抓好文书工作？自己又应该为了文书工作的顺利开展做好哪些必要的准备工作呢？

假如你就是初苗，请书面列出说服李经理抓好文书工作的理由和开展文书工作必须做好的准备工作。

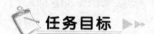

任务目标

1. 知识目标
◆ 了解文书的概念、性质、作用、构成要素
◆ 了解企业常用的公文文种和企业文书的主要内容
◆ 深刻理解文书在一个企业的运行中能够发挥的作用
2. 技能目标
◆ 能够依据文书的相关知识做好开展文书工作的各项准备

课时建议

1 课时

知识支撑

一、文书的概念

(一) 广义概念

文书是指行为主体在社会活动中，为了一定的目的而形成并使用的具有应用性和

特定格式的文字材料。包括公务活动中形成的公务文书和私人活动中形成的私人文书。

(二) 狭义概念

特指公务文书，简称公文。在本课程的讲述中，我们主要使用文书的狭义概念。

文书、公文、文件的联系与区别具体如下。

一般情况下，文书、公文、文件的基本含义是一致的，都是指公务文书。但是，在使用上有一些细微的差别。文书，主要以集合概念的身份出现，通常用来泛指所有的文字材料；公文，通常用来特指社会组织在公务活动中产生的文字材料；文件，通常用来专指上级机关下发的具有重要执行作用的公文。

二、文书的性质

文书的本质属性是现实执行性。这是文书所独有的特性，也是区别于其他文字材料的内在依据。

所谓现实执行性，主要有两个方面的含义：一是说文书有执行性，在有关职责权限范围内，文件一旦制发，就必须贯彻执行；二是说在一定的时间内有执行性，也就是现实执行性。没有一份文书是永远有效的，随着事项的处理完毕，它的执行性也就完结了。

文书除了现实执行性这一本质属性以外，还有政治性、机密性、知识（信息）性等属性。

三、文书的作用

(一) 领导指导作用

在一个社会组织当中，管理者对基层组织的领导和指导不外乎两种方式：一是书面领导，即利用公文进行领导与指导；二是实行面对面的领导。

一般来说，对于重大问题的处理、决策等，适宜于采用书面领导的方式，因为这样可以避免面对面领导存在的随意性。另外，一个机关、单位，无论如何都不可能实行完全的面对面的领导，领导者不可能同下级每一个组织以及成员直接接触，这就需要通过公文来贯彻有关方针政策，进行具体的领导与指导。

(二) 行为规范作用

一个企业对于员工行为的规范，往往都是以规章制度的形式存在的，而各种规章制度的表现形式就是企业的内部文件。

★阅读料★

1984 年，两个濒临倒闭的集体小厂合并成立了渤海电冰箱总厂，由当时担任渤海市家电公司副经理的×××出任厂长。当这位山东大汉第一次踏进这家亏损 147 万元、几乎一半人想调走的集体企业时，印象最深的是满车间臭气熏天的大小便，以至于他上任后颁布的第一份制度性文件的内容就是"不准在车间随地大小便"。随着这份文件的出台，臭气熏天的车间开始变得整洁有序。

（三）公务联系和知照的作用

各机关单位在处理日常事务工作中，经常要与上下左右的有关机关单位进行公务联系，公文往来则是机关单位之间协商和联系工作的一种手段。这种公务联系作用是公文最常见、最普遍的作用。同时，公文在机关单位之间互相执行意图、协调关系以及协调机关内部关系等方面都起着重要的作用。

（四）凭据记载作用

公文是一个社会组织公务活动的文字记录。一般来说，绝大多数公文在传达意图、联系公务的同时，也具有一定意义的凭据作用。这是因为，既然每一份公文都反映了发文者的意图，那么，对于受文者方面来说，就可以将公文作为安排工作、处理问题的依据。另有一些公文具有明显的记载作用，如会议记录、谈话记录、会议纪要、大事记等。它们都是机关工作活动的真实记录，可以供日后利用和查考。

（五）传递信息和宣传教育的作用

公文是传递信息的重要渠道。一个企业与党和政府以及上下左右机关单位之间，其决策、方案、设想和意图等信息，常常是通过公文的传递而取得的。同时，公文还发挥着宣传、教育群众的作用。

四、文书的构成要素

（一）信息要素

自古以来，文书就是记录和传递信息的重要工具，现代文书更是以记载信息、沟通信息为目的。可以说，没有信息，文书就没有存在的必要。因此，信息是构成文书的第一要素。文书的信息包括核心信息和附加信息两个方面。

1. 核心信息

核心信息是指文书所记载的主要内容。对于公文来说，其核心信息除了正文所表达的内容外，还包括公文的标题、主送机关、发文机关（单位）、成文时间等这些体现

制发公文目的的诸要素。

2. 附加信息

附加信息是指因实际需要，根据不同的核心信息而附加的带有补充说明性质的信息，如文书生成的时间、地点、机关（单位）名称、份数、是否有保密要求等。对于公文来说，还包括公文的发文字号、秘密等级和期限、紧急程度、印章、抄送机关、印发机关、印发时间等。

（二）符号要素

文书的内容（信息）只有依托一定的符号才能被记载、被表达、被传递、被感知。作为文书信息载体的符号，按表现形式可分为文字符号和图形符号。

1. 文字符号

文字符号指各国、各民族的语言文字，也包括各种数码符号。它是迄今为止文书信息赖以记载、传递的最主要工具。

2. 图形符号

图形符号指图像、图表和各种标点符号及色彩的运用，它主要对文字信息起辅助说明的作用。

（三）物质要素

作为信息载体的符号也必须以某种物质作为介质才能存在，这也可称作文书的物质构成。这种物质构成的具体材质在各个不同的历史时期是不同的，但无论是哪种材质的文书，其物质构成要素大致包括信息附着载体和信息显现材料两个方面。

1. 信息附着载体

信息附着载体是指文书符号要素赖以附着的看得见、摸得着的物质，如古代的甲骨、金属、石头、竹简、羊皮、树皮、缣帛，直到后来的纸张等。没有这些物质材料，文书的符号要素便无法依附，其蕴含的信息也就无法保留。文书的信息附着载体是随着社会科学技术的发展而发展的。自从纸张发明以来，文书的信息附着载体就主要是纸了。随着现代社会计算机和信息技术的发展，文书的物质要素发生巨大变化，即除了纸质文书外，"电子文书"的使用范围也越来越广，文书的信息附着载体开始向电磁介质发展。

2. 信息显现材料

信息显现材料是指能够使包含特定信息的符号要素在信息附着载体上显示出来，以便被人的视觉器官感知的物质材料。如朱砂、碳粉、油墨等。

信息显现材料的选择直接影响阅读者对公文信息的接受效果和公文的保存期限，因此，信息显现材料必须满足两点要求：①与信息附着载体的颜色反差较大；②附着牢固、不易褪色和变形。

五、企业常用的公文文种

（一）党政公文

根据 2012 年 4 月 16 日中共中央办公厅、国务院办公厅联合发布的《党政机关公文处理工作条例》的规定，我国的党政机关公文共有 15 种。其中，除了"命令"属于政府专用公文，企业很少用到外，其余 14 种公文企业均可参照使用。

1. 决议

决议适用于会议讨论通过的重大决策事项。如《山东五环铜业股份有限公司第 10 次股东大会关于修改公司章程的决议》。

2. 决定

决定适用于对重要事项作出决策和部署、奖惩有关单位和人员、变更或者撤销下级机关不适当的决定事项。如山东电建二公司《关于表彰 2012 年投产机组突破 500 万千瓦功臣集体和功臣个人的决定》。

3. 公报

公报适用于公布重要决定或者重大事项。如《空中客车公司关于希望继续扩大与中国的全方位合作的公报》。

4. 公告

公告适用于向国内外宣布重要事项或者法定事项。如《上海美特斯邦威服饰股份有限公司关于使用募集资金购置店铺的公告》。

5. 通告

通告是局部告知性公文，适用于在一定范围内公布应当遵守或者周知的事项。如《腾讯公司关于 QQ 密码修改方式变更的通告》。

6. 意见

意见适用于对重要问题提出见解和处理办法。如国家电力公司《关于建设国际一流电力公司审计的指导意见》。

7. 通知

通知是一种专门告知性公文，适用于传达要求下级机关执行和有关单位周知或者执行的事项，批转、转发公文。如中国房地产开发集团公司《关于召开集团公司 2013 年年中工作会议的通知》。

8. 通报

通报也是局部告知性公文，适用于在职权范围内表彰先进、批评错误、传达重要精神和告知重要情况。如《腾达运输公司关于×××等违法驾驶车辆的通报》。

9. 报告

报告适用于向上级机关汇报工作、反映情况，回复上级机关的询问。如中铁四局五公司××项目经理部《关于××项目进展情况的报告》。

10. 请示

请示适用于向上级机关请求指示、批准。向上级机关请求指示、批准的事项，一般地说是那些自己无权决定、无法实施的重要事项，或者自己不知道如何解决的重大事项。如中新药业塘沽分公司《关于改制设立有限责任公司的请示》。

11. 批复

批复是一种上级机关用于答复下级机关请示事项的专用公文。这是一种用途最单一的公文，而且是与请示对应存在的。如中新药业集团股份有限公司《关于同意塘沽分公司改制设立有限责任公司的批复》。

12. 议案

议案适用于各级人民政府按照法律程序向同级人民代表大会或者人民代表大会常务委员会提请审议事项，也适用于公司董事会向股东会提请审议事项。如湘潭汽车股份有限公司董事会《关于第四届董事会董事换届选举的议案》。

13. 函

函适用于不相隶属机关之间商洽工作、询问和答复问题、请求批准和答复审批事项，是一个组织在对外交往中使用最多的一种公文。根据内容和使用范围的不同，函可以分为四种类型：

（1）商洽函

用于不相隶属机关之间商洽工作。如广东省劳动和社会保障厅《关于注销广东安博信息服务有限公司等机构的函》，用于和广东省工商行政管理局商洽未年审机构的注销事宜。

（2）询问函

用于不相隶属机关之间或者上级机关对下级机关询问有关事项。如江苏省证监局《关于原材料单一采购问题的询问函》，用于向宝胜科技创新股份有限公司询问原材料单一采购问题。

（3）请准函

用于不相隶属机关向有关主管部门请求批准某一事项。如中国国际金融有限公司《关于更换总裁的函》，用于请求中国证监会的批准。

（4）答复函

用于答复对方商洽、询问和请准事项。如中国证监会《关于同意中国国际金融有限公司更换总裁的函》，用于答复中国国际金融有限公司的请准事项。

14. 纪要

纪要适用于记载会议情况和议定事项。如华新水泥股份有限公司《四季度综合办公会会议纪要》。

（二）事务公文

1. 备忘录

备忘录是一种录以备忘的公文，其作用主要是用来提醒、督促当事方，或者就某个问题提出自己的意见或看法。

2. 请柬和邀请信

请柬是企业为邀请有关人员参加某项活动而专门制发的礼仪文书。邀请信则是企业在举办重要活动或召开重要会议时邀请上级领导、协作单位和有关人士参加的专用信函。

二者的区别在于，邀请信是邀请对方前来参加某项实质性活动，即有具体的内容、事项的活动，如学术讨论会、成果鉴定会、展销订货会等，这些活动往往时间较长、项目较多、程序较为复杂，需要用邀请信来详细说明；而请柬一般用于邀请对方前来参加纯粹礼仪性、例行性的活动，如开业典礼、周年庆典等。

3. 贺信（电）

贺信（电）是表示祝贺、赞颂的函电，一般用于对取得巨大成绩、做出卓越贡献的集体或个人表示祝贺，或者对国际、国内发生的重大喜事，对一些重要会议、节日、婚礼、寿辰表示祝贺。

4. 感谢信

感谢信是企业对帮助、支持自己工作的单位或个人表示感谢的信函。这种信函的写作者一般是受助者本身或受助一方的代表，写信的目的在于表示不忘对方的关爱和帮助，肯定对方的事迹和风格，表达自己的感激和谢意。

5. 启事

启事是企业因事须向公众说明，或请求公众帮助与参与时使用的一种文书。"启"即陈述，凡有事需要公开发布的，都可用"启事"这一文种。最常见的有招聘启事、寻物启事、寻人启事、遗失启事、迁址启事等。

6. 简报

简报是企业为汇报工作、交流经验、反映情况、沟通信息、报道动态而编发的内部常用事务文书，也叫"动态""简讯""摘报""工作通讯""情况反映""情况交流""内部参考"等。

7. 意向书

意向书是当事人双方或多方之间，在对某项事务正式签订条约、达成协议之前，表达初步设想的经济意图和目的的意向性文书。意向书为进一步正式签订协议奠定了基础，是"协议书"或"合同"的先导，多用于经济技术的合作领域。

8. 订货单

订货单是订购产品和货物的单据。订货单有多种样式，卖方依据所出售产品和货物的特点制作订货单，由买卖双方填写。

9. 商品说明书

商品说明书是商品的生产者向消费者或用户介绍其商品的特点、成分、性质、构造及注意事项等有关知识的说明文书。其目的在于使读者对某种商品有所了解，并能正确掌握和使用。

10. 计划

计划是企业对未来一定时间内的活动拟订实现目标、内容、步骤、措施和完成期限的一种事务性文书。计划是个统称，除了一般所说的"××计划"之外，我们平常见到的"安排""打算""方案""设想""纲要""规划""要点"等都属于计划的范畴。它们的区别主要体现在涉及范围的大小、时限的长短和内容的详略上。

11. 总结

总结是企业通过对过去一段工作的回顾、分析和研究，从中找出经验、教训，得出一些规律性的认识，用以指导今后工作的事务性文书。

12. 述职报告

述职报告是各级领导干部及管理人员向上级管理机关陈述自己在任职期间履行岗位职责情况的书面报告。

13. 讲话稿

讲话稿是讲话者在公共场合就某一问题发表自己的见解或阐明某种事理而事先写成的文稿。

14. 市场调查报告

市场调查报告是对市场调查所获得的信息资料，进行整理、得出结论，提出采取行动的合理建议之后撰写的书面报告。

15. 招标书

招标书又称招标说明书，是招标人利用投标者之间的竞争从而达到优选投标人的一种告知性文书，是招标人为了征招承包者或合作者而对招标的有关事项和要求所作的解释和说明，包括工程建设招标书、企业租赁招标书、大宗商品交易招标书等多种类型。

16. 投标书

投标书也称标函，是投标人为了中标而按照招标人的要求，具体地向招标人提出订立合同的建议，是提供给招标人的备选方案的文本。

17. 经济合同

经济合同是契约的一种，指的是自然人、法人、其他组织之间（双方或多方），为实现各自的经济目的，按照法律规定，彼此确定一定权利和义务的协议。

18. 可行性研究报告

可行性研究报告是企业在拟办重大建设项目之前，组织有关专家学者，在进行深入细致的调查研究、科学预测和技术经济论证的基础上，对建设项目的技术先进性、经济合理性和建设可能性进行研究写出的书面报告。可行性研究报告是运用现代科学技术成果，保证建设项目以最少的投资取得最佳经济效果的有效手段，也是各企业对上马项目进行投资决策的重要依据。

六、企业文书的内容

就企业来讲，其文书的内容主要包括以下三部分。

（一）经营基本文件

①章程文件。包括章程的变更、登记、申请和其他章程文件。

②股东会议文件。包括股东会议记录，股东会议通知，股东出、缺席会议回执，股东名册，股东印章簿和其他股东会议文件。

③董事会文件。包括董事就任书、董事会议记录、商业账簿、经营业绩报告、请示、业务执行文件和其他董事会文件。

④经营业务文件。包括经营方针书、经营计划书、经营会议记录、经营会议通知、会议资料、重要合同、诉讼文件、经营业务执行文件和其他经营业务文件。

（二）经营组织文件

①组织机构文件。包括业务机构表、机构调整文件和其他组织机构文件。

②业务分工文件。包括业务分工变更方面的文件、其他业务分工文件。

③职务分工及有关权限文件。包括职务分工变更方面的文件、权限变更方面的文件和其他职务分工及有关权限文件。

④业务管理文件。包括内部监察文件、业务管理报告文件和其他业务管理文件。

⑤报告文件。包括信用限度报告书和其他报告文件。

⑥会议文件。包括各种会议文件、通告。

（三）业务运营文件

包括销售业务运营文件、生产业务运营文件、采购业务运营文件、一般事务运营文件、人事及劳务文件等。

七、文书工作

（一）文书工作的含义

文书工作通常也叫文书处理工作，主要是指公务文书的形成、处理和管理的程序、手续等。一个组织，围绕公文的形成、处理与保管工作，需要有一系列的工作环节，形成一个运转流程，在这一流程中所做的一切工作，都是文书工作。

不同的组织、不同的时期，文书工作的具体内容是不一样的；不同类型的公文，也有不同的程序和手续，如专用公文，其处理过程直接关系某种业务的完成，方式较多，也较特殊。这里所说的文书工作主要是以国家党政机关公文的处理工作为主，各类企业可参照执行。

(二) 文书工作的任务和内容

1. 文书工作的基本任务

文书工作的基本任务，就是根据工作的需要和客观实际，高质量地形成公文，科学地组织和准确地处理公文，有秩序而安全地运转公文，完整妥善地保管公文，正确地发挥公文的作用，有效地推进各项工作顺利开展。

2. 文书工作的三大环节

文书工作主要包括三个大的环节，即公文拟制、公文办理和公文管理。公文拟制是文书工作的前提环节，公文办理是文书工作的中心环节，公文管理是文书工作的归结环节。三个环节构成了公文产生、发展、终结的一个有规律的完整过程。

3. 文书工作的具体内容

文书工作的具体内容主要包括：①公文拟制，包括起草、审核、签发等程序；②收文办理，包括签收、登记、初审、拟办、传阅、批办、承办、催办、注办等程序；发文办理，包括复核、登记、印制、用印、核发等程序；整理归档，包括公文的平时归档、提供借阅与保管、系统整理与归档等；③公文管理，包括建立健全公文管理制度、配备公文管理工作人员和设施、涉密公文管理、公文的撤销、废止和销毁、公文的清退和移交等。

(三) 文书工作的原则

2012 年 4 月 16 日，中共中央办公厅、国务院办公厅联合发布了《党政机关公文处理工作条例》，在第一章（总则）第五条中，指出了"公文处理工作应当坚持实事求是、准确规范、精简高效、安全保密"的原则。

八、文书工作的机构设置

文书工作的领导机构是各级党政机关和负责人；管理机构是各级党政机关办公厅（室），并设立文秘部门或者配备专职人员负责文书处理工作。文书工作担负的不是机关的某一项专业职能，而是综合职能，因此，文书部门是机关综合机构即秘书部门的一个组成部分。

文书工作的机构设置大体有两种情况：

第一，对一些较大的组织来说，由于他们的文书处理工作任务比较繁重，而且某些环节又需要具有专门的业务技能，则设立专门的文书工作部门，如"文书处""文书科"等，归机关办公厅（室）领导。这里要指出的是，文书处理工作不仅仅由文书部门负责，机关的领导和其他职能部门也会承担一部分文书处理的任务。

第二，对于一些较小的组织来说，由于文书处理工作的任务较少，就没有必要成立专门的文书工作部门，一般只在办公室设立一两位专职或兼职的文书工作人员。

九、文书工作的组织领导

文书工作主要是对本机关负责，为本机关服务，因此不可能有一个全国性的领导机构对全国各地、各系统、各机关的文书工作进行领导和指导。文书部门主要接受本机关的领导，但也不排除上级文书部门对文书工作的指导。一般来说，对文书工作的领导、指导关系可以从以下几个方面进行分析：

第一，从全国来说，中共中央办公厅、国务院办公厅分别负责领导和指导党和政府系统的文书工作。这种领导和指导主要是通过制定和发布有关的条例、制度和办法，作有关的指示和决策，以及通过召开有关的会议等形式和途径对文书工作进行业务上的指导。

第二，从一个机关来说，文书工作由本机关的秘书长或办公厅（室）主任负责领导。其主要职责是：对本机关文书工作的任务和文书工作的组织工作，提出全面的工作计划和实施方案。总结本机关及其所属单位文书工作的经验，推广先进典型，发现问题，及时纠正，并提出改进的意见和办法；根据《党政机关公文处理工作条例》设计文书规格，制定机关文书工作规范，促进文书工作科学化、规范化、制度化；组织购置文书工作设备，促进文书工作的办公自动化；指导、帮助机关各部门专职、兼职的文书工作人员提高业务水平。

第三，从上下级机关的关系来说，上级领导机关的办公厅（室）有责任对其所属的机关单位的文书工作进行业务上的指导。

第四，由于文书工作与档案工作有着密切的联系，因此，机关档案部门有责任按照档案工作要求对机关各部门的归档文书整理分类及归档工作进行指导监督和检查。

这里要指出的是，文书工作的组织形式可以根据机关单位的性质、任务、驻地分布、文书数量、人员配备等情况，分别采用集中和分工的形式。一般来说，小型机关适宜于集中的形式，即除了文书的承办外，其他文书处理环节都集中在机关办公室进行；大型机关或较大机关适宜于分工的形式，即由办公部门和业务机构的文书部门各负责一部分文书工作任务和环节。

阅读材料

工商局四措并举全面推行说理式执法文书工作

为提高执法办案质量，提升执法办案满意度，全面落实省局《关于在全省工商系统推广说理式执法办案文书工作的指导意见》精神，州工商局紧紧围绕创建"法治工商"工作目标，着力打造公平竞争市场经营秩序，完善工作机制，转变执法方式，在以往推行说理式执法文书的基础上，采取四项措施在全系统全面推行说理式执法文书工作。

一是统一思想，提高认识。州工商系统通过举办专题培训班、利用会议、办案等时机，组织全体执法人员认真学习、领会、推广说理式执法办案文书的重大意义，重点掌握《案件调查终结报告》、《行政处罚决定书》等说理式文书的格式内容、规范要求等，各级领导干部和法制人员做到先学一步、统一认识，加强指导，层层推进，层层提高，确保说理式的执法办案文书在全系统得以顺利贯彻实施。

二是编写范本，指导实践。州局法制科从真实的行政处罚案卷中挑选出一种典型案例，从文书的填写要求、语言规范入手，重点对《案件调查终结报告》和《行政处罚决定书》，按照说理式的要求，着重加入说理部分，如：证据罗列、违法行为定性、自由裁量理由等，使之成为范本，下发到全系统每位执法人员手中，起到了很好的指导、规范作用。

三是相互配合，把好"四关"。各级法制机构抓住法制核审这一"牛鼻子"，把是否采用说理式执法文书纳入法制核审范围；各执法办案科室和法制科同时以推行说理式行政处罚文书为切入点，增强执法办案的透明度，提高办案质量，切实把好"四关"。即把好调查取证关，针对"何人、何时、何地、何事、何果"五个方面，有针对性地进行调查取证，防止随意性；把好法律论证关，对说理式的文书展开深入透彻的论证说理，客观公正地适用法律，使当事人释疑服法；把好调查终结报告关，以全面的、翔实的、说理的调查终结报告增强行政处罚决定书的说理性；把好处罚文书核审关，严格按照省局说理式执法办案文书的要求，把好案件调查终结报告、行政处罚决定书的起草关、核审关和审签关，确保说理式执法文书的质量和水平。

四是强化督察，纳入考评。把推行说理式执法文书工作与落实《青海省工商行政管理系统行政处罚案件考核评议标准》和州局《行政处罚案卷评查办法》紧密结合起来，定期开展执法检查和案卷抽查工作，并将其纳入年终考核体系，作为干部评先评优工作的重要指标之一。

项目二　行文制度

 **任务内容**

随着业务的不断发展壮大，青萌商贸有限公司由一个单纯的小型商贸流通企业逐渐向工贸一体的综合性企业转型。公司准备近期新上一个服装加工厂，但是，根据国家的有关规定，新建工厂需要得到当地政府环保部门的批准。

经理李德胜正好认识公司所在地环保局的局长吴力，他就给吴局长打电话，要求吴局长帮忙。吴局长说，公司必须有一个书面的材料报上来，环保局再根据公司的申请组织相关的专家进行环境影响评价，然后才能决定是否批准这个项目。

经理李德胜感到有点迷惑，他叫来秘书初苗，要求初苗解决以下三个问题：

1. 青萌商贸有限公司与当地环保局之间是一种什么样的行文关系？
2. 如果向环保局行文的话，应该选择什么样的行文方式？
3. 文件打印出来以后，通过熟人关系直接送给吴局长本人行不行？为什么？

假如你就是初苗，请书面列出上述三个问题的解决方案。

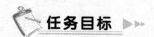 **任务目标** ▶▶

1. 知识目标
◆ 了解行文关系的分类
◆ 掌握行文方向的确定方法
◆ 熟悉行文方式的选择程序
◆ 掌握行文规则的主要内容
2. 技能目标
◆ 能够明确本组织与其他社会组织之间的行文关系
◆ 能够根据不同的行文关系确定行文方向，选择恰当的行文方式
◆ 能够按照行文规则的要求行文

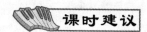 **课时建议**

2 课时

知识支撑

行文制度是指一个社会组织与其他社会组织之间进行公文往来时必须遵守的准则和规定，主要包括行文关系、行文方向、行文方式及行文规则等方面的内容。

一、行文关系

行文关系是指发生公文往来的两个或者多个社会组织之间的相互关系。主要包括以下两种关系：

（一）隶属关系

隶属关系是指发生公文往来的两个社会组织之间属于同一个组织系统中的上下级关系。主要包括两种情况：

1. 同一系统的上下级机关之间构成的行政领导关系

如山东省人民政府和青岛市人民政府之间的关系，海天集团总部与海天集团电冰箱事业部之间的关系。

2. 同一组织系统中上级主管业务部门和下级业务部门之间的业务指导关系

如国家教育部和各省、自治区、直辖市的教育厅之间发生的教育业务指导关系，海天集团市场开发部与海天集团电冰箱事业部市场开发部之间发生的市场开发业务指导关系。

（二）非隶属关系

非隶属关系是指发生公文往来的两个社会组织之间不属于同一个组织系统中的上下级关系。主要包括以下两种情况：

1. 同一组织系统中级别相同的各个组织之间发生的平行交往关系

如同属于山东省政府下级组织的青岛市人民政府和济南市人民政府之间发生的平行交往关系，同属于海天集团的电冰箱事业部和计算机事业部之间发生的平行交往关系。

2. 不属于同一系统的社会组织之间发生的跨系统公文往来关系

如青岛海关与辽宁省教育厅之间发生的跨系统公文往来关系，海天集团电冰箱事业部与辽沈集团浑河制药厂之间发生的跨系统公文往来关系。

二、行文方向

所谓行文方向，就是以发文机关为出发点的公文走向。根据行文关系的不同，我们可以把一个社会组织的行文方向分为以下四种：

（一）下行文

下行文，是指具有隶属关系的上级领导机关向所属下级机关的行文，通常用于上级机关对下级机关的公务活动进行领导、指导或下达有关工作任务，告知某些事项。

在常用公文中，下行文的文种居绝大多数。如命令、决定、通知、通告、批复等，都属于下行文。

阅读资料

清代公文中的下行文

清代公务文书有着严格的等级制度，行文方向不同，格式也有很大的区别。

清代公文中的下行文有着特殊的格式要求，其中最重要的一点就是标朱。所谓标朱，就是在文件的一定部位，用朱笔作一特定标记或写一些字句。

标朱的作用主要体现在三个方面：

首先，标朱显示了上级机关的权力与威严。因为用朱笔书写文件是权力的象征，用朱笔在文件上作标记，也是上级机关权力与威严的象征。因此，标朱只能用于下行文，上行文和平行文不能使用。

其次，标朱可以提示文件要点。行文者在事由、发文目的及文件的关键词语上加以圈点，使受文者在接到文件之后，只要看一下标朱，就能大体了解文件的主要内容，便于安排处理，避免贻误公事。

最后，标朱可以防止在文件上作弊。如牌、票、札等各下行文种，文件正文结束之后，在文尾都要用朱笔画一较大的红钩，称为"勒"，或写"遵"、"速"、"空"等字。有了这个明显的标记，有人想在文件上加添内容，就不可能了。这种作用有点类似于我们今天的公文中对公章加盖位置的要求。

标朱的形式在清代的下行文各文种中较为统一，通常的位置包括：

1. 公文开头的事由句。在"为某某事"的"为"字右肩上标一较大的朱点。

2. 公文正文后半部。这部分是公文提出要求的部分。如果是牌文，这部分的开头写作"为此牌仰某某"，如果是票文，这部分的开头写作"为此票仰某某"等。在这些句子中的领述词"为此"的"为"字上也要标一朱点。

3. 公文结尾部分。在公文结尾部分的一些要求特别注意的字句上，要画一朱圈。

4. 公文末尾的空白部分。在公文末尾的空白部分，用朱笔草书一"遵"字或"速"字，既表示文件全文结束，又是命令词，有要求下级机关遵行或迅速办理的意思。

（二）上行文

上行文，是指具有隶属关系的下级机关对所属上级机关的行文，通常用于下级机

关向上级机关请示问题，报告工作情况等。

在常用公文中，上行文的文种数量较少，较常用的主要有请示和报告。

(三) 平行文

平行文，是指没有隶属关系的社会组织之间的行文，通常用于没有隶属关系的社会组织之间相互联系事情、商洽工作。

在常用公文中，平行文的文种数量也比较少，最常用的就是函。

(四) 泛行文

泛行文，是既向发文机关的上级单位、下级单位、平行单位行文，也向不相隶属的单位行文，行文面广泛，方向不定。

在常用公文中，泛行文的文种数量也比较少，如公告等。

三、行文方式

行文方式，就是根据工作需要，按照一定的行文关系、行文方向所采用的行文方法。现行公文的行文方式主要有：

(一) 逐级行文

逐级行文是指上级向直接下级主送文件，下级收文后根据要求再向其直接下级主送文件；或是下级向直接上级主送文件，上级收文后根据需要再向其直接上级主送文件的行文方式，即逐级下达或逐级上传文件。

逐级行文是最基本的行文方式，无论是向下发布"命令（令）"、传达"通知"，还是向上"请示"、"报告"，正常情况下都必须采用这一方式，它是维系正常的工作秩序，保持政令畅通、信息无阻的基本前提。

(二) 越级行文

越级行文是指越过直接上级向间接上级或更高级别的上级主送文件；或是越过直接下级向间接下级或更低级别的下级主送文件的行文方式。

越级行文只能在某些特殊的情况下使用，如：

①向直接上级多次请示但始终未得到答复或解决的问题；

②与直接上级有争议，久拖不决而又务必解决的问题；

③对直接上级的举报、揭发。

谈谈越级行文

越级行文一般是指下级机关越过自己的直接领导机关向更高的上级领导机关直至中央请示或报告问题，同时也指上级机关跃过直属下级直接向最基层单位的行文。这是一种非正常的行文方式，没有特殊情况一般不采用。

当前，越级行文这种非常规的行文方式，被一些单位滥用。主要表现在一些基层单位在申请资金、项目时，越过直接主管的上级部门，直接向上级政府乃至中央各部委请示；还有一些基层单位在取得了一定的成绩之后，生怕上级部门不了解，就直接将工作报告越级上报……这些越级行文的行为，直接打乱了正常的领导隶属关系和工作业务联系。

关于越级行文问题，《中国共产党机关公文处理条例》和《国家行政机关公文处理办法》都分别在《行文规则》一章中做出了明确规定："不得越级向上级机关行文，尤其不得越级请示问题；因特殊情况必须越级行文时，应当同时抄送被越过的上级机关。""行文关系根据隶属关系和职权范围确定，一般不得越级请示和报告。"

为什么要严格控制越级行文呢？这是因为，越级行文会打乱正常的领导隶属关系和工作业务联系。下级机关如果抛开直接的上级机关越级向上行文，就可能使直接的上级机关的工作陷入被动，或者造成公文往返传递延误时间。同样，上级机关的业务主管部门向下级行文，一般也要按照直接的隶属关系而不应当越级，这样，上下级机关或业务部门之间就可以及时沟通情况，以免造成工作上的脱节。不越级行文体现了一级抓一级、一级对一级负责的原则。这种原则一般情况下不能破坏，破坏了，就会造成混乱，也影响机关办事效率。

那么，在什么特殊情况下才能越级行文呢？主要有以下几个特例：

一是遇有特殊重大紧急情况，如战争、自然灾害、特大事故等，如逐级上报，可能会延误时机，造成重大损失的情况下可以越级上报。如山洪暴发导致学校房屋倒塌、师生伤亡，为尽快得到援助，可越过教育主管部门直接向当地政府报告。

二是经多次请示直接上级，长期未得到解决的重大问题。如某教学单位在2008年要接受国家办学水平评估，需要政府投入一大笔资金，解决单位接受评估的硬件建设经费，此重大问题不予及时解决势必造成不良后果——评估不合格，停止招生，数百名教职工待岗。下级机关从2006年起多次请示业务主管部门，经过一年多未争取到资金，为此越级向当地政府请示，使问题得以解决。

三是上级领导或领导机关交办，并指定越级直接上报的事项。如，林业部发文至某县林业局要求调查该县某处森林发生重大火灾的原因，该县林业局调查清楚后应直接向林业部行文报告。

四是对直接上级机关或领导进行检举、控告。如某单位直接上级主管部门长期非法占用下属单位工作车辆，借用下属单位资金，下属单位多次催要不予归还，下属单位应该越级对直接上级部门进行检举。

五是直接上下级机关有争议，而无法解决的重大问题。此类争议问题如不越级请示，很难使争议双方特别是下属单位接受，也不能保证裁决的公正性，因此一般都由下属单位越级请求解决。

六是询问、联系无须经过直接上级机关的一些工作问题等。

七是在市场经济的今天，为使文件精神尽快与群众见面，以便更好地贯彻执行，上级部门采用电视、互联网、电话、广播、报刊等方式行文。此种行文方式也叫多级行文或直达行文，多用于非保密性公文。

值得注意的是，上述七种情况中的第一、二、三、五种情况要抄送被越过的直接上级机关，否则，受文机关可将越级公文退回原呈报机关，或作为阅件处理，不予办理或答复。上级机关如有必要越级向下行文时，也应同时抄送受文机关的直接上级机关。

（三）多级行文

多级行文是指上级机关将文件同时主送直接下级和间接下级，或是下级机关将文件同时主送直接上级和间接上级的行文方式。

向下多级行文是很常见的，如国务院文件中有些文件是同时发到省、市、县各级人民政府的。需要注意的是主送机关的排列顺序，应将直接下级排在前，间接下级排在后；同级机关之间用"、"分开，不同级机关之间用"，"分开。

向上多级行文不常用。使用时，往往是因为问题重大，需同时报请直接上级和更高领导机关并需得到两级上级的批示时才使用。当然，向上多级行文不同于越级行文，它要将两个上级机关并列主送，但要将直接上级排在前面，间接上级排在后面，中间用"并报"连接，如县政府向省政府行文并报国务院。

（四）普发行文

又称为"直达基层组织和群众的行文"，即将文件直接发向各基层组织或群众的行文方式。这类文件通常是较高级别的党政机关颁发法规制度和宣传教育类文件，发放面大量广，且不属于保密范围，并期望尽快和最大范围地让基层各级组织和群众知晓，所以一般借助媒体或采用宣讲、登报、张贴等形式广为传达，如公告、通告等。

（五）联合行文

联合行文即两个或两个以上的机关或部门对涉及各自职权范围的事务以共同的名义联合向下或向上发文的行文方式。

（六）横向行文

横向行文即同一系统内的同级机关之间或者跨系统的机关之间用平行文种直接收、发文件的行文方式。

凡同级机关或不相隶属的机关之间需要商洽工作、询问或答复问题、请求批准或答复审批事项，均不必考虑各自单位的级别和所属系统，都可跨组织、跨系统、跨地区直接向对方单位发"函"。

（七）转发行文

转发行文是指一个机关（单位）转发其他机关（单位）的文件，可分为批转和直转两种情况。

1. 批转

批转，是指上级机关批示并转发下级机关的来文，重点在"批"上。在通常情况下，上级机关是应下级机关的请求而批转文件。批转行文具有权威性，文件一经批转，就代表批转机关的权威和意见。

2. 直转

直转，是指一个机关直接转发上级机关、平级机关或不相隶属机关的来文，重点在"转"字上。直接转发，可以是应来文机关的要求而转发，也可以由转发机关根据需要而主动转发。

（八）授权行文

授权行文是指通过委托授权，由其他机关或个人代表本机关、本部门对外行文。具体有三种情况：

1. 授权新闻机构行文

如我国新华社经我国政府授权向国内外发布公告。

2. 授权律师行文

如一些企事业单位授权律师公开发表声明。

3. 授权秘书部门行文

如党政机关的办公部门根据授权向下级党政机关行文。

四、行文规则

行文规则即行文时必须遵守的规定和准则。主要包括以下内容：

（一）确有必要，讲求实效

这是公文处理基本原则在行文中的具体体现，也是行文的总原则。这一规则要求：制发文件应从实际需要出发，内容已被综合文件包含了的不再制发文件；可以用电话

或其他方式解决问题的不发文件；能发短文件解决问题的不发长文件；可发可不发的文件坚决不发；内容相同或相似的文件可适当合并。

（二）一般不能越级

一般情况下，各级机关应按隶属关系和职权范围逐级行文。属于特殊情况需要越级行文时，也应当尽可能地抄送给被越过的直接机关。

（三）分清主送和抄送

行文都要有一定的行文对象，主要的行文对象就是主送机关，主送机关以外需要执行或知晓公文的其他机关就是抄送机关。

1. 主送机关的确定

行文时，应当根据公文内容、行文关系及职权范围确定主送机关。上行文应当坚持一个主送机关的做法，不能多头主送。因为多头主送往往会造成受文机关之间相互推诿或产生矛盾、抵触，反而不利于尽快解决问题。

2. 抄送机关的确定

①除主送机关外，需要执行或知晓公文的其他机关，应列为抄送机关；

②向下级机关的重要行文，应当同时抄送直接上级机关。

（四）"请示"要一文一事

即一篇请示公文所提出的请示事项，必须在性质上是单一的。

"请示"要求一文一事，主要是为了更好更快地解决实际工作中的问题。从文书管理的角度来看，一文多事也不便于机关文书部门按问题特征对公文进行整理归档，往往给日后的档案管理和查考利用带来困难。

（五）"报告"不得夹带请示事项

这是提高工作效率的需要。报告是"阅件"，不需要批复，而请示是"办件"，需要批复，两者混杂，很容易误事。

（六）不能直送领导者个人

一般情况下，下级机关向上级机关的行文，不能直接送给上级机关的领导者本人。这是因为，代表上级机关行使职权的，往往是一个决策群体，即领导班子，而不是某个领导者个人，把公文直接送给某个领导者本人，往往会因为公文处理程序的错乱而耽误事情。

（七）联合行文应级别相同

在实际工作中，有许多工作牵涉两个或两个以上机关，需要共同解决，这就需要联合行文。在联合行文时，需要特别注意的是，联合行文的机关必须级别相同。

（八）报刊发布视作正式公文

经批准在报刊上全文发布的行政法规和规章，应当视为正式公文依照执行，不必再等"红头文件"。

项目三　公文的体式和稿本

任务内容

任务一

下面是山东电建二公司的一个表彰决定，请你根据相关的公文格式要求在电脑中制作出一份标准的公文来。发文字号可以自拟，其他非必备要素可以省略。

关于表彰2012年投产机组突破500万千瓦
功臣集体和功臣个人的决定

公司各单位：

2012年，广大干部职工在公司党委的正确领导下，深入贯彻集团公司"两会"精神及各项工作部署，紧紧围绕企业发展目标和"三抓一创"的工作思路，求真务实，开拓创新，克服各种困难，实现了公司预期的工作目标，施工生产能力、主要经营指标、多种产业发展和精神文明建设等方面都取得了新的成绩，实现了历史上的新突破。

2012年，是公司发展历史上辉煌的一年，是公司工程建设创造新的历史的一年，全年建成投产机组15台，投产容量达到529.8万千瓦，各项经济技术指标达到了国家优良标准。主多两业完成总收入34.5亿元，多产企业在保持优势项目快速发展的基础上，积极向其他行业延伸，走上了持续、健康发展的道路。党建和精神文明建设取得显著成效，企业凝聚力进一步增强，营造了安全、稳定、和谐的良好氛围。

在2012年这一年里，广大干部职工紧紧围绕公司的中心工作，发扬了乐观应变，智慧图强的企业精神，同心同德，拼搏奉献，在各个岗位上兢兢业业，扎实工作，为企业发展和各项工作任务的完成付出了艰辛的努力，作出了突出的贡献。

为表彰先进，鼓励职工，经公司研究决定：授予汽机工程处等12个单位为"2012年投产机组突破500万千瓦功臣集体"荣誉称号；授予张玉宝等30名同志"2012年投产机组突破500万千瓦功臣个人金奖"、扈学义等70名同志"2012年投产机组突破500万千瓦功臣个人银奖"荣誉称号。

公司希望受表彰的集体和个人珍惜荣誉、戒骄戒躁、继续努力，为公司的持续、快速、健康发展再做新贡献。全体职工要以先进为榜样，在公司党委的正确领导下，认真贯彻落实公司的各项工作部署，克服困难、团结一致，为全面完成2013年的各项工作和任务而努力奋斗。

2012年12月31日

任务二

下面是中新药业塘沽分公司的一个请示，请你根据相关的公文格式要求在电脑中制作出一份标准的公文来。发文字号"塘药〔2013〕22号"，签发人"刘玉顺"，附注可以自拟，其他非必备要素可以省略。

关于中新药业塘沽分公司改制设立有限责任公司的请示

中新药业集团股份有限公司：

为进一步发挥滨海新区地理优势，转变企业经营机制，充分享用市、区政府支持滨海地区发展的各项优惠政策，扩大中新药业在塘沽地区医药市场占有份额，全面提升企业经济效益，经与塘沽区人民政府充分友好磋商，拟由天津中新药业集团股份有限公司与塘沽区人民政府共同发起设立中新药业塘沽有限责任公司（暂定名）。（具体方案附后）

妥否，请批示。

2013年7月21日

任务三

下面是广东省劳动和社会保障厅的一个函，请你根据相关的公文格式要求在电脑中制作出一份标准的公文来。发文字号"粤劳社函〔2013〕132号"，其他非必备要素可以省略。

关于注销广东安博信息服务有限公司等机构的函

省工商行政管理局：

根据《广东省职业介绍管理条例》第二十九条关于"没有办理年审手续的职业介绍许可证和广东省职业介绍从业人员资格证，自上一次年审期满之日起自动失效"的规定，我厅决定注销以下职业介绍机构许可资格，收回职业介绍许可证：

一、广东安博信息服务有限公司，编号：粤职许证字20120026，机构负责人：蔡永坚、孙吴远。该公司于2012年6月12日成立，自2013年6月11日有效期满后一直未进行年审申请。

二、广东鹏劳人力资源管理有限公司职业介绍所，编号：粤职许证字20120028，机构负责人：项颖。该职业介绍所原名为"中力源人力资源服务有限公司职业介绍所"，成立于2012年6月18日。并于2013年5月18日提出更名申请，经审核，更名为"广东鹏劳人力资源管理有限公司职业介绍所"。该职业介绍所自2013年7月17日有效期满后未进行年审申请。

三、广东正维职业介绍所，编号：粤职许证字20120032，机构负责人：黄子斌。该职业介绍所成立于2012年7月10日，自2013年7月9日有效期满后未进行年审申请。

四、广东新创职业介绍所，编号：粤职许证字20120033，机构负责人：周凡。该职业介绍所成立于2012年10月9日，自2013年10月8日有效期满后未进行年审申请。

对以上注销职业介绍许可资格的机构，请贵局一并注销其工商营业执照。

2013 年 12 月 8 日

任务四

下面是华新水泥股份有限公司的一个会议纪要，请你根据相关的公文格式要求在电脑中制作出一份标准的公文来。发文字号"华会〔2013〕13 号"，其他非必备要素可以省略。

四季度综合办公会会议纪要

10 月 15 日、16 日，公司在金猫公司召开了四季度综合办公会。公司领导陈木森、李叶青、纪昌华、周家明、彭清宇、王锡明、孔玲玲、冯东光、柯友良和公司总部各部门负责人、各分子公司主要负责人，以及金猫公司各部门主要负责人参加了会议。为时两天的会议分别由公司总裁李叶青和公司董事长陈木森主持。

15 日上午，会议首先由公司副总裁孔玲玲作了《公司 1—9 月经济运行报告》。她说，进入三季度，为有效缓解宏观调控给公司带来的市场低迷、竞争惨烈的经营压力，公司产品销售向出口贸易拓展，生产经营总体平稳，武穴公司、西藏公司相继建成投产转入生产核算并开始盈利。部分基地生产效率下滑，熟料、水泥成本持续攀升，与此同时销价未见明显反弹，高端产品销价一直在低位徘徊，散装率持续下降，公司盈利水平在二季度本就不高的基础上再度下降；应收账款居高难下，存货的资金占用尤其是产成品的资金占用进一步增大，使公司经营活动净现金流萎缩，财务状况依然十分严峻，年度预算完成差异巨大。

……（省略）

16 日上午，与会人员进行了分组讨论，提出了一系列具有建设性的意见。

李总裁作了《以成本控制为突破口，全面提升企业管理水平》的报告，他首先介绍了 8 月全国水泥行业的基本形势，接着对公司 1—9 月经营状况进行了分析，对各分子公司经营状况进行了对比分析。

对四季度主要工作，他要求继续加强成本控制工作，力求做到精细化。公司要加强成本控制的组织领导工作，成立成本控制工作领导咨询协调小组，健全完善成本控制的规章制度。要加强对基础成本资料的控制和管理，加强日常的成本控制分析，防患于未然。要建立定期的成本分析制度。一是对总公司的定期成本分析；二是对分子公司的定期成本分析；三是对典型案例的成本解析。要建立并不断完善成本分析模块，形成一套形之有效的成本分析方法。健全完善成本工作考核奖惩制度。公司要建立成本控制工作交流平台，组织经常性的成本控制研讨活动，目的就是找出具体的经验，摆出确实存在的问题，议出解决问题的方法，快速提高整个公司的成本管理水平。

对于成本管理工作，他强调几个观念：一是成本控制不只是财务管理的工作，更主要的与生产技术相关。二是成本分析，不找外因找内因；成本分析不是找碴儿，而是找财神。三是成本控制工作要与高标准看齐，通过差距的比较，找出自身的不足。

四是成本控制要实行精细化管理，落实到事、具体到人。五是分子公司各级主管要成为成本控制的行家里手，要手中抓管理、心中想成本。他要求各分子公司要描绘出自己的管理成本树和影响因素图，关注成本管理细节。

针对黄石、金猫公司人力资源现状，他提出了既有长远考虑又易于现行操作的规划意见，即坚持将技术培训作为培训工作的重点，采用灵活有效的方式、方法，快速、大量培训出技术员工。

分析把握今年四季度市场特点，采用有效的促销手段，使四季度营销工作有新的突破。做好明年一季度销售淡季促销工作的准备。抓好营销与生产工作的相互协调。既要求生产为四季度营销服务，同时要准确把握市场信息，搞好信息反馈，使生产工作有序进行，节约生产成本。发展工作的关键是要做好涉及工程建设的系列攻关。要力保开工工程的进度。各分子公司要把握四季度有限的时间，抢进度，使各项工作有大的突破。

最后，他提出了公司四季度生产经营目标：

……（略）

此外，李总裁还对各分子公司的水泥单价、销售单价、应收货款的目标作出了明确的规定。

会上，对劳动竞赛取得较好成绩的恩施公司、仙桃公司进行了表彰和奖励。

公司董事长陈木森最后作了发言，他说这次会议时间紧凑、内容集中、主题明确，在我们金猫公司遇到前所未有的困难中，集中研究金猫公司存在的问题。会上金猫公司从各个方面作了报告，公司领导作了讲话，并进行了点评，与会人员也提出一些具有真知灼见的建议，希望金猫公司管理层予以高度重视。金猫公司有很多做得较好的，其现场管理做得很好，值得各公司学习。他要求各单位，针对金猫公司存在的问题，举一反三，提高管理水平。对取得的成绩，不能沾沾自喜。对潜在的问题，不能马马虎虎，一定要认清形势，增强紧迫感，扎扎实实工作，埋头苦干，努力完成本次办公会李总裁提出的四季度目标。他要求，会后各单位要将办公会的精神和李总裁的要求带回去，认真落实，要以降低成本为中心，在管理上，力求精益求精；在市场开拓上，力求精耕细作；在具体工作中，力求精打细算。以清晰的思路，得力的措施，扎实的工作，取得优异的成绩，告别2013年，迎接需要继续挑战的2014年。

2013 年 12 月 29 日

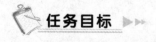 **任务目标** ▶▶▶

1. 知识目标

◆ 了解公文的文体特征及表达要素

◆ 掌握公文用纸及印装格式

◆ 掌握公文符号要素的排列格式

◆ 了解公文稿本的种类和特征

2. 技能目标

◆ 能够根据党政机关公文格式的要求制作出规范的文件格式、信函格式和纪要格式的公文

 **课时建议**

4 课时

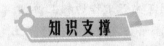 **知识支撑**

一、公文的文体

文体也叫语体，是为适应不同的交际需要而形成的语文体式。一般来说，根据所表达的内容以及表达时所采取的方法的不同，文体可以分为政论文体、科学文体、文艺文体、公文文体等。

小 贴 士

政论文体是以议论为主的语体，是适应宣传鼓动的目的、对象、范围的需要而形成的，它具有理论性和概括性，主要运用逻辑思维来表达思想，力求用逻辑的力量去引导读者。

科学文体在表达内容时必须按照词语的本来概念运用词语，不加入个人主观理解成分，学术性强，专门术语多，多用说明性语言，具有抽象性与严密性，强调缜密和可信度。

文艺文体形象性强，运用抒情、叙述、描写的表达方式，强调以情动人，用具体可感的艺术形象对人们进行潜移默化的教化，主要诉之于人们的情感。

公文文体在表达领导意图、传达政务信息、反映有关情况时，要求语言简明、平易、规范，又不失庄重、严肃，注重说服力和实用性。

公文文体兼有议论、说明、记述三种表达方法的特点，与重抒情的文艺文体相区别。如，邓小平同志视察南方的讲话，公文在表述时用"南方讲话"，而文艺作品在表述时则用"有一位老人在中国的南海边画了一个圈"。

阅读材料

文采飞扬的请示

某单位仓库年久失修，准备向上级请求拨款整修仓库，于是请办公室的秘书小刘起草了一份请示。

小刘刚刚从一个地方名牌大学的中文系毕业，颇有些文学才能，正好抓住这么一个表现自己的机会，于是大笔一挥，才华喷涌而出——

尊敬的上级领导大鉴：

我单位仓库因年代久远，历史积淀深厚，已颇有几分深山古寺的情形。推开房门，仓库内蜘蛛在张灯结彩，老鼠在游行示威，麻雀在唱歌跳舞，蛀虫在悠哉游哉地散步……

起草完毕，小刘高高兴兴地把稿子交给办公室的马主任。马主任稍一浏览，忍俊不禁，他招呼小刘走到跟前，语重心长地对他说，公文写作和文学作品的表达方式有很大不同。你这篇稿子，作为文学作品，是很有吸引力的，却不符合公文的语体特征。公文要求"实用"，你想要求上级机关拨款，最有说服力的是粮库目前的状况，而最能说明粮库目前状况的并不是这种夸张的描写，而应该是一组数据。比如粮库已经有多少年没有维修、粮库目前损坏到何种程度、粮库每年被鼠害虫害吃掉多少粮食、粮库每年因库房质量不能妥善保管损失多少粮食等，只有这样，才能让领导了解问题的严重性，使得领导感到粮库修缮迫在眉睫，批准拨款水到渠成。

小刘听完，不禁出了一头冷汗，看来，需要学习的东西还很多啊！

二、公文的格式

公文的格式，指的是公文的书面形式，或称公文的外观形式、表现形式。它既包括组成公文的各部分文字符号和图形符号在载体（纸张等）上的排列和标识规则，也包括公文的用纸要求和印制规范。换言之，公文的格式就是公文的书面结构与公文的用纸和印制规范的总和。

规范的公文格式不仅增加公文的美学效果，而且方便对其进行阅读、传递与处理，提高工作效率。《党政机关公文格式》（GB/T 9704—2012）最为全面、具体、细致、科学地规定了我国党政机关的公文格式。

由于没有一个专门针对企事业单位的公文格式标准，因此，《党政机关公文格式》也是广大企事业单位制发公文的主要参考依据。

在企事业单位经常用到的14种公文中，公报、公告和通告一般都是通过授权行文的方式在媒体上公开发布，或者通过在公共场所张贴的方式在一定范围内公开发布，这两种公文的格式没有固定的要求，只要能够让大家清楚、准确地获取公文中的信息就可以了。其余的11种公文，根据文种和行文方向的不同，有着比较严格的格式要求。

根据版面尺寸、排版规格以及符号要素排列方式的不同，我们可以把比较常用的公文格式分为三种，即文件格式、信函格式和会议纪要格式。

（一）公文的用纸及印装格式

1. 公文用纸的主要技术指标

按《党政机关公文格式》（GB/T 9704—2012）的规定：公文用纸一般使用比重为 $60\sim80g/m^2$ 的胶版印刷纸或复印纸，纸张白度（纸张受光照射后全面反射的能力）为 $85\%\sim90\%$，横向耐折度≥15 次，不透明度≥85 %，pH 为 7.5～9.5。

2. 公文用纸的幅面尺寸

GB/T 148 中规定的 A4 型纸，其成品幅面尺寸为：210mm×297mm。

3. 公文用纸的版面尺寸

（1）文件格式和会议纪要格式的公文，其版心尺寸为 156mm×225mm（不含页码）；天头（上白边）37mm±1mm；地脚（下白边）35 mm±1mm；订口（左白边）28mm±1mm；切口（右白边）26 mm±1mm。

（2）信函格式的公文，其版心尺寸为 156mm×247mm（不含页码）；天头（上白边）30mm±1mm；地脚（下白边）20mm±1mm；订口（左白边）28mm±1mm；切口（右白边）26 mm±1mm。

4. 排版规格

公文的文字符号，除民族自治地区汉字可并用汉字和通用的少数民族文字外，一律使用汉字从左到右横写横排。公文的正文用 3 号仿宋体字，文件格式和纪要格式的公文，一般每面排 22 行，每行排 28 个字；信函格式的公文，一般每面排 24 行，每行排 28 个字。公文用字必须按国家语言文字工作委员会公布的《简化汉字总表》执行，不得使用繁体字、异体字和任意简化字。

公文中的数字，必须使用汉字的有：①部分结构层次序数，②词、词组、惯用语、缩略语、具有修辞色彩语句中作为词素的数字，其他数字都应当使用阿拉伯数字。

公文中的页码，用 4 号半角宋体阿拉伯数码标识，置于版心下边缘之下，数字左右各放一条一字线，一字线距版心下边缘 7mm。单页码居右空 1 字，双页码居左空 1 字。

5. 印装格式

按照《党政机关公文格式》的要求，公文要双面印刷，页码套正，两面页码的误差不得超过 2mm。

公文的装订位置应位于页面的左侧，装订方法可以采用订装（包括正面平订和脊背骑马订），也可以采用胶装，但不管采用哪种方法，均应做到整齐、不掉页。

如果采用订装的方式，骑马订或平订的订位为两钉钉锯外订眼距页面上下边各 70mm 处，允许误差±4 mm。平订钉锯与书脊间的距离为 3～5mm。

（二）公文符号要素的编排规则

用来传达公文信息的符号要素主要包括文字符号和图形符号两类，根据这些符号要素在公文页面中所处的位置的不同，人们一般把它们分成三类来处理，位于公文首页红色分隔线（含）以上的部分称为版头，位于公文首页红色分隔线（不含）以下、公文末页首条分隔线（不含）以上的部分称为主体，位于公文末页首条分隔线以下、末条分隔线以上的部分称为版记。

1. 文件格式

文件格式主要用于具有隶属关系的机关之间制发决议、决定、通知、通报、报告、请示、批复、意见 8 个文种时使用，因其"发文机关标识"（即我们通常所说的"红头"）中含有"文件"二字而得名。

（1）版头部分

在文件格式的公文中，版头部分一般由 3～7 个要素构成。

①公文份数序号（非必备要素）

公文份数序号是指同一文稿印制若干份时每一份公文的顺序编号，简称"份号"。其作用是便于加强对公文的管理，以明确责任。

按照《党政机关公文处理工作条例》（以下简称《条例》）的规定，涉密公文应当编制份号，其他公文不做要求。但如果发文机关认为有必要编制份号，也可以对其他公文编制份号。如国务院文件一般都编有份数序号。

如果公文需要标注份号，其标注方法是用 6 位阿拉伯数字，顶格标注在版心左上角的第一行。数码位数不足时，前面用"0"补齐。比如，公文份数序号为第 482 份，应写成"000482"。

②秘密等级和保密期限（非必备要素）

秘密等级是标识公文保密程度的一种标志。根据《条例》的规定，涉及国家秘密的公文应当按照国家秘密及其密级范围的规定分别标明"绝密"、"机密"和"秘密"。

"绝密"是最重要的国家秘密，泄露会使国家的安全和利益遭受特别严重的损害；"机密"是重要的国家秘密，泄露会使国家的安全和利益遭受严重的损害；"秘密"是一般的国家秘密，泄露会使国家的安全和利益遭受损害。在国家行政机关的公文中应按照上述要求在公文中标识公文的秘密等级。

保密期限是对公文密级的时效加以规定的说明。1990 年 9 月，国家保密局发布的《国家秘密保密期限的规定》中要求："各机关、单位在依照国家秘密及其密级具体范围的规定确定国家秘密事项的密级时，应当同时确定保密期限。""国家秘密的保管期限，除有特殊规定外，绝密级事项不超过三十年，机密级事项不超过二十年，秘密级事项不超过十年。""保密期限在一年及一年以上的，以年计；保密期限在一年以内的，以月计。"

如果公文只需标识秘密等级，用 3 号黑体字，顶格标注在版心左上角第二行，两字之间空 1 字；如果公文需同时标识秘密等级和保密期限，用 3 号黑体字，顶格标注在版心左上角第二行，秘密等级和保密期限之间用"★"隔开，秘密等级的两个字之间不留空格。

注意：当公文仅标注保密等级而没有标明保密期限时，按照该保密等级的最长保密期限对待。

③紧急程度（非必备要素）

紧急程度是对公文送达和办理的时限要求。根据《条例》规定，紧急公文应当分别标明"特急"或"加急"。具体"特急"和"加急"的时间要求是多少，由各地党政机关自行确定。

公文如需标识紧急程度，用3号黑体字，顶格标注在版心左上角，两字之间空1字；如需同时标注份号、密级和保密期限、紧急程度，按照份号、密级和保密期限、紧急程度的顺序自上而下分行排列。

④发文机关标志（必备要素）

发文机关标志由发文机关全称或规范化简称后加"文件"组成，也可以使用发文机关全称或者规范化简称。发文机关全称应以批准该机关成立的文件核定的名称为准。规范化简称应由该机关向上级机关申报，也有由本机关自定的，但一定要明示其他行政机关，不能只是自己使用而别人不认同。

发文机关标志居中排布，上边缘至版心上边缘为35mm，推荐使用小标宋体字，颜色为红色，字号大小以醒目、美观、庄重为原则，但一般应小于22mm×15mm。

当有两个及两个以上的机关联合发文时，可以只标注主办机关一家的名称，也可以同时标注几家的名称。例如，党中央和国务院联合行文，可只用"中共中央文件"标注，也可用"中共中央、国务院文件"标注。

如果同时标注多家发文机关的名称，应把主办机关名称放在最上面，然后每行一个机关名称，按照事先约定的顺序往下排列。"文件"二字置于发文机关名称右侧，上下居中排布。如果联合行文机关过多，必须保证公文首页显示正文。

⑤发文字号（必备要素）

发文字号又可以简称发文号或文号，是发文机关编排的发文流水号，一般由发文机关代字、发文年份和发文序号组成。在公文上标明公文的发文号，一是便于统计发文的数量，二是便于公文的检索和引用。

发文字号一般用3号仿宋体字标注，年份、序号用阿拉伯数字；年份应标全称，用六角括号"〔〕"括入；序号不用虚位（即1不编为001），不用"第"字。

标注发文字号的时候，如果是下行文，发文字号位于发文机关标识下空2行的位置，居中排布，下距红色分隔线4mm；如果是上行文，发文字号位于发文机关标识下至少空2行的位置，居左空一字排布，与签发人构成左右对称的格式。

小贴士

怎样拟定机关代字

机关代字可取机关名称前一个或两个字，也可在其后面加"发"或"文"、"函"

字组成。一般代字后加"发"字的多用于下行文,加"文"字的多用于上行文,加"函"字的多用于平行文。机关代字应是该机关名称中最具特征、最精练、最集中的概括。如"中",代表中共中央;"国",代表国务院。有的机关代字由两个层次组成。第一个层次是发文机关代字,第二个层次是发文机关主办文件的部门的代字。如铁道部文件的机关代字有"铁办"、"铁财"等,"办"、"财"代表主办这份文件的铁道部的办公部门、财务部门。读懂机关代字非常重要,可以比较准确地知道文件的主办部门是谁,可以比较准确地对文件进行分办、查询和保存归档。

⑥签发人(非必备要素)

签发人是制发文件的责任者,对公文的内容及法定效用负责。标注签发人,可以防止弄虚作假,便于查明责任。

上行文(包括请示、报告和上行的意见)均应标注签发人、会签人姓名。下行文和平行文可标,也可不标。

签发人姓名与发文字号位于同一行,发文字号居左空1字,签发人姓名居右空1字。"签发人"三个字用3号仿宋体字,"签发人"后标全角冒号,冒号后用3号楷体字标识签发人姓名。

联合行文的时候,会出现多个签发人。也就是说,每个参与发文机关负责人都要依次签发这个文件。在这种情况下,应把主办单位签发人姓名置于第1行,其他签发人姓名从第2行起在主办单位签发人姓名之下按发文机关顺序依次排列,下移红色分隔线。最后,应使发文字号与最后一个会签人姓名处在同一行,并使红色分隔线与之的距离为4mm。

⑦红色分隔线(必备要素)

发文字号之下4mm处居中印一条与版心等宽的红色分隔线,线条宽度约1mm,其作用是区分公文版头与公文主体,或使公文的版头部分更加醒目。红色分隔线的长度与版心的宽度相等,为156mm。

(2)主体部分

在文件格式的公文中,主体部分一般由3~9个要素构成。

①标题(必备要素)

公文标题是对公文中心内容的高度概括与提炼,是整个公文内容的总括,一般由发文机关、事由、文种三部分组成,这三个部分通常被称为公文标题的"三要素"。如《国务院关于进一步加强证券市场宏观管理的通知》这一公文标题中,"国务院"是发文机关,"进一步加强证券市场宏观管理"是事由,"通知"是文种。

但是,由于发文机关已经在眉首部分的"发文机关标识"中体现了出来,所以在实际工作中,通常把"三要素"中的第一个要素省略,只写后两个要素。如山东电建二公司《关于表彰2012年投产机组突破500万千瓦功臣集体和功臣个人的决定》

公文标题一般标识在红色分隔线下空2行处,居中排布,用2号小标宋体字。如

果字数偏多，则分行排列，分行时不要把各行上下对齐排成等长，可视字数多少居中排成二至三行，不得将两个字以上的词（语句、语意群）拆开排在不同行的首尾，也不要将"的"字排在行首。要做到语意完整、排列对称、间距恰当。

在公文标题中，除了法律、法规、规章名称加书名号外，一般不使用标点符号。

转发性公文标题的写法：

一种写法是先写出文件作者，后面再加上被批转、转发的文件标题，中间加上"批转"或"转发"二字。如《天津市人民政府批转市规划局关于继续实施有关城市规划管理、道路建设四个文件的请示》，《××市财政局转发财政部关于修改国家工作人员出差补助标准的通知》，即属此类。

另一种写法是发文机关和被批转、转发的文件后面，再加上一个文种。如《国务院关于批转〈沿海部分城市座谈会纪要〉的通知》，《青岛市城阳区人民政府转发市政府〈关于放宽民营资本投资领域的实施意见〉的通知》。

②主送机关（非必备要素）

主送机关又称送达机关和行文对象，是指发文机关要求对公文予以办理或答复的对方机关和单位。

主送机关应标识在正文之上，公文标题下空一行，靠左顶格书写，用3号仿宋体字。

标识主送机关应当使用全称或规范化简称。同时标识多个主送机关时，应按其性质、级别和有关规定或惯例依次排列，同性质或级别的机关之间用顿号，不同性质或级别的机关之间用逗号，最后一个主送机关名称后标全角冒号，如"各省、自治区、直辖市人民政府，国务院各部委、各直属机构："，就是用顿号、逗号将各机关的性质、级别分隔的。

在下行公文中，往往有很多的主送机关。如果收文机关属于同一类型，就可以使用统称，如"各省、自治区、直辖市人民政府"、"各院校"、"各企业"等，不必将主送机关一一列出。如果主送机关名称过多导致公文首页不能显示正文时，应当将主送机关名称移至版记，标注方法与抄送机关相同。

在上行公文中，因为涉及对问题的答复和责任，为避免责任不清，应坚持只标一个主送机关的原则，避免多头请示报告或越级请示报告。

③正文（必备要素）

正文是公文表现主题的核心部分，一般用3号仿宋体字，编排于主送机关名称下一行，每个自然段开头左空2字，回行顶格。公文首页必须显示正文。

除了简短公文外，正文一般由开头、主体、结语三部分构成，具体写法应根据每份公文的实际情况和惯用体式来确定。

在正文的标注格式中，有两点需要注意：

第一，公文中的数字、年份（用阿拉伯数码表示的）不能转行。

第二，正文中用数字表示多层次结构时，表示方法依次为"一、""（一）""1."

"（1）"。

第三，使用小标题时，一级小标题用黑体字标注，二级小标题用楷体字标注，三级和四级小标题用仿宋体字标注。

④附件说明（非必备要素）

附件是附属于正文，用以对正文加以补充说明的材料。公文如有附件，应在正文下空一行左空两字编排"附件"二字，后标全角冒号和附件名称。如有多个附件，使用阿拉伯数字标注附件顺序号（如"附件：1.××××"）；附件名称后不加标点符号。附件名称较长需回行时，应当与上一行附件名称的首字对齐。

关于附件的几个特殊说明

第一，公文的附件与正文具有同等的效力。

第二，在正文后标出的附件序号和名称应与附件上标识的序号和名称一致。如果二者不一致，"从法律意义上讲，可以不承认该附件是正文的附件，附件便失去了其本应有的与正文同等的效力"。

第三，附件应与正文一起装订。个别不能装订在一起的，应在附件上标明其所属公文的发文号及"附件"二字，以示效力。

第四，以通知的形式颁发、批转或转发文件的时候，被颁发、批转或转发的文件在形式上也是一种附件，但由于这样的附件通常已经在通知的标题中被引用，所以就不必再在文尾加以注明。

⑤成文日期（必备要素）

成文日期是指文件的形成时间，它是文件生效及日后查考的重要依据之一。

成文日期一般采用文尾标注的方法，但具体位置因发文机关的多少和是否加盖印章而有所差别：加盖印章的公文，成文日期标注在公文正文末尾的右下角，右空 4 字；不加盖印章的公文，成文日期标注在公文正文末尾的右下角，至少右空 2 字。

成文日期中的数字要用阿拉伯数字将年、月、日标全，年份应标全称，月、日不编虚位（即 1 不编为 01）。

注意：一般情况下，公文的成文日期以领导人签发日期为准；两个以上机关的联合发文，以最后签发机关的领导人签发的日期为准。

⑥发文机关署名（非必备要素）

对于加盖发文机关印章的公文来说，单一机关行文时，一般在成文日期之上、以成文日期为准居中编排发文机关署名；联合行文时，一般将各发文机关署名按照发文机关顺序整齐排列在相应位置，最后一个发文机关署名以成文日期为准居中编排在成

文日期之上。

对于不加盖发文机关印章的公文来说，单一机关行文时，在正文（或附件说明）下空一行右空二字编排发文机关署名，在发文机关署名下一行编排成文日期，成文日期的首字比发文机关署名的首字右移二字，如成文日期长于发文机关署名，应当使成文日期右空二字编排，并相应增加发文机关署名右空字数；联合行文时，应当先编排主办机关署名，其余发文机关署名依次向下编排。

⑦印章（非必备要素）

印章是发文机关对公文表示负责并标志公文生效的凭证。根据《条例》的规定，公文中有发文机关署名的，应当加盖发文机关印章，并与署名机关相符。有特定发文机关标志的普发性公文和电报可以不加盖印章。

由于参与行文的机关数量和行文方向的不同，印章的加盖位置也不相同。

对于加盖发文机关印章的公文来说，单一机关行文时，印章端正、居中下压发文机关署名和成文日期，使发文机关署名和成文日期居印章中心偏下位置，印章顶端应当上距正文（或附件说明）一行之内；联合行文时，一般将印章一一对应、端正、居中下压发文机关署名，最后一个印章端正、居中下压发文机关署名和成文日期，印章之间排列整齐、互不相交或相切，每排印章两端不得超出版心，首排印章顶端应当上距正文（或附件说明）一行之内。印章应当使用红色印泥或印油。

对于加盖签发人签名章的公文来说，单一机关行文时，在正文（或附件说明）下空两行右空四字加盖签发人签名章，签名章左空两字标注签发人职务，以签名章为准上下（垂直）居中排布。在签发人签名章下空一行右空四字编排成文日期。联合行文时，应当先编排主办机关签发人职务、签名章，其余机关签发人职务、签名章依次向下编排，与主办机关签发人职务、签名章上下对齐；每行只编排一个机关的签发人职务、签名章；签发人职务应当标注全称。签名章一般用红色。

特殊情况说明：当公文排版后所剩空白处不能容下印章时，应采取调整行距、字距的措施加以解决，务使印章与正文同处一面，不得采用标识"此页无正文"的方法解决。

⑧附注（非必备要素）

附注一般仅仅出现在"请示"这一文种当中，用来注明联系人的姓名和电话。

公文如有附注，用3号仿宋体字，居左空2字加圆括号标识在成文日期下一行。

⑨附件（非必备要素）

附件应当另面编排，并在版记之前，与公文正文一起装订。"附件"二字及附近顺序号用3号黑体字顶格编排在版心左上角第一行。附件标题居中编排在版心第三行。附件顺序号与附件标题应当与附件说明的表述一致。附件格式要求同正文。

如附件与正文不能一起装订，应当在附件左上角第一行顶格编排公文的发文字号并在其后标注"附件"二字及附件顺序号。

（3）版记部分

版记部分位于公文末页的最下方，一般由3～4个要素组成。

①黑色分隔线（必备要素）

版记中的分隔线与版心等宽，首条分隔线和末条分隔线用粗线（推荐高度为0.35mm），中间的分隔线用细线（推荐高度为0.25mm）。首条分隔线位于版记中第一个要素之上，末条分隔线与公文最后一面的版心下边缘重合。

②印发机关和印发日期（必备要素）

印发机关是指文件的印制主管部门，通常是机关的办公室和文秘部门；印发日期以公文付印的时间为准，与公文的生效日期不同。

印发机关和印发日期一般用4号仿宋体字编排在末条分隔线之上，印发机关左空一字，印发日期右空一字，用阿拉伯数字将年、月、日标全，年份应标全称，月、日不编虚位（即1不编为01），后加"印发"二字。

版记中如有其他要素，应当将其与印发机关和印发日期用一条细分隔线隔开。

③抄送机关（非必备要素）

抄送机关是指除主送机关之外需要执行或知晓公文内容的其他机关。

如有抄送机关，一般用4号仿宋体字，在印发机关和印发日期之上一行、左右各空一字编排。"抄送"二字后加全角冒号和抄送机关名称，抄送机关名称之间用逗号隔开，回行时与冒号后的首字对齐，最后一个抄送机关名称后标句号。抄送机关名称要用全称或规范化简称。

如需把主送机关移至版记，除将"抄送"二字改为"主送"外，编排方法同抄送机关。既有主送机关又有抄送机关时，应当将主送机关置于抄送机关之上一行，之间不加分隔线。

抄送机关的确定原则

第一，抄送机关必须与文件内容有关。

第二，主送上级机关的请示、报告，不得同时抄送下级机关。

第三，向下级机关的重要行文，可以抄送直接的上级机关。

第四，一般情况下，不得越级抄送文件。因特殊情况必须越级抄送时，应当抄送被越过的上级机关。

第五，受双重领导单位的请示、报告，应根据文件的内容确定主送机关和抄送机关。上级机关向受双重领导的单位行文，应视文件的内容来确定是否抄送受文单位的另一个上级机关。

2. 信函格式

信函格式主要用于没有隶属关系的机关之间使用函、意见、通知等文种处理日常

事务时使用。

与文件格式相比，信函格式的特殊之处在于：

（1）发文机关标志

·发文机关标志中只有发文机关的名称，没有"文件"二字；

·发文机关标志上边缘距上页边的距离为30mm。

（2）首页分隔线

信函格式的发文机关标志下4mm处为一条红色双线（上粗下细），距下页边20mm处为一条红色双线（上细下粗），两线长均为170mm，居中排布。

（3）份号、密级和保密期限、紧急程度

如需标注份号、密级和保密期限、紧急程度，应当顶格居版心左边缘编排在第一条红色双线下，按照份号、密级和保密期限、紧急程度的顺序自上而下分行排列，第一个要素与该线的距离为3号汉字高度的7/8（16磅×7/8＝14磅）。

（4）发文字号

发文字号顶格居版心右边缘编排在第一条红色双线下，与该线的距离为3号汉字高度的7/8。

（5）标题

标题居中编排，与其上最后一个要素相距2行（约60磅）。

小贴士

公文格式中的行

在《党政机关公文格式》（GB/T 9704—2012）中，规定了"一行指一个汉字的高度加3号汉字高度的7/8的距离"。而一个3号汉字的高度是16磅，一行就是16磅＋16磅×7/8＝30磅。

（6）正文

首页的第二条红色双线上一行如有文字，与该线的距离为3号汉字高度的7/8。

（7）页码

信函格式的公文首页不显示页码。

（8）版记

版记不加印发机关和印发日期、分隔线，位于公文最后一面版心内最下方。

3. 纪要格式

纪要格式主要用于记载会议主要情况和议定事项。与文件格式相比，纪要格式的特殊之处在于：

（1）发文机关标志

纪要的发文机关标志由"发文机关名称＋会议纪要"或者"发文机关名称＋例行性会议名称＋纪要"组成，标注位置和规格与文件格式相同。

（2）发文字号

对于例行性会议的纪要，其发文字号可采用"第＊号"的形式编制，从本届领导班子组成以来的第一次例行性会议开始编起。

对于非例行性会议的会议纪要，其发文字号可采用与文件格式相同的形式编制。

发文字号的标注位置同文件格式。

（3）人员名单

标注出席人员名单，一般用3号黑体字，在正文或附件说明下空一行左空两字编排"出席"二字，后标全角冒号，冒号后用3号仿宋体字标注出席人单位、姓名，回行时与冒号后的首字对齐。

标注请假和列席人员名单，除依次另起一行并将"出席"二字改为"请假"或"列席"外，编排方法同出席人员名单。

（4）注意事项

由于会议纪要属于内部使用文件，所以一般不需要加盖印章，也没有主送机关。格式要求也不是太严格，可以根据实际情况酌情制定。

三、公文的稿本

公文的稿本，是指公文的文稿和文本。

（一）公文的文稿

文稿主要是指公文在撰写阶段形成的不同形式的文字稿的统称。撰写公文，从开始起草到最后定稿，要形成一系列的文字稿，这些文字稿标志着公文定稿的整个过程。一般来说，文稿分为两种，一是草稿，二是定稿。

1. 草稿

草稿是指内容和文字表述都还未成熟的公文原始稿件。文件在定稿之前的历次文稿都称为草稿。

根据所起作用和形成特点的不同，草稿一般表现为讨论稿（征求意见稿）、修改稿、送审稿三种形式。

讨论稿，也叫征求意见稿，是指某些比较重要的文件，起草之后需要多方面征求意见，往往就把草稿打印成许多份，发给有关方面或有关会议，以方便讨论。讨论稿尽管是印件，有时也对外发出，但本质上还是草稿，主要目的是征求意见，而不产生实际执行效用。

修改稿，也叫修正稿，它是根据各方面讨论提出的意见，对讨论稿进行修改之后形成的文稿。有的重要文件可能要经过多次讨论修改，从而形成多次修改稿。

送审稿，是下级机关向上级机关报送审批的文稿。

2. 定稿

定稿是文件的标准稿，是经过修改审核后，由机关领导人签发或会议讨论正式通过的最后完成的定型稿，它是机关制发文件的唯一可靠的标准稿。

定稿的标志，是领导人的签发字样，联合发文，最后一个单位的领导人签发以后才成为定稿。定稿标志着文件全部酝酿时期的结果，最大程度地体现了文件形成者的意图，只有定稿，才能形成正式文件。

（二）公文的文本

公文的文本是指根据定稿印制成的文件。同一文件根据它们的不同用途，可分为正本、副本、存本等。

1. 正本

正本是根据定稿印制或缮写（即誊写、抄写）的，供向外发出用的正式文件文本。

正本具有三个特点：一是正本是根据定稿制作的，凡不根据定稿制作的都不是正本；二是正本是发送给主送机关的，非此不算正本；三是正本具有实际效力，具有行政和法律的作用。正本的这三个特征紧密联系、不可分割，只有同时具备这三个特征的稿本，才能称为正本。

在实际工作中，根据内容的成熟程度和时间等因素，正本可以分为定型本、试行本、暂行本、修订本等。

（1）定型本

指一次定型、长期有效的文本。但一次定型，并非永远不变，随着情况的变化，还可能制定新的文件。

（2）试行本

是指发文机关认为文件内容尚不成熟，有待于通过实践总结经验，才能最后修改定稿。为稳妥起见，先用试行本的方式发布试行。试行文本，在试行期内具有法定效力。试行文本的明显标志是在标题后用圆括号注明"试行"字样。

（3）暂行本

是指发文机关一时来不及制订供长期执行的内容完善的规范类公文时，暂且制发的文本，在暂行期内具有法定效力。暂行本的明显标志是在标题中或标题后注明"暂行"字样。如《专利资产评估管理暂行办法》、《上海市国家行政机关电子公文管理办法（暂行）》。

（4）修订本

指对已发布生效的规范类公文，经实践检验重新予以修改补充后再行发布的文本。自修订本发布之日起，原文本即行失效。修订本常在标题后用圆括号注明"修订本"或"某年某月某日修订"字样，如：《美术作品经营管理办法》（1997 年 12 月 31 日修订）。

2. 副本

副本又称抄本，按原意它是根据正本另行复制、誊抄的其他稿本。由于现代印刷技术的发展，副本往往是同正本同时印制出来的。副本的作用是代替正本供传阅、参考和备查使用。

3. 存本

公文的存本，是指发文机关印制一份文件的正本后留在本机关的除草稿、定稿以外的印制本。它是作为发出的正本的样本，留作查考用的。

存本是根据正本印制甚至是与正本同时印制出来的，除印章和签署外，具有正本所有的文件格式和附加标记。

存本是由正本转化而来。正本转化为存本的条件，就是它失去了"发给主送机关"的特征而被作者自己留存下来，作为与定稿相对照和检查证明文件发出后是否达到了预期目的之用。当对文件内容发生疑问时，有关部门可以将存本与定稿进行核对，以便分清内部各部门或人员的责任；还可以将存本与正本核对，以便分清与外部的责任，所以发文机关必须将存本与定稿一起整理归档。

项目四　收文处理程序

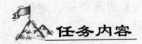任务内容

请认真阅读以下情境案例，并找出案例中收文办理各环节的失误之处。

赵威是青海集团计算机公司的办公室秘书。

2013年3月5日上午，赵威刚上班不久，传达室的李达就送来了一批文件。赵威认真地数了一遍文件的件数，确认收到的件数和李达手里的文件投递单上的件数一致，就郑重其事地在李达的文件投递单上签上了自己的名字。

李达走后，赵威开始拆封收到的文件。他拿起一个信封，从封口处随手撕开，一下把里面的文件给撕掉了一块，他吓了一身冷汗，心想，这样的文件怎么让领导去阅读和批示呢？他赶紧找出剪刀，按照拆封的规范要求小心谨慎地去开启每一个信封，不敢再有丝毫的马虎。

拆封完毕后，赵威开始一件一件地往收文登记簿上登记相关的内容——

1. 青海集团关于提交第四季度销售目标的通知；

2. 联想集团财务软件公司关于联合开发财务专用计算机的业务联络函；

3. 《计算机科学》杂志2008年第5期；

……

登记完毕后，赵威在每一份文件的前面加贴了一份"文件处理单"，并送给办公室主任钱乐填写拟办意见。

钱乐在填写拟办意见时，发现有一份文件是本公司下属的苏州制造厂报送的"关于对现有的笔记本电脑生产线进行技术改造的报告"，文件中陈述了工厂现有的笔记本电脑生产线技术落后，从而导致产品竞争力减弱等情况，请求事业部尽早安排资金，对现有的笔记本电脑生产线进行技术改造。

钱乐看完文件，感慨良多，是啊，生产线一日不改造，我们的笔记本电脑的销售量就会一日不上升，必须尽快改造这条生产线。于是，他提笔在文件处理单的"拟办意见"栏中写下了如下拟办意见——

"生产线改造事关我公司发展大局，建议安排财务部和技术部尽早拿出改造方案，并付诸实施。当否？请孙总经理、刘副总经理阅示。"

填写完拟办意见后，办公室主任钱乐把文件交给赵威，请他把文件分送到相关的领导人那里去批示或者传阅。赵威根据钱乐主任的拟办意见，把需要不同的领导人批示或者传阅的文件分放在不同的文件夹中,开始往各位领导人那里分送。送完文件后,赵威及时地在《收文登记簿》的"处理情况"一栏中作了相应的记录。

赵威首先把需要孙总经理批示或阅知的文件送到了孙总经理的办公室。孙总经理开始认真地阅读每一份文件,并分别在批办意见栏中认认真真地签署了自己的名字和阅读时间。

下午接近下班的时候,赵威又认真地从每一位领导人那里把批示或者阅读完毕的文件拿了回来。

第二天一上班,赵威开始认真地查看领导批示过的文件。当他发现孙总经理在每份文件的"批办意见"一栏中都写上了自己的名字时,就去问钱乐主任应该怎么处理。钱主任告诉他,这是一种不规范的批办方式,表示同意拟办意见。我会在适当的时候委婉地告诉他,请他以后签署明确的批办意见。赵威点头表示明白,并开始按照批办意见分配承办任务。

赵威看到在联想集团财务软件公司《关于联合开发财务专用计算机的业务联络函》的文件处理单上,拟办意见是"拟请技术部阅研,并提出答复意见",批办意见是"同意"。就把文件处理单和文件本身复印了一份送给技术部,请他们按照领导批示承办此事。并在《收文登记簿》的"处理情况"一栏中作了相应的记录。

技术部收到文件后,立即召集有关人员开会研究。研究后认为,开发财务专用计算机的条件目前还不太成熟。于是,他们就把这件事给搁置了下来。

2013年3月30日下午,赵威开始检查本月收文的办理情况。他发现,3月6日由技术部承办的文件到现在还没有结果,就急忙打电话询问技术部。技术部把他们的研究意见告诉了赵威。赵威焦急地说:"不管条件是否成熟,我们都应该给人家一个回音啊!你们赶快起草一个答复函吧!"

技术部此时也感觉到了本部门承办工作的失误,赶紧根据研究的意见起草了一份答复函,并按照发文程序的要求由办公室印制出来发给联想集团。

文件发出后,赵威赶紧在《文件处理单》的"处理情况"一栏中填上注明"已复文",并同时注明了复文的文号和复文的日期。

📋 任务目标 ▶▶

1. 知识目标
◆ 了解收文处理程序各环节的内容及其工作要求
2. 技能目标
◆ 能够准确无误地按照收文处理程序办理收文

课时建议

3 课时

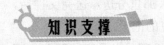知识支撑

一般而言，收文处理主要包括签收、拆封、收文登记、收文审核、拟办、批办或传阅、承办、催办、注办等 9 个环节。

一、签收

(一) 签收的含义

签收就是收件人在收到来文后，经过清点，在送件人的投递单或送文簿上签字，履行交接手续的过程。

(二) 签收的程序

1. 清点
清点就是把投递单登记的件数与接收到的实有件数进行对照，看二者是否相符。

2. 检查
检查就是核对所收文件封套上注明的收文机关是不是本机关；核对封套编号与文件投递单的登记是否相符；检查封口是否有破损等情况。如错投，应及时退回；如有破损、开封现象，应及时查明原因，并在"备注"栏内简要写明情况。

3. 签字
经清点、检查无误后，在对方的文件投递单上签署收件人姓名和收到日期。签字务必清晰、易认。有时也可盖专门的签收章或出具收条。

二、拆封

(一) 拆封的含义

拆封就是把接收到的文件的封套拆开，并取出封内的文件及其他材料的过程。

(二) 拆封的程序

1. 确定拆封范围
在拆封之前，秘书人员应确定来件是否可以由自己拆封。一般来说，收件人为本单位或者本单位办公室的，都可以由办公室负责文书工作的人员拆封；收件人为本单位其他部门或者标明"×××亲启"等字样的收件，必须经过授权方可拆封，否则应当交给收件人亲自处理。

2. 启封
手拿信封，封口向上竖起轻弹数下，用剪刀沿信封的封口一边慢慢剪开，然后用手将文书小心取出。

3. 检查核对

将取出的文书与封套信息核对，保证二者信息的一致性。有附件的，要按文件中的附件说明逐一清点，并用曲别针将正件与附件装订在一起。遇有多张纸型不规则的附件时，一般应把较小的附件放在前面。

（三）注意事项

①急件、密件应当先启封，以保证其得到优先处理。

②拆封的文书要分门别类地用文件夹分别存放起来，并按照重要程度或者紧急程度自上而下叠放整齐。

③拆封后的信封和包装封袋一般可以不留存。如是初次发生工作联系的单位，可以将其保留，以备日后查用。

三、收文登记

（一）收文登记的含义

收文登记就是对收到文件的基本要素项目和内容作一定形式的记录。

（二）收文登记的形式

1. 簿册式登记

簿册式登记就是用预先装订成册的登记簿进行登记。这种登记形式适合按时间顺序进行流水登记，应用比较广泛。

2. 卡片式登记

卡片式登记就是用单张卡片进行登记，每张卡片登记一份文书或一组内容联系紧密的文书。这种登记形式便于多人同时登记，利于分类查找，但容易散乱丢失。

3. 联单式登记

联单式登记就是采用一次复写两联或两联以上的方式进行文书登记。这种登记形式能够减少重复登记的手续，提高办文效率，但不便于保管和整理。

（三）收文登记的方法

1. 总登记

总登记就是把所有收到的文件按年度、按收文时间先后编流水号登记，适用于收文数量较少的单位。

2. 分类登记

分类登记就是对所有收到的文件先分类别，可以按文件的来源分，也可以按文件的内容分，然后在各类别内再编流水号登记，适用于文件量多的单位。

(四) 收文登记的项目

收文登记的项目主要包括顺序号、收文时间、来文单位、来文字号、文件标题、紧急程度、秘级、份数、处理情况等。

在这些项目中，收文时间、来文单位、文件标题、处理情况是必须登记的项目，其他的项目根据具体情况可以登记，也可以不登记。如果来文没有标题，登记时应根据文件的内容拟出一个标题。

(五) 收文登记的具体要求

①凡收到的重要文件都应登记，主要包括：上级机关的指导性、参阅性和需要办理的文件；下级机关的请示性、报告性文件；带有密级的重要资料；机关内部使用的文件、会议文件和音像文件等。

②仔细确认不必登记的文件，主要包括：公开的出版物、一般性的简报、事务性的通知、便函、介绍信、请柬、领导人的亲启件等，但领导人阅后交办的亲启件，则应登记。

③根据具体情况采用总登记或分类登记的方法。

四、收文审核

(一) 收文审核的含义

收文审核就是文秘部门对收到的下级机关上报的需要办理的公文，从内容、形式、行文制度等各方面进行审查核对。

(二) 收文审核的重点

①是否应由本机关办理。审核文件内容是否属于本机关职权范围内需阅知或办理的事项，如是误送，应立即退回发文机关，不要擅自处理，不要代转。

②是否符合行文规则。审核公文是否按照国家行政机关的行文规则办理。

③内容是否符合国家法律、法规及其他有关规定。

④涉及其他部门或地区职权的事项是否已协商、会签。

⑤文种使用、公文格式是否规范。

经审核，对符合《国家行政机关公文处理办法》规定的公文，文秘部门应当及时提出拟办意见送负责人批示或者交有关部门办理，需要两个以上部门办理的应当明确主办部门。紧急公文，应当明确办理时限。对不符合本办法规定的公文，经办公厅 (室) 负责人批准后，可以退回呈报单位并说明理由。

五、拟办

（一）拟办的含义

拟办就是对需要办理和答复的收文提出的初步办理意见，以供领导批办时参考。拟办的质量直接关系到文件能否及时有效地得到处理和运转。

拟办一般由文秘部门负责人担任，因为文秘部门负责人熟悉和掌握机关各部门的情况，并具备拟办所必须有的素质和职权。

（二）拟办的要求

拟办时，应当仔细阅读全文，根据收文的性质、内容、密级、时限和阅读范围，以及机关领导的分工、部门的职能职权等情况，简明扼要地拟出切实可行的意见。

（三）拟办的方法

拟办意见可填写在"收文处理单"的"拟办意见"栏内，并签注拟办人的姓名及拟办日期。拟办意见的具体写法有以下几种：

①直接写出对收文的初步办理意见，如"拟……"，"建议……"。

②请有关领导作出指示，如"请×××总经理阅示"。

③需转有关业务部门研究答复的，可根据情况写明"拟转请某某部门研究提出意见"。

④应由主管业务部门处理的，写明"拟转请某某部门阅处"。

⑤需要批复的，可写明"拟批复同意"或"拟以办公室名义批复同意"。

⑥请求批转的，可写明"拟同意批转，待原则同意后再进行文字审修"。

⑦需要传阅的，可写明"请×××、……阅"。

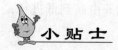 小贴士

"收文处理单"的样式

收文处理单是收文办理过程中使用的一种辅助文件，用来简要地记录所收公文的主要信息和收文办理过程中的拟办批办意见，以及收文的办理情况，一般用曲别针装订在收文的前面作为收文的封面，其常见样式如表4-1所示。

表 4 - 1　　　　　　　　　　青海集团计算机公司收文处理单

公文标题						
发文字号		秘密等级		紧急程度		
来文单位		收文日期	年	月	日	
批办意见：			批办人： 　　年　　月　　日			
拟办意见：			拟办人： 　　年　　月　　日			
办理情况：			注办人： 　　年　　月　　日			

（四）拟办意见的性质

①参考性，即拟办意见相当于一份建议或者请示，但并不是最后的决定，只供领导批办时参考；

②差异性，即拟办意见如有两个以上，应彼此有所区别和差异，以利于领导选择；

③概括性，即拟办意见应简明扼要而又合乎工作规律和情理。

（五）拟办的注意事项

在撰写拟办意见时，如果需要请多个领导人批示或阅读文件，就要特别注意这些领导人之间的批示或阅读顺序。拟请多个领导人传阅的，要按照职务由高到低进行；拟请多个领导人批示的，要按照职务由低到高进行。

六、批办或传阅

（一）批办

1. 批办的含义

批办就是机关单位领导人将来文和附送来的拟办意见审阅后，对文件如何办理、办理原则和办理过程中应注意的问题做出最后决定，并在文件办理单上加以指示或批示的环节。

批办一般由机关单位领导人负责，尤其是对事关全局的重要文件的批办。

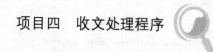

2. 批办意见的写法

①同意拟办意见。领导人在批办中表示同意拟办意见的用语大致分为三种类型：

A. 同意。即全部肯定拟办意见，别无补充，是结束批办的最后结论。

B. 原则同意。即对拟办意见和文中所请示事项大体同意，其后要作出具体的指示性的补充意见。

C. 拟同意。这是参与批办的其他领导人的表态用语，其后，要写出自己的提示性意见，如"拟同意，请××同志审示"等。

②变更拟办意见中的部分内容并作适当补充。

3. 批办的注意事项

①领导人在批办前应认真阅读全文，仔细考虑拟办意见后再作批示，而不能随意浏览或只看标题，不斟酌拟办意见就信手签注"同意"或打钩画圈。

②审批公文时，对有具体请示事项的，主批人应当明确签署意见、姓名和审批日期，其他审批人圈阅视为同意；没有请示事项的，圈阅表示已阅知。

③批办意见写在"收文处理单"的"批办意见"一栏内，并签注批办人的姓名和批办日期。

（二）传阅

1. 传阅的含义

传阅是指对需要送有关领导人和部门阅知的文件组织传递和阅读，以利于文件的及时处理，提高办文效率。

2. 传阅的方法

①传阅顺序按照职务由高到低。

②传阅途径以组织传阅的文书人员为中心进行放射状传阅，切忌横传文件。

③根据具体情况适当调整传阅顺序。

3. 传阅情况记录

在公文的传阅过程中，每一位阅读过文件的人都应该在"收文处理单"的"办理情况"一栏中签署自己的名字和阅毕时间。也可以制作专门的"公文传阅单"来代替"收文处理单"。请领导人批示或者传阅文件的时候，秘书人员应该为每位领导准备一个专用的文件夹，并在文件夹的封面上做出比较醒目的标识，把需要该领导人批示或者阅知的文件集中存放在这个文件夹中送给领导人。

小贴士

公文传阅单常见样式如表 4 - 2 所示。

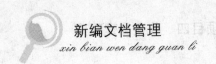
表 4 - 2　　　　　　　　　　青海集团计算机公司公文传阅单

公文标题						
发文字号			秘密等级		紧急程度	
来文单位				收文日期	年　　月　　日	
拟办意见：						
					拟办人： 年　　月　　日	
传阅情况：						
阅读者签名	阅读时间		阅读者签名	阅读时间		
	年　月　日				年　月　日	
	年　月　日				年　月　日	
	年　月　日				年　月　日	
	年　月　日				年　月　日	

七、承办

(一) 承办的含义

承办，就是遵照领导人对文件的批办意见，根据来文的内容和要求，由有关职能部门或个人承接办理来文并予以贯彻落实的工作程序。

(二) 承办的要求

承办部门收到交办的公文后应当及时办理，不得延误、推诿。紧急公文应当按时限要求办理，确有困难的，应当及时予以说明。对不属于本单位职权范围或者不宜由本单位办理的，应当及时退回交办的文秘部门并说明理由。

(三) 承办的内容

承办包括两个方面的内容：办事和办文。

1. 办事

办事就是落实文件中要求办理执行的相关事项。为了提高办事的效率和质量，承办工作应做到以下几点：

①明确承办人，由专人负责承办事项。

②领会领导批办精神，按领导意图落实文件。如在执行过程中出现了新的问题，或与批办意见发生抵触时，承办人应及时请示，不得自行其是。

③主办部门与协办部门要协调一致，特别是在意见有分歧时，尤其需要相互协商，切不可我行我素。

2. 办文

办文是承办工作的重点，主要是针对收文的拟稿回复，即办理复文。从这个意义上来说，承办工作既是收文处理的一个环节，又是发文处理程序的起始阶段。

办理复文时应注意以下几点：

①认真领会拟办、批办意见，根据拟办、批办意见复文。若对批办有疑问，必须向批办的领导及时反映，切不可自行其是。

②认真研究文件的内容，属于自己承办的要及时办理，不属于自己承办的要说明原因并及时退回。

③批办意见要求本部门牵头与其他部门联合复文的，由本部门拟出文稿与有关部门会商，并由本部门和有关负责人会签后，再报请机关单位领导审批。

④内容涉及以前的收文或其他有关材料时，要查找有关文件作为复文的参考。需经领导审定的复文，要将有关材料一并附上，以保证领导全面掌握情况，做出正确的决策。

 阅读材料

当天收文 当天办结

近日，当东南市飞天科技有限公司负责人仲先生从光明环保所负责人手中接过已经办结的环保批文时，连声称谢。原来光明环保所为了服务好企业，专门开通了办文绿色通道。

飞天科技公司位于光明大街柑山工业区，主要从事五金产品、模具等的加工生产，因接订单，急需在 7 月 17 日前办妥环保批文。光明环保所领导得知此事后，决定开通绿色通道，在接到该公司递交的《建设项目环境影响评价报告书》后，立即着手审批，实现了当天收文当天办结。同时，光明环保所负责人还亲自将环保批文送到企业负责人手中。

据了解，今年以来，光明环保所先后开展了社区现场办公、送批文下企业等一系列旨在提高行政效率的惠民活动，取得了良好的社会反响。

八、催办

（一）催办的含义

催办，是指按照文件办理时限，秘书部门对承办工作进行检查与催促，防止文件处理的漏办和延误。具体地说，催办环节就是文秘人员对尚未办结的文件进行控制，查明工作进展、存在的问题、完成得如何等情况。

（二）催办的注意事项

收文处理的催办环节必须按文件的紧急程度和重要程度来确定工作的重点，做到紧急公文跟踪催办，重要公文重点催办，一般公文定期催办，并将催办过程中发现的问题及时向领导汇报，以便及时采取相应的有效措施。此外，还必须建立切实有效的催办工作制度，以保证催办工作的质量与效果。

九、注办

（一）注办的含义

注办是指对公文承办的情况和结果，由经办人在公文处理单上所作的简要说明。

（二）注办的内容

注办一般包括以下内容：

①一般的传阅文件，在有关人员传阅完毕后，文书人员应注明阅毕的日期。

②需要办理复文的文件办完后要注明"已复文"，并注上复文的日期和文号。

③用口头或电话答复的要注明时间、地点、接谈或接话人、主要内容等，并由承办人签字。

④不需复文的文件要注明"已办"、"已阅"、"已摘记"等字样。

（三）注办的标注

注办文字可写在文件首页的右上方，附有"收文处理单"（传阅单）的，要在"文件处理单"上的"处理情况"栏注明，在"收文登记簿"中登记了的文件，要在"处理情况"栏中注明。

📖 阅读材料

海都市国土资源局收文处理工作制度

凡从外部送达国土局的文件、信函、电报及其他资料，一律由文书统一处理。

一、收文

文书每日到文件交换站取文1次，急件随时收取。有需要签收的文件时，要仔细清点，逐件检查，各项无误时方能签收。签收时写清单位全称和收到时间。急件签收时，要注明签收时、分，以便查考。

二、拆封

确认来文确属本部门职责范围后方可拆封。除办公室负责人和专职文书外，其他任何工作人员不得随意拆封。凡外部机关、部门、单位报送本单位或标明本单位负责人收的信函（电报），可由文书人员负责拆封。凡封面写明具体领导人姓名的信件，除领导同志明确交代有关人员代拆外，其他任何人不得代拆。文书拆封时应注意保持原封及封内文件、信件完好。如发现原件已有启封、破损等现象，应立即查询，适当处理。如发现误投，应及时退回或转投应投单位，并告知发文单位。

三、登记

上级机关指导性文件，上级机关需要本单位承办的文件，下级机关的请示文件，其他机关、单位与本局洽谈工作或处理问题的文件及其他重要文件，所有机密文件均应登记。公开信，一般性工作简报，越级请示以及一般性行政事务性通知、便函、介绍信、请柬等不需登记。

登记时登记人员需填全收文日期、收文编号、来文单位、来文号、来文标题、内容、份数、密级、备注等。登记处理一般当天进行，最迟不得超过次日。

四、拟办、批办

凡经登记的文件、电报及其他重要文件，均应先交办公室负责人签署具体拟办意见，然后送局负责人批办。一般文件每日批阅1~2次，电报、传真、急件随时送批，力求当日事当日毕，不可拖拉积压。涉及具体职能部门工作任务的文件在二日内必须转到具体单位。

五、传阅

凡需传阅的文件应按规定组织传阅，时间较紧的要随时传阅。传阅文件要分清主次，区别轻重缓急，合理安排，尽量减少中间环节。办公室对送领导传阅的文件要及时登记，做到心中有数，去向明确。领导和相关科室阅后需及时回交办公室，不宜相互"横传"，以防丢失或漏传。秘密文件要控制传阅范围。传阅文件一般在批阅后一周内流转结束，传阅后如仍需阅文，可借阅或复印。借阅文件一般当天归还，特殊需要不超过一周。

六、催办、督办

办公室要按照办理时限和局负责人要求，对承办者进行检查和催促办理，催办情况要及时向有关领导汇报。对于时间性较强的洽谈、会议、会晤等项活动，办公室要提前通知有关人员，做好记录，并及时提醒。

七、办复

公文承办的科室和个人在办理完毕后，应及时回复，做到有办有复，善始善终，件件有着落。

八、整理归档

文书人员要每月对来文进行一次正常性清理，每季度进行一次系统性清理。并按档案管理的规范化要求整理归档，按时送交档案室。

九、上交、销毁

需上交、销毁的文件、内部资料、不宜公开的其他文件材料，一般每年集中一次，上交有关部门或集中销毁，不得作废纸出售。需集中焚烧销毁的，应有监销人进行监督，焚烧彻底后监销人方可离开现场。

项目五　发文处理程序

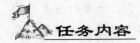

请认真阅读以下情境案例，并找出案例中发文办理各环节的失误之处。

李丽是青海集团计算机公司技术部的部门秘书。

2013 年 3 月 30 日下午，技术部部长周舟安排李丽起草一份文件，文件的大体内容是就本月初技术部根据领导的批示对联想集团来函要求联合开发财务专用计算机一事做出答复。

接受起草公文的任务后，李丽马不停蹄，找出本月初技术部研究此事的会议记录，开始认真地起草公文。

起草完毕后，她认真地阅读了一遍，没有发现什么问题，就赶紧送到办公室主任钱乐那里，进行发文审核。

钱乐主任收到技术部起草的文稿，赶紧进行审核。他首先审核了一下发文稿纸上填写的内容，发现公文的标题为《青海集团计算机公司技术部关于联合开发财务专用计算机的意见》，他感到文种的选用有点不妥，不如改成"复函"，于是就提笔把发文稿纸和文稿中的标题中的文种名称改成了"复函"。继续看下去，他没有发现其他的问题，就认真地在发文稿纸的"文秘部门审核意见"一栏中写上了"审核合格"的意见，并在审核人签名处签上了自己的名字。

第二天上午，办公室秘书赵威把经过审核的文稿拿给孙总经理签发，孙总经理认真地阅读了文稿和审核意见后，在发文稿纸的"签发意见"一栏中认真地签上了自己的名字。

赵威拿回经过签发的文稿，赶紧给文稿编号。他首先查看了一下最近已发公文的编号，然后在发文稿纸的"发文字号"一栏中写上了"青计函字〔2013〕018 号"。

编制好发文字号后，赵威开始在电脑上排版，按照公文标准格式的要求印制公文校样。校样印出后，他把校样和原稿对照着校对了一遍，没有发现错误，便开始按照规定的印数进行批量印刷。

公文印制完成后，赵威拿着印好的公文找负责印章管理的秘书王娜盖章。王娜正忙着给别人开介绍信，就从抽屉里拿出公章，对李威说："你自己盖吧！"李威接过公章，在公文末页的正文末尾与成文日期之间的空白处端端正正地盖上了公章。

用印完毕，李威把其中的一份与签发稿装订在一起放入文件柜存档，另一份准备寄给联想集团财务软件公司。

　　他首先找出一个中号信封,按照联想集团财务软件公司来函信封上的地址写好信封的封面,然后,把文件沿长边对折,装入信封。这时,他发现对折以后装入信封的文件长度与信封的长度正好一致,他得意地笑了笑,用胶水把信封封好,贴上邮票,准备送往邮局。

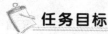
任务目标 ▶▶▶

　　1. 知识目标
◆ 了解发文处理程序各环节的内容及其工作要求
　　2. 技能目标
◆ 能够准确无误地按照发文处理程序办理发文

课时建议

3 课时

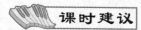
知识支撑

　　一般而言,发文处理主要包括草拟、发文审核、签发、复核、编号、缮印、用印或签署、发文登记、分发九个环节。

一、草拟

(一) 草拟的含义

　　草拟即有关人员根据领导的授意或者工作的需要起草撰写公文的初稿,是整个发文办理过程的第一个环节。

(二) 草拟的程序

1. 交拟

　　交拟是指机关单位的领导或文秘部门的负责人向拟稿人交代撰拟任务的过程。这些任务包括本机关、单位(含会议的组织者)的主动发文和作为收文承办的被动发文。交拟的重点是行文目的、依据、对象、指导思想和具体要求。

2. 起草

　　根据《办法》规定,起草文稿应当做到:
　　第一,符合国家的法律、法规及其他有关规定。
　　第二,情况确实,观点明确,表述准确,结构严谨。

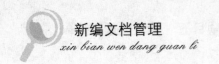
第三，正确确定公文的文种。

第四，拟制紧急公文，应当体现紧急的原因，并根据实际需要确定紧急程度。

第五，人名、地名、数字、引文准确。引用公文应当先引标题，后引发文字号。引用外文应当注明中文含义。日期应当写明具体的年、月、日。

第六，正确使用结构层次序数。

第七，应当使用国家法定计量单位。

第八，文内使用非规范化简称，应当先用全称并注明简称。使用国际组织外文名称或其缩写形式，应当在第一次出现时注明准确的中文译名。

第九，公文中的数字，除部分结构层次序数和在词、词组、惯用语、缩略语、具有修辞色彩语句中作为词素的数字必须使用汉字外，应当使用阿拉伯数字。

小 贴 士

在发文办理的草拟环节中，如果拟稿部门就是文秘部门，文稿草拟完成后，就可以直接交文秘部门负责人进行发文审核；如果拟稿部门是文秘部门以外的其他部门，文稿草拟完成后，首先要由本部门负责人进行审稿，然后再交给文秘部门负责人进行发文审核。

二、发文审核

(一) 发文审核的含义

发文审核又称核稿，是指在送交机关领导签发之前，对文稿的内容、体式等进行全面的检查审定。

(二) 发文审核的主体

机关、单位的所有文稿在领导签发之前均应由文秘部门进行严格的审核把关。一般来说，文稿的审核工作由文秘部门负责人负责，一般文件也可以指定经验丰富、各方面素质都较高又有较高文字水平的秘书人员来负责把关。

(三) 发文审核的要求

发文审核主要是把好"三关"：

第一，把好内容关。要查文稿的基本精神是否符合党和国家的方针、政策和有关的法律、法规以及上级的有关指示；查政策界限是否明确，提法是否同已发布的公文相衔接；查文稿中提出的措施和办法是否符合实际、切实可行；查涉及其他部门的措施、办法是否经过协商、会签等。

第二，把好文字关，要查文字语言的表述是否概念准确、条理清楚、语法规范、简明扼要；查有否错别字，标点符号的使用是否得当等。

第三，把好体式关。要查文种使用是否恰当，公文格式是否正确，秘密等级、缓急时限、发文范围是否合理，查发文机关和收文机关的关系处理是否恰当，抄送机关中是否有滥抄、滥送、漏抄、漏送的现象等。

（四）审核意见的标注

审核完毕，审核人应在发文稿纸的审核部门意见栏内填写审核意见，并签注姓名与日期。经审核后，修改较多的文稿应交拟稿人誊清后再送领导签发。

小 贴 士

发文稿纸是发文办理过程中使用的一种辅助文件，用来简要地记录待发公文的主要信息和发文过程中的审核审批意见，一般用曲别针装订在草稿的前面作为草稿的封面，其常见样式如表5-1所示：

表5-1　　　　　　　　　　青海集团计算机公司发文稿纸

公文标题					
发文字号		秘密等级		紧急程度	
印制份数		份数序号		（　　）～（　　）	
拟稿部门		拟稿人			
签发意见： 　　　　　　　　　　　　　　　　　　　　签发人： 　　　　　　　　　　　　　　　　　　年　　月　　日					
文秘部门审核意见： 　　　　　　　　　　　　　　　　　　　　审核人： 　　　　　　　　　　　　　　　　　　年　　月　　日					
拟稿部门审稿意见： 　　　　　　　　　　　　　　　　　　　　审稿人： 　　　　　　　　　　　　　　　　　　年　　月　　日					
责任印制		印制日期		年　　月　　日	

阅读料料

上行文审核把关中应注意的几个问题

一、是否确需行文

向上级机关行文，一般有以下几种情况：一是工作中不能自行决定重大问题，需要上级机关批准的，如请求将河口模型建在渤海市的请示；二是审批权限在上级机关需要上级机关审批的，如防洪工程建设初步设计、详细设计的批准等，都需要请求上级批准；三是例行的工作总结报告或领导安排上报的，前者如每年需要向上级报告防汛、防凌工作情况，后者如局领导研究决定上报的黄河三角洲考察报告、汶河流域考察报告等；四是上级有明确要求上报的，如2008年全河工作会议上黄委李国英主任要求委属各单位上报创新体系意见；五是对工作中的重大问题提出见解和意见，供上级机关决策参考，如对南水北调东线工程利用东平湖作调蓄水库的意见等。

无论何种情况的上行文，都要认真审核其有无必要行文，也就是说向上级行文的理由是否充分，不能来文即核，核后即报。凡上级有明确的规定不允许的，就没有必要再行文请示。比如，关于单位购置配备工作用车问题，什么级别的单位、领导配备什么标准的车辆，上级规定的比较明确具体，如超标准购置车辆，就不要行文请示了。在这一点上审核人员要敢于负责，严格把住行文关。

二、行文名义是否准确

一般情况下，对于一些全局性的重大问题，需以本单位的名义向上级机关行文，如向上级党委部门报送公文，需以本单位党组织的名义行文。对于请示上级机关主管部门职权范围内的具体问题，可以本单位部门的名义用便函直接报主管部门处理，但切不可用便函的形式直接向上级机关请示。

三、文件形式是否妥当

一般上行文要用有红头、有发文字号和签发人、格式规范、齐全的正式文件。但在实际工作中往往有的单位不用正式文件，如向领导同志报告其交办事项用"呈阅件"、"参阅件"等，这种形式上级主管部门已多次要求禁用，应改用正式文件的形式。

四、是否符合行文规则

1. 不越级行文，不横向请示

上行文的主送单位必须是与制发机关有隶属关系的直接上级机关。虽是上级机关但不是直接隶属关系的不应直接请示、报告，否则即成为越级行文，上级机关对越级行文原则上不予受理。请求平行或不相隶属的职能部门审批其管辖范围内的事项，不应使用请示，正确的方法是使用"函"。例如黄河部门建设防汛指挥中心，其规划就需要地方规划部门批准，因河务部门与规划部门是不相隶属关系，应行函申请批准。

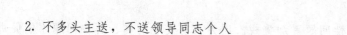

2. 不多头主送，不送领导同志个人

上行文主送机关一般只有一个，那就是制发机关的直接上级机关。受双重领导的单位向上级机关行文，应分清主送和抄送。除特殊情况外，上行文一般不应直接送领导同志个人，更不能向有关领导多头分送。因为重要的事情领导们都要集体研究决定，送给领导同志个人，领导还是得交给秘书部门办理，这样就为领导增加了不必要的麻烦。另外领导同志工作比较忙，事情比较多，文件送给个人，有时难免顾不上看，这样就会"欲速则不达"。

3. "请示"应当一文一事

请示一文一事，可以使公文内容集中，篇幅简短，便于办理，有利于提高效率。如同时请示多件事，必须是同一个问题密切相关的几个方面，也必须是上级机关能一次给予批复和解决的；否则，有几个问题就要写几个请示。

五、是否符合拟制公文的有关要求

1. 正确选择和使用的文种

有的单位上报文件缺乏严肃认真的态度，不知道《办法》规定了什么文种，不了解上行文该用什么文种，而是像日常写应用文一样，竟然上报《关于解决燃油锅炉资金的申请》、《关于基建资金使用情况的说明》等，说明其上报文件没有文种的概念，生编硬造文种。

2. 文种不可混用

该用请示的不能用报告，报告中不可夹带请示事项，也不可夹带建议事项。报告作为阅件，夹带请示事项往往得不到及时答复，容易误事；报告夹带建议事项不符合新《办法》的规定，向上级提出建议和意见要用"意见"这个文种。意见也不能与请示相混，意见是建议上级办什么、怎么办，并提出具体方案，供上级决策参考或批转；请示是请求上级指示、批准或答复。

3. 请示的事项要明确具体

请示的语言要简捷、明了、准确、具体，提出的请求要合情合理，有依有据，以便上级机关做出科学合理的决策。比如请示上级开展某项工程建设，就要简明扼要地将现状、存在的问题及进行建设的必要性和紧迫性说清楚，并详细提出明确具体的建设计划。如请求帮助解决所需资金，分项列出后要计算出总金额，给上级一个整体的概念。对请示的问题，如有不同的解决意见，要客观分析各自优缺点，提出明确的倾向性意见，便于领导决策参考。转报下级的请示，也要明确本单位的意见，不能将问题不负责任地上交。

4. 行文语气要得当

向上级机关汇报工作、报告情况，文风要平实，反映情况要客观，不可过多地堆砌修饰性词语。汇报工作不能只讲成绩，不说问题，有的虽然讲到了问题，但是蜻蜓点水，对问题有什么表现、程度如何、如何解决，没有深刻的分析。殊不知领导机关对工作中取得的经验、对全局有指导意义的典型很重视，但对于存在的问题特别是一

些带有普遍性的问题、苗头性问题更加重视。因为只有发现问题、解决问题才能促进工作的开展。

六、公文格式是否符合《条例》的规定

1. 组成部分有无遗漏

公文常用的组成部分有发文机关标识、发文字号、签发人、标题、主送机关等十几项，上行文中经常有忘了署上签发人的。公文的签发是公文发生效力的标志，《条例》规定，上行文应当由单位主要负责人签发，也就是由单位的"一把手"签发。请示类公文要在附注处标识联系人、联系电话；有的请示件没有标识，或者是标识的位置不规范。此外，还有上报的文件忘记加盖印章的。这都是组成部分不全的问题。

2. 公文组成部分标识是否规范

这方面的内容较多，如引用公文，正确的方法是先引标题，后引发文字号，发文字号在标题后用圆括号括起来。不可只引标题，或只引发文字号。文件中经常出现的日期，应当写明具体的年、月、日，尽量少用"今年"、"明年"等词语，年份要写完整，如："2001 年"，不可写成"01"年。文中结构层次序数，第一层为"一、"，第二层为"（一）"，第三层为"1."，第四层为"（1）"。"（一）"不加顿点或逗号，"1."中使用圆点，不要写成顿号等。

三、签发

（一）签发的含义

签发是机关单位主管领导对已经审核的文稿进行最后的审定后，在发文稿纸的签发意见栏中签署批准发文意见，并签注自己的姓名和日期的环节。

签发是发文处理过程中最重要的一个程序。文稿一经签发即成定稿，办理人员无权改动。

（二）签发的原则

签发环节是领导人行使职权的一种表现，签发人代表本机关单位对所发出的文件及文件的文字表述负有完全的责任。因此各机关单位对于签发文件的职能分工，应有明确的原则规定。总的来说，签发的原则主要有以下几条：

第一，以本机关名义制发的上行文，由主要负责人或者主持工作的负责人签发，并在眉首部分标注签发人姓名；以本机关名义制发的下行文或平行文，由主要负责人或者由主要负责人授权的其他负责人签发。

第二，由部门拟稿，以机关单位名义的发文，应先由部门负责人审稿和文秘部门负责人审核，再交领导人或主管该部门事务的副职领导人签发；以部门名义的发文，由部门负责人签发，其中涉及重要问题的或部门把握不准的发文，还应报领导人核签

或加签，或者报请领导人签发。

第三，经会议通过的发文，由会议主持人或秘书长签发；机关单位内部会议通过的，可由正职或副职领导人或者办公厅（室）主任签发。

第四，与其他机关单位联合发文，应与有关机关单位会签。党政联合发文，凡属政府主管的工作事项，先由政府领导人签发，再送党委按规定审核后发文。

（三）签发的方法

签发时应在发文稿纸的签发栏内写明意见，如"发"、"印发"、"抄发"、"急发"等，并亲署姓名和具体日期。代行签发的要注明"代签"字样。

四、复核

即发文办理过程中的第二次审核，它是在文件正式印制前由文秘部门对发文的复查审核。《条例》第二十五条规定："已经发文机关负责人签批的公文，印发前应当对公文的审批手续、内容、文种、格式等进行复核；需作实质性修改的，应当报原签批人复审"。

五、编号

经复核后的定稿应由秘书部门统一编排发文字号和份数序号等。

联合行文，只标主办机关发文字号；"绝密"、"机密"级公文应当标明份数序号。此外，文件印数较多时也要编份号，以便清点文件份数。

六、缮印

（一）缮印的含义

缮印，是根据发文定稿制成文件正本的过程。"缮"指缮写誊清，即制出文件的清样；"印"指印制，有打印、铅印、胶印、复印等方式。

（二）缮印的程序

缮印包括了印制校样、校对、批量印刷三个具体环节，应注意以下问题：

第一，必须忠实于经过审核签发的定稿，不允许随意改动原稿的文字、标点符号、格式，也不允许调换原稿的段落。如发现原稿有误，应及时请示，不得擅自更改。缮印时，还必须注意保护好原稿，不能出现丢失缺页或揉皱污损等现象，以便校对和原稿的存档。

第二，仔细校对。一是初校与复校相结合。先由负责缮印的部门或人员初校，然后再由文秘部门或拟稿人复校。二是校改标志准确醒目。校样上校出的错漏之处，要以醒目的色笔和规定的符号标明，并牵出版心，不要在校样的文字上进行改动。

第三，版面设计要美观大方；用纸、格式、印刷等要符合相应的国家标准；要避免出现末页无正文的现象；要防止出现多页、缺页、倒页的问题。

第四，缮印过程中应注意做好保密工作，不得让无关人员随意翻阅原稿和印制的文件。秘密文件应有专人负责和送达指定缮印地点印制，并对印制的底版、校样等进行严格的管理，及时监销废页，防止失密现象的发生。

第五，建立相应的缮印程序登记制度。登记的内容包括文件名称、送文单位、送文时间、印制数量、印完时间、缮印人姓名、取件人姓名等项。缮印程序全部完毕后，应填写发文稿纸上的打印人、印制日期等各栏。

第六，缮印程序结束后，公文的签发稿要与存本（用于存档备查的公文正式文本）一起整理归档。

小 贴 士

校对的方法

在公文的缮印过程中，校对的方法通常有 4 种：

1. 对校。把校样和原稿放在一起对比着进行校对。一般用于印制者对公文文稿的初校。

2. 看校。只看校样不看原稿，凭个人的理解和记忆进行校对。一般用于文稿的起草者对文稿的复校。

3. 读校。一个人读原稿，一个人看校样，两个人配合着进行校对。一般用于对重要文稿的第三次校对。

4. 折校。把校样放在桌上，把原稿折起来，使校样中需要校对的那一行与原稿中相应的那一行紧靠在一起进行逐字、逐句、逐个标点符号的校对。一般用于对特别重要文稿的第四次校对。

七、用印或签署

（一）用印

用印，是指在印制出来的文件上盖上发文机关的印章。用印是文件生效的标志。一般情况下，用印需注意以下几点：

第一，用印必须经有关负责人批准，并由掌管机关印章的专门人员经手进行。

第二，用印文件的制发机关必须与印面一致，用印文件的内容必须与签发的定稿相符，否则不得用印。

第三，用印时，印面要端正清晰，用印的位置要正确，要严格按照《党政机关公

文格式》的规定用印。

第四，要根据发文的印数核实用印的份数，超过印数的不能用印；要防止将印章错盖在漏印的空白纸上。

第五，送印刷厂印制的文件，如需套印机关印章时，应派专人送取。

第六，通过报刊等发布文件时，签发稿上应加盖印章。

(二) 签署

签署，是指在印制出来的文件上由领导人亲笔书写自己的姓名或者由秘书人员加盖领导人手书体签名章。

签署的效力和用印是一样的，凡是根据《条例》的规定经过签署的公文，如命令、议案、一部分函件等，就不需要再加盖公章。

八、发文登记

(一) 发文登记的含义

发文登记，是指在文件发出之前对文件的主要内容和基本要素的记录，以便对发出文件进行统计、核查等管理。

(二) 发文登记的形式

发文登记的形式主要是簿册式，其常见样式如表 5－2 所示：

表 5－2   青海集团计算机公司发文登记簿

顺序号	发文日期	发文字号	密级	文件标题	发往单位	份数	归档情况	备注

九、分发

(一) 分发的含义

分发，是指对印制完毕、需要发出的文件按发放范围进行分装和发送的环节。

（二）分发的工作内容

分发环节的工作内容有书写封面、装入文件、封口和发送。

（三）分发的具体要求

①确认份数无误。要确认总共需要发出的文件份数和现有的文件份数是否一致。

②文件封套的封面书写必须清楚、明白、正确。

③文件装入封套时要注意短于封口，封口要牢靠，有密级的文件还要按密封的要求贴上密封条并骑缝加盖密封章。

④文件发送要按照文件自身的情况选择不同的渠道。

阅读材料

电子公文的发文办理程序

一、生成

电子公文的生成主要是利用计算机文字处理、表处理、图形处理、数据库等软件进行公文的撰写，生成可包含文字、图形、表格等形式在内的混合文档。电子公文的生成可选择按公文类型预先设计好的公文标准格式模板，进行公文的撰写。公文输入可采用语音、手写、键盘等多种方式，也可以使用扫描仪等辅助工具自动生成。公文生成有以下几方面的要求：

1. 公文的种类、格式同传统的纸质文件相同。

2. 公文用纸：一般采用国际标准 A4 型（长 297 毫米、宽 210 毫米），图文区尺寸（即版心）为：长 225 毫米、宽 156 毫米。

3. 公文用字：字号一般按发文机关、标题、小标题、标识字符、正文及注释说明文字等顺序从大到小选用。

4. 发文机关标识，推荐使用初号宋体字。

5. 联合行文，推荐用小初号宋体字。

6. 公文标题、小标题，分别推荐使用二号、三号宋体字。

7. 秘密等级、紧急程度和各标记字符或其他重点字句，推荐使用三号黑体字。

8. 一般公文正文、主抄送机关、无正文说明、附件说明、发文字号、成文日期、印发说明、注释、特殊情况说明等，推荐用三号仿宋体字。

9. 公文书写：文字一般采用从左到右横排。

二、审核

电子公文生成后可经计算机网络传送给审核负责人进行审核，审核负责人在审核意见栏中签署审核意见后，将初稿再传回撰稿人进行修改。

三、修改

撰稿人对审核人返回的初稿按照审核意见进行修改，修改完毕，将修改稿经公文管理部门或直接转给核稿人。

四、内外部会签

对于需要有关部门会签的电子公文，可由公文管理部门按会签要求，将公文通过网络发往有关部门签署意见。内部会签可在网上进行，外部会签可根据具体情况选择适合的方式进行。会签后的电子公文返回电子公文管理部门。

五、核稿

电子公文管理人员将公文修改稿发送给核稿校对部门，由核稿人对公文再次进行全面细致的审核、校对，核稿完成后，签上姓名和日期，并将修改稿和原稿一起返回公文管理部门或直接转去校对、签发。

六、签发

电子公文发送到签发负责人处，由签发负责人在签署意见栏中签署意见，并签名，同时确定或修改主送、抄报、抄送单位，处理完毕发送到公文办理部门。

七、编号

电子公文办理部门对签发完毕的公文进行办理，确定发文号、发文机关、发文日期、密级等，编号后将电子公文放入发文信箱，或直接打印输出。

八、分发

由电子公文办理部门打开发文信箱，选择待分发的电子公文，分别确定主送单位、抄报、抄送信息后，进行网上发送或选择其他方式发送。

九、登记

发文办理完成后，公文办理部门应及时对电子公文进行鉴定工作，包括确定保管期限、密级等，并要对电子公文的著录项（如：文件序号、文件类型、文件标题、文号等）及电子公文的元数据（如：文件产生的软、硬件环境、文件格式、文件载体等）进行登记。还要根据系统提供的信息加密、认证技术将电子公文打包后存入发文数据库中，以备归档。

项目六 归档文件整理

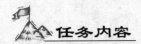任务内容

任务一

初萌出任天地公司秘书后第一次进行归档整理工作。她把所有的文件材料集中到一起，然后进行文件的选择。到底哪些文件要归档呢？初萌真有点难以取舍。拿起一份文件，觉得重要；再拿出一份文件，认为有用，哪份都舍不得放弃。下面列出了其中的一部分文件，请你帮着初萌把应该归档的文件材料和不应该归档的文件材料区分开。

1. 青岛市（天地公司所在地）税务局关于 2013 年"营改增"实施办法的通知；

2. 四海公司业务联系介绍信；

3. 天地公司关于调整经营战略的决定；

4. 天地公司会客登记表；

5. 天地公司海贝服装厂关于追加投资的请示；

6. 几封关于建议降低产品价格的客户来信。

任务二

某公司现有员工 50 人，公司内部机构由最初 4 个调整为 6 个，后又变为 5 个，现在公司从管理的需要出发设立 8 个部门。为了便于查找档案，公司准备制订合理的档案分类方案。

根据公司的实际情况，什么样的分类方法最适宜？并说明原因。

任务三

2012 年年底，天地公司的档案管理人员为了降低成本，提高效率，在批发市场买了糨糊和胶水，采用黏结法进行档案装订，很快就把大量档案装订完毕。2013 年 9 月 8 日，行政经理要查阅 2013 年形成的办公室管理规定。当档案管理人员调出这份文件时，不禁大吃一惊，用糨糊黏结的这份文件，由于糨糊浸到了文字，字迹已经模糊不清了。

请你介绍一下，常用的档案装订方法有哪些？怎样才能避免这种失误的出现？

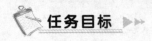任务目标 ▶▶▶

1. 知识目标

◆ 了解归档文件整理的含义、整理归档的条件范围和质量要求

◆ 明确归档文件整理的原则和组织工作
◆ 熟知文件材料价值鉴定和收集的方法
2. 技能目标
◆ 掌握文书整理与归档的方法和步骤，会对案盒内文件进行排列、编号，会填写文件目录、备考表

4 课时

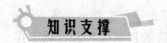

一、归档文件整理概述

（一）基本概念

1. 归档

各单位在工作活动中形成的具有保存价值的文件材料，由单位的文书部门或业务部门整理，定期移交给档案室或负责管理档案的人员集中保存，即为归档。

2. 归档文件

2000 年 12 月 6 日，国家档案局在广泛征求和总结文书档案工作实践经验的基础上，发布了《归档文件整理规则》（以下简称《规则》），2001 年 1 月 1 日起实施。《规则》中的归档文件，专指立档单位在其职能活动中形成的办理完毕、应作为文书档案保存的各种纸质文件材料。由此可知，《规则》只适用于文书档案的纸质文件，不适用于专门档案、科技档案和声像档案。

所谓"办理完毕"，并不是说文书内容所涉及的事情已经全部办完，而是指文书处理程序上已经办理完毕。如果以文书处理程序为参照依据，通常当收文的最后一个环节"注办"或发文的最后一个环节"分发"结束，该文书就可算处理完毕。

3. 归档文件整理

归档文件整理，是指文书部门按照有关规定将处理完毕的具有保存利用价值的文件材料收集齐全，经过价值鉴定区分保管期限、分类整理、排列、编号、装盒，定期将整理好的文件材料移交给档案室。

4. 归档制度

对国家规定的应当归档的材料，必须按规定，定期向本单位档案机构或档案工作人员移交，集中管理，任何人不得据为己有。归档是党和国家明文规定的一项制度，称为归档制度。

(二) 归档文件整理的原则

《规则》把归档文件的整理原则概括为："遵循文件的形成规律，保持文件之间的有机联系，区分不同价值，便于保管和利用。"

1. 遵循文件形成的客观规律

文书是机关工作活动的客观、自然的反映。各个机关的工作活动都是有规律的、按计划完成的。例如，要完成一项工作任务，往往事先要有一定的计划布置，必要时还须向上级领导部门请示，执行情况要上报下达，工作进行过程中要总结经验教训，工作结束要汇报总结、统计整理等，各个步骤都会有相关的文书产生。机关工作活动的规律，直接决定了文件的形成规律。因此，整理文件时，应当按照文件的形成规律，以反映出机关工作活动的真实历史面貌，反映出各项方针政策的贯彻执行和各项工作的发展情况，使整理后的档案成为系统的历史记录。

2. 保持文件之间的有机联系

每个机关都有自己的工作职能，在整个国家机构的组织体系中处于一定的地位。一个机关不是孤立地进行活动的，它同自己的领导机关、下属机关和许多有关机关，有上下左右、四面八方的联系。在一个机关内部的各个部门之间，各项工作、各个工作发展阶段之间，也是有联系的。这种活动和工作过程中的联系，决定了文件之间自然的、历史的联系，这种联系就是文件的有机联系，这种联系反过来又反映着机关活动和工作的联系。只要我们能把文件收集齐全，又按照其自然形成的规律，保持它们之间的有机联系，正确分类整理，就能反映出机关工作活动的真实面貌，反映出机关的主要业务工作情况。

3. 区分文书的不同价值

机关活动中形成的文件很多，虽然都是历史的记录，但它们的记录价值不同。有的是需要永久保管的，这最能反映机关基本职能活动；有的则是较长一段时间内有考考利用价值的；有的则是短时间内有查考利用价值的。这就需要区分它们的不同价值，分开进行整理，以便今后对短期及长期文件到一定历史阶段，失去查考利用价值以后，进行销毁。

4. 便于保管和查找利用

文书整理的根本目的，是便于保管和利用。失去这个目的，文书整理归档工作就变得毫无意义。所以，文书整理归档时除了要保持完整、系统外，还要考虑保管和利用的方便。例如，一次会议或者一项工程形成了许多文件，整理时不能单纯从保持联系的角度去看，而要将永久、长期、短期的文件分开整理。

二、文件材料的价值鉴定

（一）鉴定文件材料价值的概念

鉴定文件材料的价值，是指判定文件材料有无保存利用价值及价值大小，也就是判定文件材料是否应当收集整理归档及保管期限的长短。

文件材料的价值，是指文件材料对机关工作和社会的有用性，也即利用价值。某份文件材料，机关和社会今后需要利用，就有价值，否则就没有价值；机关和社会今后利用的次数多、利用的时间长，其价值就大，保管期限就应当长，否则，其价值就小，保管期限就应当短。

（二）影响文件材料价值的因素

文件材料的价值取决于两方面：一是文件材料所含有的信息，二是本机关和社会利用文件材料的需要。

1. 文件材料所含有的信息

文件材料所含有的信息，包括内容特征和形式特征两方面。

（1）文件材料的内容特征

文件材料的内容是影响文件材料价值最重要的因素。文件材料所记载的事实、现象、经验、结论、数据等内容，若能满足人们的利用需求，文件材料便有价值。人们利用文件材料（档案），主要是利用文件材料的内容信息。文件材料内容的价值，可以从以下三方面分析：

第一，内容的重要性。一般来说，文件材料，反映党和国家的方针政策、重大事件、主要业务活动的，比反映一般性事务活动的重要；反映全面性问题的，比反映局部性问题的重要；反映本机关主要职能活动、中心工作和基本情况的，比反映非主要职能工作、日常工作和一般情况的重要；反映典型问题的，比反映一般性问题的重要。总之，在维护国家、集体、个人的权益以及科学研究、总结经验等方面具有证据性、查考性作用的文件材料，都有较高的价值。

第二，内容的独特性。内容独特、新颖的文件材料，价值较高。内容的独特性，主要指记述本单位特殊的事件、产品、人物、成果和传统的文件材料。反映本单位改革、发展过程中具有开创意义的新人、新事、新政策、新做法的文件材料都具有较高的价值。

第三，内容的时效性。文件材料作为处理事务、记录事实、传递信息的工具，在行政、业务、法律等方面具有一定的时效性。超过一定的时间，文件材料的现行效用消失，其价值会发生变化，甚至会消失。例如，契约、合同、协议等文件材料，通常在有效期内及法律规定的起诉时效期限内，价值很高，而超过此期限后，其价值便降低以至消失。又如，方针政策性、法律性、综合计划性文件材料，在失去现行效用后，

其价值将转变为科学研究价值。文件材料和档案的价值，会随着时间的推移发生变化。

（2）文件材料的形式特征

主要体现在以下几个要素上：

第一，文件材料的作者。文件材料的作者，大多是机关、单位或部门，有的是个人。作者在机关内和社会上的地位、作用、职能，影响文件材料的价值。一般来说，本机关制发的文件，比收文的价值高。在收文里，有隶属关系的上下级机关（单位）的文件，比非隶属机关（单位）的文件价值高；在有隶属关系的机关（单位）的文件里，上级机关比下级机关（单位）的文件价值高。在本机关制发的文件里，以机关（单位）名义制发的文件比以部门名义制发的文件价值高；决策机构、综合性办公部门、主要业务职能部门、人事部门、外事部门制发的文件，比一般行政事务部门、后勤部门、辅助部门制发的文件价值高；机关领导人的文件材料比其他个人的文件材料价值高。

第二，文件材料的文种（名称）。一般来说，决定、决议、命令、指示、会议纪要、报告等文种，往往用于反映方针政策、重大事件和主要业务活动，这样的文件材料价值较高；而简报、函、通知等文种，大多用于处理一般事务，这样的文件材料价值较低。需要注意的是，有的文种，如通知，使用范围过于广泛，因而不能单靠文种来判定文件材料的价值。

第三，文件材料形成的时间。文件材料形成的时间离现在越久远，保存下来的越少，越珍贵，其价值也越高。另外，在国家和机关（单位）的重要历史时期形成的文件材料具有特殊的保存价值，如中华人民共和国成立初期、"文化大革命"时期、改革开放时期，以及机关（单位）出现和进行重大调整时期形成的文件材料，具有较高的价值。

第四，稿本。文件的正本，有机关印章和领导人的签署，是机关工作的依据，具有法定的效力和凭证作用，价值最大。文件的定稿，尽管与正本内容相同，但因为有负责人的签署，是形成正本的依据，所以还是具有保存价值的。因此，国家规定，应当将文件材料的正本和定稿一同立卷归档。至于文件的副本、草稿或历次修改稿，一般来说，没有保存价值。不过，对于那些重要的法规性文件，为了反映文件的形成过程，或者在文件的正本、定稿丢失的情况下，文件的历次修改稿和副本便分别有了保存价值。

第五，文件材料的外形特点。文件材料的外形特点，是文件材料制成材料、记录方式、笔迹、图章等外在形式方面的特征。对于现行机关的文件材料，有的文件材料因为有了著名人物的题词、批注、签字，才具有了价值。

2. 本机关和社会利用文件材料的需要

文件材料，只有本机关和社会有潜在的利用需要，才有价值。这可以从以下三方面来分析利用文件材料的需要：

（1）利用需要的潜在性

要站在社会总体利用文件材料需求的高度上，分析本机关、社会各方面及个人利用文件材料的需要。这就要对社会利用文件材料的潜在需要进行科学预测，不能仅仅根据本机关或者本机关领导人利用文件材料的需要来判定文件材料的价值。

（2）利用需要的广泛性

要全面考察文件材料的社会意义，避免以个别人的利用需要来判定文件材料的价值。那些对本机关和社会各方面的工作人员、研究人员具有利用需要的文件材料，具有较高的价值。

（3）利用需要的长久性

要根据人们利用某文件材料时间的长短判定文件材料的价值高低。人们利用某文件材料的需要时间越长，其价值越高，保管期限应当越长。

（三）鉴定文件材料价值工作的内容

1. 制订本机关鉴定文件材料价值的标准

要鉴定文件材料有无价值和价值的高低，首先应制订本机关的鉴定文件材料和档案价值的标准。有了鉴定标准，才便于准确鉴定文件材料的价值。

①要制订本机关文件材料归档与不归档的范围，以便于判定文件材料有无价值。

②要制订本机关档案保管期限表，以便于判定文件材料价值的高低，即判定文件材料保管期限的长短。

2. 依据标准鉴定文件材料的价值

依据鉴定标准，鉴定文件材料的价值，确定文件材料是否归档，确定归档文件材料的保管期限，以便于整理归档和对不归档文件材料进行销毁。

（四）鉴定文件材料价值的原则

国家档案局发布的《关于机关档案保管期限的规定》，规定鉴定机关档案（文件材料）保存价值的原则如下：

①凡是反映机关主要职能活动和基本历史面貌的，对本机关、国家建设和历史研究有长远利用价值的档案，列为永久保管。它主要包括：本机关制定的属于法规政策性的文件，处理重要问题形成的文件材料，召开重要会议的主要文件材料，重要的请示、报告、总结、综合统计报表，机构演变、机关领导人任免的文件材料；直属上级机关颁发的属于本机关主管业务并要贯彻执行的重要文件材料和非直属上级机关针对本机关主管业务并要贯彻执行的重要文件材料。

②凡是反映本机关一般工作活动，在较长时间内对本机关工作有查考利用价值的文件材料，列为长期保管。它主要包括：本机关一般工作问题的文件材料，一般会议的主要文件材料，人事管理工作形成的一般文件材料，直属上级机关颁发的属于本机关主管业务并需要贯彻执行的一般文件材料，下级机关报送的重要总结、报告和统计报表等文件材料。

③凡是在较短时间内对本机关有参考利用价值的文件材料，列为短期保管。它主要

包括：本机关一般事务性的文件材料，上级机关和同级机关颁发的非本机关主管业务但要贯彻执行的文件材料，下级机关报送的一般工作总结、报告和统计报表等文件材料。

（五）鉴定文件材料价值的方法

根据鉴定文件材料价值的原则，直接阅读、全面分析文件材料，对照本机关文件材料归档和不归档的范围，判定每一份文件材料是否应当归档；对照本机关档案保管期限表，判定应当归档的文件材料和档案的保管期限。

鉴定文件材料的价值要注意以下几点：

①首先重点分析文件材料的标题，再分析文件材料的内容和形式。有的文件材料的标题对文件材料的内容概括得不全面、不准确，或者没有反映出文件材料的内容，因此不能只分析文件材料的标题，还应该分析文件材料的内容和形式。

②要根据鉴定档案价值的原则判定文件材料的价值，不能仅仅简单地对照归档范围和档案保管期限表。归档范围和档案保管期限表的条款，不能概括出文件材料的所有特点，也不能概括出以前没有形成过的新的文件材料。因此，在对照归档范围和档案保管期限表时，还应当根据鉴定档案价值的原则分析判定文件材料的价值。

三、文件材料的收集

发文和收文，是由机关内部各部门和各单位承办人承办的，因而文件材料在办理完毕时是分散的。只有将分散的、办理完毕的、具有保存利用价值的文件材料集中起来，才能为文件材料的价值鉴定、分类整理、归档工作打下基础。没有文件材料的收集，归档工作就会成为无米之炊。文件材料的收集工作，是文件材料归档工作的起点。

（一）文件材料收集的概念

文件材料的收集，指文书处理部门按照规定采用一定的方法将办理完毕的、分散的、有保存利用价值的文件材料集中起来，为整理归档做准备工作。

（二）文件材料收集的方法、措施

1. 随时接收各部门（各承办人）退回的应当归档的文件材料

文件材料在办理完毕后应当按照归档范围及时退回文书部门；文书部门应当随时鉴定文件材料的价值并接收应归档的文件材料，以便整理归档。这是国家法律的规定。各机关都应当建立包含这一规定的归档制度，任何部门或者个人，包括领导人和承办人，都不得违反这项工作制度，否则便是违法，应当受到惩处。文书部门按照归档范围随时鉴定、接收各部门人员退回的、办理完毕的、应当归档的文件材料，这是收集文件材料的基本方法。

为了保证应归档文件材料的退回，机关档案室应当将本机关的归档制度和机关文件材料归档和不归档的范围这两个文件印发给各部门和领导人。

2. 主动收集应归档的文件材料

公文承办人和阅读人，为了今后方便自己利用文件材料等，往往不愿或未能及时将办理和阅读完毕的应当归档的文件材料及时主动地退回文书部门。因此，文书部门很有必要采取措施主动地收集应归档的文件材料。主动收集文件材料的方法、措施主要有以下几种：

（1）把好公文用印关

凡本机关或本部门制发的文件，在用印时必须留存定稿和1～3份印件或副本，否则不准用印。这个办法应当作为工作制度并认真执行，以确保收集发文做到齐全完整。

（2）加盖退回文件的戳记

加盖退回文件的戳记，其作用是提醒利用文件的人注意在办理完毕后及时退回应归档的文件材料。

在收文登记时，应当在应归档的文件右上角加盖本机关收文章，还可在传阅件上加盖"请速阅文，阅后退回"的戳记，在承办件上加盖"请办理后速退回存档"的戳记。

对保密的发文和会议上的发文，除了应当由受文单位整理归档者外，还应当在文件右上角加盖收回戳记。对应当退回发文机关的保密文件在发出文件时加盖"保密文件定期收回"的戳记。对应收回的会议文件加盖"会后收回"的戳记。

（3）清退文件材料

清退文件材料，是指文书部门对规定应退回的文件材料及时或定期予以清查、追退、收回。它是主动收集应归档文件材料的主要内容，也是文件管理的重要内容。

需及时清退的文件材料，主要包括征求意见稿，会签和送审稿，有重大错情的文件，传阅件，保密件和应当归档的承办件。及时清退，是公文处理的催办工作的一项内容。

需要定期清退的文件材料，主要是指印发给下级机关、单位的注明阅读权限的、需要收回的保密文件资料。定期清退的时间，一般是季度末或半年末或年终。

（三）文件收集的范围

一个单位形成的文件材料并不是都要归档，只有那些有保存价值的文件材料才需归档。因此，归档工作开始前，秘书人员首先要熟悉归档范围，知道哪些文件材料应该归档、哪些文件不应该归档，做到胸中有数。

1. 应该归档的文件材料

（1）上级来文

需要贯彻执行的上级重要会议文件；上级业务主管部门的法规性文件；上级视察工作形成的文件材料；代上级草拟并被采用的文件；上级单位转发本单位的文件等。

（2）本单位形成的文件

本单位代表性会议、工作会议和专业会议文件材料；本单位的各种正式发文；本单位的请示与上级的批复；反映本单位业务活动的文件材料；本单位的各种工作计划、

统计报表；本单位领导公务活动中形成的重要信件、电话记录；本单位成立、合并、撤销、更改名称、启用印信及其组织机构、人员编制等文件材料；本单位的历史沿革、大事记、年鉴，反映本单位重要活动事件的简报、荣誉奖励证书；信访工作材料；本单位与有关单位签订的合同、协议书等文件材料。本单位职工劳动、工资、福利方面的文件材料；本单位外事活动中形成的文件材料等。

（3）下级报送的文件

下级单位报送的重要的工作计划、报告、总结、典型材料、统计报表、财务预算、决算等文件；下级单位报送的法规性备案文件等。

（4）相关文件

普查工作中形成的文件材料；同级单位和非隶属单位颁发的非本单位主管业务但需要执行的法规性文件；有关业务单位对本单位工作检查形成的重要文件；同级机关和非隶属单位与本单位联系、协商工作的文件材料等。

2. 不应该归档的文件材料

①本单位的重份文件。

②一般事务性的无查考、保存价值的文件。

③上级单位普发的供本单位参阅、不需办理的文件材料。

④上级单位征求意见的未定稿的文件。

⑤未成文的草稿及一般性文件的历次修改稿。

⑥未经会议讨论，未经领导审阅、签发的未生效文件。

⑦从正式文件、电报上摘录的供工作参阅的非证明材料。

⑧无特殊保存价值的信封以及一般的民众来信。

⑨单位内部互相抄送的文件材料。

⑩本单位负责人兼任外单位职务形成的与本单位无关的文件材料。

⑪为参考目的从各方面收集来的文件材料。

⑫参加主管单位召开的会议但不需要贯彻执行的文件材料。

⑬非隶属单位抄送的不需要办理的文件材料。

⑭下级单位送来参阅的简报、情况反映等文件材料。

⑮越级抄送的一般的、不需要办理的文件材料。

⑯下级单位抄送备案的一般性文件材料。

四、归档文件的整理方法

（一）归档文件的装订

装订是指使用符合档案保护要求的装订材料将归档文件以"件"为单位固定在一起。

装订是整理归档文件的第一步，包括三个环节：确定文件的整理单位、修整文件、装订文件。

1. 确定文件的整理单位

件是文件归档时的基本保管单位，目前归档文件整理均以"件"为整理单位，进行文件级整理。一般以每份文件为一件，即"自然件"，但关联性强的两份或多份文件，也要作为一件来处理，即"组合件"。具体包括以下情况：

①正本与不同稿本。同一文件除正本外，在撰写、印刷过程中形成的不同稿本，包括历次修改稿、讨论稿、征求意见稿、定稿等，也可能需要留存。一般来说，文件的正本与定稿为一件，但定稿过厚不易装订的，也可单独作为一件；重要文件（如法律法规等）须保留历次修改稿的，其正本与历次稿（包括定稿）各为一件。整理为一件的，整理排序是正本在前，定稿在后。

②正文与附件。附件是指附属于正文之后的其他文件材料，作为正文的补充说明或参考材料。如附带的图表、统计数字，正文批准或发布的法规文件等。一般来说，正文与附件为一件；如果附件数量较多或太厚不易装订时，也可各为一件。整理为一件的，整理排序是正文在前，附件在后。

③文件处理单与文件。文书处理较规范的机关，文件在运转过程中一般都附有文件处理单或者拟办单、发文稿头纸，有的还附有领导批示的签批条等。这些表单真实地记录了文件的形成、办理过程，是归档文件不可分割的重要组成部分，应与文件作为一件。整理排序是文件处理单在前，文件在后。

④原件与复制件。对于制成材料、字迹材料等不利于档案保管的文件（如传真件、铅笔书写的重要文件），以及使用中出现破损的文件，应复制后归档。复制件包括复印机制作的复印件以及手工誊写的抄件等。这些复制件应与原件作为一件。整理排序是原件在前，复制件在后。

⑤转发文与被转发文。转发文与被转发文是一份文件的不同部分，前者往往包括贯彻意见及执行要求，后者则是具体内容，它们在发挥文件效力方面难以分割，因此也应作为一件。整理排序是转发文在前，被转发文在后。

⑥报表、名册、图册等。报表、名册、图册等按其原来装订方式一册（本）为一件，未装订的式样同一的表格，以一定的单位组合，装订在一起作为一件。

⑦来文与复文。来文与复文为一件，经过若干层次办理的来文复文，超过两件的，则将所有的来文、复文分别作为一件。需要注意的是，"为一件"是指在实体上装订在一起，编目时也只体现为一条条目。整理排序是复文在前，来文在后。

⑧汉文文本、少数民族文本与外文文本。同一份内容的文件，如有不同的语言文本，一般是将各种语言的文本放在一起作为一件。整理排序是中文文本在前，其他文本在后。

2. 修整文件

文件修整一般包括对破损文件进行修校，对字迹模糊或易褪变的文件进行复制，去除文件上易锈蚀的金属物，对过大的文件进行折叠等。

（1）修裱破损文件

使用黏合剂和选定的纸张对破损文件进行修补或托裱，恢复文件的原有面貌，增加强度，延长寿命。修补主要针对一些有孔洞、残缺或折叠处被磨损的文件；托裱则是在文件的一面或两面托上一张纸以加固文件。修裱工作主要针对有重要保存价值的归档文件，无须移交进馆的档案，一般保持原貌即可。

（2）复制字迹模糊或易褪变的文件

档案字迹的耐久性是关系到档案寿命长短的重要因素。对字迹模糊或易褪变的文件，目前一般采用复印的方式进行复制，如用热敏式传真机接收的传真件字迹耐久性差，须复制后才能归档。复印时，墨粉浓度不宜太大，颜色不宜太深，并且最好采用单面复印。

（3）超大纸张折叠

对某些超过 A4 纸张边缘的文件如报表、基建图纸等加以折叠。折叠的操作要求比较简单，但要注意尽量减少折叠次数，同时折痕处应尽量位于文件、图表字迹之外。取齐右边和下沿。此外，文件页数较多时，宜单张折叠，以方便归档后的查阅利用。

（4）去除易锈蚀的金属物

文件整理归档时应去除这些易锈蚀的金属物，如订书钉、曲别针等，以避免对档案潜在的危害。

3. 装订文件

装订前应将"件"内的各页按一定方式对齐，便于将来翻阅利用。一般来说，采用左上角装订的，应将左、上侧对齐；采用左侧装订的，应将左、下侧对齐。

装订的方法通常包括：

①线装。这是相对最好的一种装订方法，常见做法是使用档案专用装订缝纫机在文件左上角或左侧轧边，较厚的文件也可采用"三孔一线"的装订方式。

②封套装订。把需要归档的文件去除原有装订后装入用无酸牛皮纸制成的归档文件封套中。

③变形材料装订。使用变形材料装订方法简单，但对材质要求较高。金属制品，如不锈钢夹、燕尾夹等，必须采用质地优良的不锈钢制品。塑料制品，则必须有足够强度，以免断裂。

④黏结装订。一般采用糨糊、胶水粘贴的方法，成本较低。但这种方式可逆性差，复印及扫描时不能拆除。

装订的时候要注意以下几点：

①去掉每份文件上原有的订书钉。

②检查是否有漏页、重页和倒页。

③对残破的文件进行修补。

④装订不能覆盖任何文字。

⑤装订一定要结实牢固。

（二）归档文件的分类

归档文件的分类，是指将归档文件按其来源、时间、内容和形式等方面的异同分成若干层次的类。归档文件分类的工作步骤主要包括选择分类方法、明确分类要求、制订分类方案、对文件归类。

1. 选择分类方法

《规则》把年度、保管期限、组织机构（问题）作为通用的分类方法。其中，年度分类法、保管期限分类法是必选项，任何单位都必须使用这两种分类法。

归档文件的分类是分层次进行的，将几种分类法结合使用称为复式分类法。《规则》推荐："采用年度—机构（问题）—保管期限或保管期限—年度—机构（问题）等方法进行分类。"下面是几种常见的复式分类法：

①年度—机构—保管期限分类法。这种分类法适用于内部机构较稳定、每个内部机构每年形成的归档文件数量较多的立档单位，尤其适用推行部门整理归档文件的大机关单位。采用这种分类法，将每年的档案按机构序列和各机构内的保管期限序列依次上档案柜架排列，不必预先留空位，也避免了倒腾柜架；同时，将同一年度、同一机构的档案排列在一起，便于文件实体查阅。

②年度—保管期限—机构分类法。这种分类法适用情况跟上一种分类法相似，所不同的是每个内部机构每年形成的归档文件数量不太多。

③保管期限—年度—机构分类法。这种分类法的适用情况跟第一种分类法相似，所不同的是每个内部机构每年形成的归档文件数量较少。采用这种分类法，不同保管期限的档案分别排架，同一种保管期限的排列在一起，便于档案移交进馆和销毁保管期满的档案。但在每种保管期限的位置需预留空位，以备以后各年档案陆续上架，否则需要每年倒腾柜架。

④年度—问题—保管期限分类法。这种分类法适用于内部机构变化频繁复杂，或因机构之间分工不明确而难以区分归档文件所属机构，或内部机构非常简单甚至没有内部机构，并且每年的每个问题形成的归档文件数量很多的立档单位。那些不适合采取机构分类法的、每年形成的归档文件数量很多的大机关单位，适合采取这种分类法。

⑤年度—保管期限—问题分类法。这种分类法的适用情况和第四种分类法相似，所不同的是每年的每个问题形成的归档文件数量不太多。

⑥保管期限—年度—问题分类法。这种分类法的适用情况和第四种分类法相似，所不同的是每年的每个问题形成的归档文件数量较少。

⑦年度—保管期限分类法。这种分类法适用于内部机构非常简单或没有内部机构的、每年形成的归档文件数量较少的基层单位或小机关。

⑧保管期限—年度分类法。这种分类法的适用情况与上一种相似，所不同的是基层单位或小机关每年形成的归档文件数量更少。

2. 明确分类要求

①正确判定档案文件所属年度。如果文件上有属于不同年度的几种日期，以最能说明该文件特点的日期作为分类的根据。如：法律、法令和条例等法规性文件，以批准日期为根据（公布生效的文件，以公布日期为根据）；指示、命令等领导性文件以签署日期为根据；会议记录以开会日期为根据；计划、总结、预算、决算、统计报表以内容针对时间为根据，跨年度的计划可放在开始年度，跨年度的总结可放入最后年度。

文件上没有注明日期的，判定和考证文件的准确日期或接近日期。通过分析文件的内容，研究文件的制成材料、格式、字体和各种标记，或者与已有准确日期的同类文件比较、对照来判定该文件的日期。

②正确判断档案文件所属机构。按组织机构分类时，对涉及几个机构的文件，应遵循有关的规定，将文件合理而有规律地归入相应的类别。

3. 制订分类方案

分类方案是根据选择的复式分类法，标列各级类目名称的全宗内分类体系纲要。各机关、单位应当在选择一种适当的复式分类方法的基础上，编制归档文件（档案）的分类方案。分类方案是对文件归类的依据，应当相对稳定。

4. 对文件归类

分析文件的来源、时间、内容和形式等方面的异同，依据分类方案，将文件归入按年度、保管期限、组织机构或问题划分出来的相应的类。

（三）归档文件的排列

归档文件的排列是指归档文件以件为单位，在分类方案的最低一级类目内、按照事由结合时间、重要程度排列。

归档文件的排列方法：同一事由的归档文件，按文件形成时间的先后顺序排列；不同事由的归档文件，按不同事由形成时间的先后顺序排列；根据实际需要，也可按责任者或承办部门分别集中，或按不同问题分别集中排列；会议文件、统计报表、简报、刊物、处理信访及纪检监察案件形成的材料等要分别集中排列；对于未能按规定时间归档，且具有保存价值的文件材料，应排列在相应类别的最后。

（四）归档文件的编号

归档文件的编号，是指将归档文件在全宗中的位置以归档章的形式在归档文件上标注出来。编号的目的，是反映分类、排列工作的成果，使归档文件在全宗中的位置得以确定，并为后续的编制归档文件目录以及将来查找、存取、利用归档文件打下基础。

1. 加盖归档章

归档章的式样如图 6-1 所示，一般尺寸为 45mm×32mm。

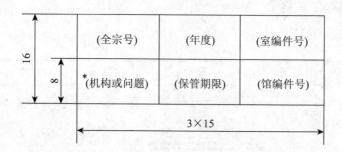

图 6-1　归档章样式

注：标有"＊"号的为选择项，下同。

归档章一般应盖在归档文件首页上端居中的空白位置；如果领导批示或收文章等占用上述位置，可将归档章盖在首页的其他空白位置，但以上端为宜。

2. 填写归档章上的项目

①全宗号（必填项目）：是档案馆对其接收范围内各立档单位所编制的代号。

②年度（必填项目）：是指归档文件的形成年度，即形成和处理归档文件的年度。填写年度应采用公元纪年，以 4 位阿拉伯数字表示。

③保管期限（必填项目）：是指机关文书、业务部门或档案部门在整理归档文件时，按《文书档案保管期限表》给归档文件划定的保管期限。

④室编件号（必填项目）：是指归档文件在分类方案的最低一级类目内的排列顺序号。室编件号应在分类方案的最低一级类目内，按文件排列顺序从"1"开始标注。以采用"年度—组织机构—保管期限"进行分类为例，室编件号应在同一年度内、同一组织机构的一个保管期限内从"1"开始流水编号。例如，办公室 2009 年形成的永久、定期（30 年、10 年）的归档文件，编号后形成 3 个流水号，即永久的从"1"开始，编一个流水号，定期（30 年）的从"1"开始编一个流水件号，定期（10 年）的也从"1"开始编一个流水件号。

⑤馆编件号（必填项目）：馆编件号的设置主要出于馆室衔接的需要。《规则》中预先设置了馆编件号项，并在归档章和档案卷盒脊等处预留位置，供需要时直接填写，而不必盖章或更换档案盒。这一措施充分体现了《规则》的兼容性，也使《规则》更具可操作性。

⑥机构或问题（选填项目）：机构或问题之所以列为选填项目，是因为在选择方法时，对于文件数量少或内部机构简单的机关，只选择年度、保管期限两种分类法即可满足整理工件的需要，无须再分机构（问题）。但对许多机关来说，选择机构（问题）进行分类还是必要的，在编号时也必须相应编制机构（问题）项。

（五）归档文件的编目

归档文件在编好件号以后就应按照件号顺序编制归档文件目录。归档文件应逐件编目。归档文件目录设置件号、责任者、文号、题名、日期、页数、备注等项目，如

图 6 - 2 所示。

件号	责任者	文号	题名	日期	页数	备注

图 6 - 2 归档文件编目

1. 件号

件号包括室编号和馆编号两种。在机关档案部门整理归档文件时编制的目录中，件号是指编件号，应填写室编件号以求与档案室整理体系相吻合。档案进馆前经过鉴定、整理后，如果整理体系变动不大，则此时的件号成为馆编件号；如果变动较大，则应另行编制件号，成为馆编件号。

2. 责任者

责任者是指文件的组织或个人，即文件的发文机关。责任者可以是一个机关或机关内部的一个机构，也可以是几个机关，或是一个人或若干人。

3. 文号

文号即发文字号，是由发文机关按发文次序编制的顺序号，一般由机关代字、年度、顺序号组成，如辽档发〔2009〕1 号，即辽宁省档案局 2009 年度第 1 号文件。注意：不能把期刊号填在此栏。

4. 题名

题名即文件标题，它是直接表达文件内容和中心主题的文件特征，是了解归档文件内容的起点。

①任免、奖惩文件，题名中未体现本单位或本单位人的姓名，但文件中有本单位或本单位的人，原题名照抄，把本单位或本单位人的姓名补充在原题名后面并加"（ ）"。

②介绍信及存根必须把每个人的姓名都写上。

③会议记录，要写上每次会议的主要议题，整个题名加方括号。

④文件有并列题名的，并列题名与正题名一并抄录。

⑤没有题名或题名不规范的要自拟标题并加括号，但不能在文件标题上涂改。

⑥文件的附件独立性强，正文标题不能反映附件内容时，附件标题可一并抄录，外加"（ ）"标注。

⑦如果文件标题太长，题名栏输不下，可输在文本栏，并在题名栏注明"详见文本"。

5. 日期

日期即文件的形成时间，反映文件产生的时代背景，是查找档案的常用途径。填写日期应以 8 位阿拉伯数字标注年月日，如 2004 年 5 月 12 日，标注为 20040512。

6.页数

页数项填写一件文件的总页数,用于统计和核对。来文与复文,正本与定稿等作为一件时,统计页数应将构成该件的各文件页数相加作为该件的页数。如请示4页,批复1页,作为一件时,该件应为5页。

7.备注

备注项用于填写归档文件需要补充和说明的情况,包括密级、缺损、修改、补充、移出、销毁等。

(六)归档文件的装盒

装盒包括将归档文件按件号顺序装入档案盒、填写备考表、编制档案盒封面及盒脊项目等工作内容。不是同一保管期限的不能装在一个盒里。档案盒只是归档文件的装具,不具备保管单位的作用。

装盒时应注意:

①档案盒封面应标明全宗名称。

②在盒脊上填写全宗号、年度(阿拉伯数字)、保管期限、室编件号。其中,起止件号填写盒内第一件文件和最后一件文件的件号。虚线上方写起号,虚线下方写止号,只写室编件号;盒号可不编,要用铅笔编。分保管期限编历年大流水号。盒脊样式如图6-3所示。

图6-3　盒脊样式

③备考表样式如图6-4所示,置于盒内文件之后,项目包括盒内文件情况说明、整理人、检查人和日期。盒内文件情况说明应填写盒内归档文件需要说明的情况,包括文件收集的齐全完整程度、文件本身的状况(如字迹模糊、缺损)等。整理工作完

毕后归档文件如有修改、补充、移出、销毁等情况，也应在备考表中加以说明。整理人应填写负责整理归档文件的人员姓名。一般指本单位档案人员。检查人应填写负责检查归档文件整理质量的人员姓名。日期应填写归档文件整理完毕的日期。

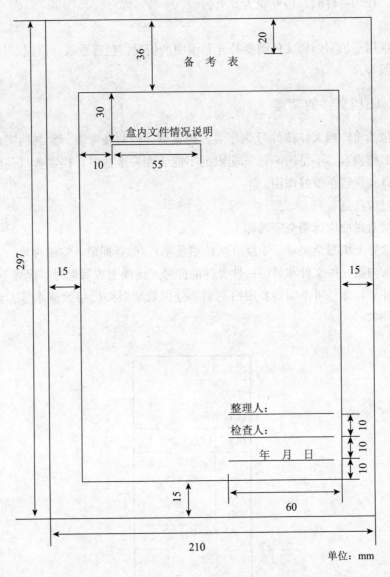

图6-4 备考表样式

五、归档文件的移交

文书经过整理后，形成了系统的案盒，这时应向机关档案室进行移交。归档就是指文书部门将系统整理后的案盒文件向档案室进行移交以便集中保管。移交时要注意办理好移交手续。

1. 移交时间

文书部门或相关的业务部门，一般应在第二年上半年，即每年六月底以前，将整理好的档案移交档案室。对于一些专门性的文书或驻地比较分散的个别业务单位的文书，为便于日常查找和利用，也可根据实际情况商定适当的归档时间。

2. 移交的质量要求

归档要求是单位文书部门向档案部门移交档案时应达到的质量要求，也是档案部门接收档案时的验收标准。

凡是需要归档的文件一般归档一份，重要的、使用频繁的归档份数可适当增加。

向档案部门移交的时候，要履行归档手续，列出移交清单，移交双方按照移交清单核对清点，确保清单无误后，双方签字，各留一份，以备查考。

六、计算机辅助整理归档文件

使用计算机辅助管理档案，是档案管理现代化的核心。由于《规则》同时适用于手工管理方式和计算机管理方式，因而拥有计算机的单位可以通过修改原有软件或者购置新的文档一体化管理软件，使用电子计算机全面介入归档文件整理工作，提高归档文件整理工作的效率。

使用计算机辅助整理归档文件的前提条件是，计算机能够处理本机关全部归档文件自身的数据。

实现计算机辅助整理归档文件的方式有两种：一是运用网络方式，二是运用单机方式。

1. 运用网络方式

在运用计算机网络的条件下，机关档案部门应确保能够用事先制订的分类方案处理收发部门和各业务部门形成的归档文件数据。

机关档案人员应通过网络协助文书人员、业务部门人员或者自己单独使用计算机对归档文件数据进行不同层次的分类、排列、编制件号和编制归档文件目录。机关档案人员应当随时监控文书部门和业务部门的文件运行和整理归档文件的情况。

在进行最终的归档文件整理时，机关档案人员应将打印完毕的归档文件目录发到文书部门和业务部门，然后由文书部门和业务部门的人员进行归档文件实体的整理工作；或者由机关档案人员依照归档文件目录独自完成加盖归档章、装盒等归档文件实体的整理工作。

2. 运用单机方式

在单独运行计算机（不使用网络）的条件下，文书人员与机关档案人员通过使用U盘等移动存储设备进行不同计算机之间数据的传递，同样可以实现上述的使用计算机整理归档文件的过程。

如果计算机软件尚不能做到这样整理归档文件，那么，可以在完成归档文件实体的分类、排列、编制件号等工作后，将归档文件数据输入计算机，由计算机输出归档

文件目录后再进行余下的归档文件实体整理工作；或者，在计算机上完成归档文件的分类、排列、编制件号、打印归档文件目录等项工作后，再进行余下的归档文件实体整理工作。

总之，除去必要的手工劳动（如归档文件以件为单位装订、加盖归档章、编号、装盒）外，归档文件的整理工作都可以用计算机自动或者辅助完成。这样做可以充分发挥计算机的功能，降低手工劳动量，提高归档文件整理工作的效率，为档案的保管和提供利用打下良好的基础。

项目七 档案的收集

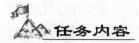**任务内容**

升华公司是国内一家大型民营企业，由于档案管理工作出色、企业档案建设卓有成效，在省内颇有影响，吸引了不少企业前往学习取经。自 2010 年以来，公司多次获得省、市各级政府的表彰，连年被评为"全省档案工作先进单位"。2012 年，中州职业技术学院与该公司结为校企合作伙伴，并在公司建立了档案管理实习基地。2013 年 6 月，该学院 2012 级文秘专业 12 名学生被分配到公司实习，公司档案中心主任安排档案管理员钟苗担任专职实习指导员并按照实习的相关要求做好实习指导工作。

6 月正是公司文件归档时间，由于公司一年来产生了大量的档案，既有文书档案、科技档案，也有会计档案、人事档案等专门档案，都需要归档，向档案中心移交，工作任务不轻。于是，钟苗将实习生分成四组，分别到各职能科室收集档案。以下是实习生高叶从综合办公室收集到的一部分文件资料：

1. 市经委《关于召开 2010 年度全市民营企业工作会议的通知》一份；

2. 清水市《关于印发市级重点建设项目竣工〈档案综合验收管理办法〉的通知》一份；

3. 中州职业学院开具的实习生介绍信和信封；

4. 公司成立 20 周年庆典活动资料，包括公司的历史沿革、"十五"工作成就回顾、庆典活动方案、公司领导讲话稿；

5. 市政府发来的《清水市"十一五"发展规划（征求意见稿）》一份；不归档

6. 下属单位客车销售公司报送的《2010 年度销售工作总结》一份；

7. 下属单位客车销售公司报送的《2011 年销售工作计划》一份；

8. 与清水市汽车运输集团公司签订的大型豪华影视空调客车 10 台的购销合同原件和复印件各一份；

9. 发往宏远通信车辆有限公司的尚未经领导签发的贺信草稿一份；

10. 公司董事长在 2010 年全省档案工作先进单位表彰大会上的讲话稿一份；

11. 市政府发来的《招商引资工作简报》一份；

12. 市教委抄送本公司的《关于加强职业教育推进校企合作的通知》一份；

13. 升华公司 2010 年年鉴五本；

14. 市政府下发的文件《关于做好 2010 年度重大火灾预防工作的通知》一份；

15. 升华公司办公室 2010 年度电话记录本一册；

16. 升华公司职工 2010 年度职工代表大会材料若干（与会名册一本、会议议程一份、公司董事长发言稿一份、职工代表发言稿一份、会议记录 10 份、会议简报 2 份、会议纪要 1 份）。

面对上述情况，假如你就是实习生高叶，你认为上述收集到的资料都需要归档吗？如果不需要全部归档，你能找出并列出你认为不需要归档的文件，并说明理由吗？如果将归档的文件按"件"进行装订，上述这些材料在归档时又该作为多少件进行归档？会议或庆典活动等会在短时间或一段时间内形成大量文件，这些文件在收集和排列时又需要注意什么问题？

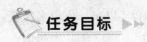 **任务目标**

1. 知识目标
◆ 了解档案的概念、特性与种类
◆ 了解机关档案室的档案收集工作、馆藏档案收集的范围和要求
◆ 明确档案收集的内容和基本要求
2. 技能目标
◆ 能够圆满完成单位的档案收集工作

 **课时建议**

2 课时

 **知识支撑**

一、档案的概念与特性

（一）档案的概念

档案是国家机构、社会组织和个人在社会实践活动中形成的，保存备查的文字、图像、声音及其他各种形式的原始记录，具有行政、业务、文化、法律和教育作用。

（二）档案的特性

档案具有社会性、历史性、确定性和原始记录性等特点。原始记录性是档案的本质特性，是档案区别于其他事物的本质所在。

1. 社会性
社会性也叫社会实践性，是指档案是人们在社会实践中直接形成的，内容就是对

社会活动的内容、过程及结论的原始记录，并不是自然界产物。自然界中也有大量起着原始记录作用的东西，比如说动物化石、树的年轮、山川、河流、海湾等，但这些都不是档案。

2. 历史性

历史性也叫后时性，是指档案是过去已经形成的而不是正在形成或尚未形成的东西，这种原始记录就可以把过去带到现在和未来，也就是所谓的"让过去告诉现在"、"让历史告诉未来"，过去—现在—未来，维系着人类社会的时空统一性和整体连续性。

3. 确定性

确定性是指档案内容信息的清晰、确定性和其载体的固化、恒定性，换句话说，档案所记录的内容是清清楚楚、明明白白，而且这些清晰、确定的信息内容又是以固化的物质载体形式存在的，二者缺一不可，这是区别档案与临近事物——文物的根本区别点。没有固化载体形式的原始信息（如人的口语）不能成为档案，没有清晰、确定的信息内容的固化原始记录（如衣服、器具）也不能成为档案。

4. 原始记录性

原始记录性是档案的本质特性，是档案区别于其他事物的独一无二的本质所在。这一特性从根本上决定着其管理方法的基本取向。也就是说，对档案的管理方法无论怎样简便有效，均不能以伤害档案的本质特性为代价，只能以充分实现其对以往历史事实的原始记录价值为轴心，管理方法必须维护档案的本质特性。

二、档案的种类

（一）公务档案与私人档案

从档案形成领域的公、私属性角度划分，将档案分为公务档案和私人档案两大类。

公务档案是指人们在公务活动中形成的档案，其形成主体主要是公务机关或其他社会组织；私人档案是指人们在私人生活中形成的档案，其形成主体主要为私人个人。

公务档案主要被各级各类档案机构收藏；私人档案则散存于私人手中。

（二）历史档案与现行档案

从档案产生时间的长短及作用性质角度，将档案分为历史档案与现行档案两大类。

历史档案是指形成时间较早，离现在较久远且主要起历史文化作用的档案；现行档案是指形成时间较晚，离现在的时间距离较近且主要起现时性查考作用，即对人们的现实工作、生活依然有具体的实际作用的档案。

现行档案主要满足人们的现实需要，主要发挥现实作用；历史档案主要满足人们的精神需要，主要发挥精神文化作用。

（三）文书档案、科技档案、专门档案与新型载体档案

从档案的产生领域、存在形态、在社会生活中的重要程度、管理方法的异同及载体

特征等综合角度，将档案分为文书档案、科技档案、专门档案和新型载体档案四大类。

文书档案实际上是指行政管理档案，即在社会的行政管理活动中由各种行政性或政治性公文（如请示、批复、决定、决议，法规、法律等）转化而成的档案。这种档案目前仍在档案大家族中占据统治地位。

科技档案是指人们在科技、生产活动中形成的由纯业务性的科技文件材料转化而成的档案。如图纸、设计任务书、科研报告等。

专门档案是指除文书档案和科技档案之外的，所有在专门活动中形成的档案。如会计档案、人事档案、诉讼档案、医院的病历档案、婚姻登记和工商注册登记档案等。

新型载体档案是指纸质档案之外的其他载体形式的档案，如照片、影片、录音带、录像带、计算机的磁盘、磁鼓等。

三、档案收集的含义和工作内容

(一) 档案收集的含义

档案收集，就是将分散在单位各内部工作机构的有保存价值的文件材料向单位档案室或负责档案的人员移交、集中的工作。档案收集是档案业务工作的第一环节，收集工作开展得如何，对其他各环节的工作都有着直接影响。

企业档案的收集工作主要包括以下两方面内容：

(二) 企业文件的接收归档工作

企业文件的接收归档工作是基层档案部门开展收集工作的主要内容。通常是由企业各职能部门按照归档制度的有关规定，向企业档案部门移交具有保存价值的企业文件，实现归档保存管理。作为基层档案部门，建立科学合理的归档制度，并按照制度要求开展收集工作，是从事档案管理的起点和基础。对于各职能部门而言，在本部门的一项活动结束或告一段落之后，及时将具有保存价值的文件进行系统整理，并进行移交归档工作，是企业管理的长远需要，也是本部门职能活动的有机组成部分。因此，接收企业文件的移交归档工作是企业基层档案工作部门和各职能部门的共同职责。

(三) 企业零散文件的收集工作

在企业日常工作中，有些文件常常由于种种原因而散失，不能按照要求及时进行归档。比如由于生产经营和科技活动的现行需要，不能将一些经常要利用的文件及时归档；由于历史原因，在建立正常的归档秩序前，一部分文件散失在个别人手中等。这些现象在新组建的企业、小型中外合资经营企业、管理制度不够健全的企业中尤为严重。基层档案部门必须采取相应措施予以补救，例如：提前有计划地对可能散失文件的情况进行估计，制订相应的管理制度加以限制；定期清点各职能部门和人员手中的积压文件等。开展对零散文件的收集工作是企业档案收集工作的重要辅助性内容。

河南工业大学档案馆关于实物档案收集的通知

各单位：

实物档案是我校档案的重要组成部分，主要包括学校获得的校级以上的各级各类奖励实物（奖牌、奖杯、奖状等），兄弟单位、国内外友人、校友赠送的珍贵礼品，名人到校的题词及字画，学校自形成以来使用过的牌匾、停用的各种印章、各种重大活动中形成的纪念品和宣传品等。

近些年，在各单位的大力支持和配合下，我校实物档案的收集渐有起色，但收集的力度和全面性还存在差距，还不能为学校许多重要工作提供较为全面的查考利用服务。档案的收集重在利用，利用的前提重在档案收集的全面性，二者是相辅相成的。希望各单位能从学校大局角度出发，按时将本单位每年的实物档案及时归档，充实学校档案资源，以利共享。

实物档案移交要求：

1. 所归实物档案必须为原件。

2. 归档时间：每年6月30日前。

3. 移交时填写移交清单（档案馆网页下载），一式两份，双方签字，各执一份备查。

4. 移交地点：档案馆7号楼116房间。

另：今年恰逢我校再次创建省级文明单位，其中学校奖励实物是检查验收的一项重要内容，因此，希望各单位务必于6月30日前将2008年以来获得的校级以上奖励实物移交至档案馆。

再次感谢您对学校档案工作的大力支持！

档案馆

2013年6月18日

（资料来源：河南工业大学网站，http：//www.haut.edu.cn）

四、档案收集工作的原则

企业档案的收集工作是企业档案工作的起点，它的工作质量直接影响到企业档案是否齐全完整与准确，也对档案工作的其他环节产生重要影响。因此必须按照一定的原则进行。

（一）贯彻集中统一管理原则

集中统一管理原则是企业档案工作的指导方针和基本原则。《企业文件材料归档范围和档案保管期限规定》中明确指出"凡属企业归档范围的文件材料，必须按有关规

定向本企业档案部门移交，实行集中统一管理，任何个人不得据为己有或拒绝归档"。

（二）遵循档案客观形成规律的原则

企业档案的收集，既要照顾到档案部门的工作需要，又要考虑到形成部门的利用需求，按照企业管理各项工作的基本程序和企业文件的形成过程，对企业文件的归档范围和归档时间作出具体规定，以便确保企业档案收集工作的质量，使企业档案的收集遵循档案形成的客观规律。

（三）以满足市场经济需要为原则

企业档案的收集工作要适应市场经济的客观发展规律，一方面，现代企业档案的收集是多方位、大范围的，要拓宽企业档案收集工作的范围。另一方面，企业档案的收集工作必须适应法制经济的要求，确保企业档案的完整准确，起到凭证作用。

五、企业档案的分类和归档范围

（一）企业档案的分类

企业档案根据新的（按件）整理方法，可分为文书档案、科技档案、会计档案、特种载体档案、干部职工档案、名人名事档案六个大类。

（二）企业档案的归档范围

企业档案的归档范围，是企业中具有保存价值的、各种门类和载体的、已经办理完毕的材料，主要包括反映本企业在研发、生产、服务、经营、管理等各项活动和基本历史面貌的，对本企业各项活动、国家建设、社会发展和历史研究具有利用价值的文件材料；本企业在各项活动中形成的对维护国家、企业和职工权益具有凭证价值的文件材料；本企业需要贯彻执行的有关机关和上级单位的文件材料，非隶属关系单位发来的需要执行或查考的文件材料；社会中介机构出具的与本企业有关的文件材料；所属和控股企业报送的重要文件材料；有关法律法规规定应归档保存的文件材料和其他对本企业各项活动具有查考价值的文件材料。

1. 党群工作形成的文件材料
①党务综合性工作、党员代表大会或党组织其他有关会议。
②党组织建设、党员和党员干部管理、党纪监察工作、重要政治活动或事件。
③宣传及思想政治工作、企业文化和精神文明建设、统战工作。
④职工代表大会、工会工作、共青团工作、女工工作。
⑤专业学会、协会工作，群众团体活动。
2. 行政管理工作形成的文件材料
①企业筹备期的可行性研究、申请、批准，企业章程。

②企业领导班子（包括董事会、股东会、监事会和经理层，下同）构成及变更，企业内部机构及变更。

③企业领导班子活动。

④综合性行政事务，企业事务公开，文秘、机要、保密、信访工作，印鉴的管理。

⑤法律事务，纪检监察，公证工作。

⑥审计工作。

⑦职工人事管理，劳动合同管理，劳动工资和社会保险，职务任免，职称评聘。

⑧职工教育与培训工作。

⑨医疗卫生工作。

⑩后勤福利，住房管理。

⑪公安保卫，综合治理，防范自然灾害。

⑫外事工作。

3. 经营管理工作形成的文件材料

①企业改革，经营战略决策。

②计划管理，责任制管理，各种统计报表，企业综合性统计分析。

③资产管理，房地产管理，资本运作，对外投资、股权管理，多种经营管理，产权变动、清产核资。

④属企业所有的知识产权和商业秘密及其管理。

⑤企业信用管理，形象宣传。

⑥商务合同正本及与合同有关的补充材料，有关的资信调查等。

⑦财务管理，资金管理，成本价格管理，会计管理。

⑧物资采购、保存、供应和流通。

⑨经营业务管理，服务质量管理。

⑩境外项目管理。

⑪招投标项目管理。

4. 生产技术管理工作形成的文件材料

①生产准备、生产组织、调度工作。

②质量管理，质量检测和质量控制工作。

③能源管理。

④企业管理现代化和信息化建设，科技管理。

⑤生产安全，消防工作，交通管理。

⑥环境保护、检测与控制。

⑦计量工作。

⑧标准化工作。

⑨档案、图书、情报工作。

5. 产品生产或业务开发工作形成的文件材料

（1）工业企业

①产品的市场调研、立项论证、设计。

②产品的工艺、工装、试制、加工制造。

③产品的检验、包装。

④产品的销售与售后服务。

⑤产品鉴定、评优。

⑥产品质量事故分析及处理。

（2）非工业企业

①业务项目的研发与形成。

②业务项目的经营。

③业务项目的保障与监督。

6. 科学技术研究工作形成的文件材料

①科研项目的调研、申报立项。

②科研项目的研究、试验。

③科研项目的总结、鉴定。

④科研项目的报奖、推广应用。

7. 基本建设和技术改造工作形成的文件材料

①基建项目和技术改造项目的可行性研究、立项、勘探、测绘、招标、投标、征迁工作，以及建设单位项目管理工作。

②基建项目和技术改造项目的设计。

③基建项目和技术改造项目的施工。

④基建项目和技术改造项目的监理。

⑤基建项目和技术改造项目的竣工和验收。

⑥基建项目和技术改造项目的评奖、创优。

⑦基建项目的使用、维修、改建、扩建。

⑧事故分析和处理。

8. 设备仪器管理形成的文件材料

①购置设备、仪器的立项审批，购置合同。

②设备、仪器的开箱验收或接收。

③设备、仪器的安装调试。

④设备、仪器的使用、维护和改造、报废。

⑤事故分析和处理。

9. 会计工作形成的文件材料

①会计凭证。

②会计账簿。

③财务报告及报表。

④其他文件材料。

10. 职工个人管理形成的文件材料

①职工（包括离退休职工、死亡职工）的履历材料。

②职工的鉴定、考核。

③职工的专业技术职务评聘。

④职工的奖励与处分。

⑤职工的工资、保险、福利待遇等。

⑥职工的培训与岗位技能评定等。

⑦其他记载个人重要社会活动的文件材料。

11. 其他对国家、社会和企业有保存价值的文件材料。

 小 贴 士

企业档案分类及归档范围，如表7-1所示。

表7-1　　　　　　　　　企业档案分类及归档范围一览表

类目名称		归档范围
1 文书	1.1 党群行政	党务组织、纪检宣传、统战、工会、共青团、妇联协会行政事务；外事活动；企业规划；年度计划；劳动用工；教育培训；档案管理安全；保卫；后勤；福利；总结；表彰；大事记；年鉴；会议记录……
	1.2 生产经管	企业管理；生产调度；质检；市场采供；环保节能；标准计量统计……
2 科技	2.1 科研	按项目排，包括：立项；研发；试验；总结；鉴定成果；报奖；推广应用及其全过程的文件材料
	2.2 产品	按型号排，包括：开发设计；工艺加工；制造安装；检验包装；商标产品评优及其全过程的文件材料
	2.3 基建	按项目排，包括：立项审批；可行性研究；计划任务书设计；基础材料设计；施工质评；竣工及工程监理的文件材料和图纸
	2.4 设备	按型号或种类排，包括：订购合同；装箱单；说明书；合格证；安装调试运行维护和改造的记录
3 会计统计	3.1 会计	各种凭证、各种账册、月报、季报、年报
	3.2 统计	各种统计报表
4 特种载体	4.1 照片	领导视察、重要活动、重大事件、职代会、表彰会、厂容厂貌、荣誉证书、牌匾、奖状、奖杯的照片和底片

类目名称		归档范围
4 特种载体	4.2 声像	重要会议、重大活动、职代会、表彰会的录音和录像带
	4.3 牌匾	各种荣誉牌匾
	4.4 奖状	各种荣誉奖状
	4.5 证书	各种荣誉证书
	4.6 字画	具有保存价值的领导、来宾的题词及有收藏价值的字画
	4.7 软盘	各种数据的软件、软盘、光盘和电子文档
	4.8 其他	其他具有保存价值的有关特种载体
5 干部职工		企业干部职工个人档案：个人履历表、基本情况登记表、学历证书复印件、招工表、劳动合同、基本养老保险、奖惩职评、工资晋升、计生证明、健康档案及其他个人有关的文件材料
6 名人名事	6.1 名人	企业内部的名人（劳模、有贡献的专业技术人员、市级以上企业家）：登记表事迹传记证书论著作品……
	6.2 名事	企业内发生的著名或重大事件：如"非典"突发事件重大事故及有关的历史记录

（三）不归档文件材料的范围

有关机关和上级主管单位制发的普发性不需本企业办理的文件材料，任免、奖惩非本企业工作人员的文件材料，供工作参考的抄件等；本企业文件材料中的重份文件，无查考利用价值的事务性、临时性文件，未经会议讨论、未经领导审阅和签发的文件，一般性文件的历次修改稿、各次校对稿，无特殊保存价值的信封，不需办理的一般性来信、来电记录，企业内部互相抄送的文件材料，本企业负责人兼任外单位职务形成的与本企业无关的文件材料，有关工作参考的文件材料；非隶属关系单位发来的不需贯彻执行和无参考价值的文件材料；所属和控股企业报送的供参阅的一般性简报、情况反映，其他社会组织抄送不需本企业办理的文件材料；其他不需归档的文件材料。

阅读材料

创建苏通大桥工程项目精品档案

苏通长江公路大桥建设指挥部

苏通长江公路大桥（以下简称苏通大桥）是沈阳至海口高速公路跨越长江的重要节点工程，全桥长 8146 米，2003 年 6 月开工，2008 年 4 月通过交工验收并通车，2010 年

10 月通过竣工验收。大桥建设创造了 1 项新材料、3 项新结构、4 套新设备、9 项新技术和新工艺，先后荣获国际桥梁乔治·理查德森奖、美国土木工程协会杰出成就奖、国家鲁班奖、詹天佑奖、国家优质工程金质奖、中国科技大会技术先进一等奖等。

苏通大桥形成竣工档案 1 万余卷（件），其中纸质档案 8882 卷，音像档案 939 卷，实物档案 378 件。2010 年 2 月，交通运输部组织的验收专家委员会在常熟对苏通大桥项目档案进行了专项验收，给予很高的评价：苏通长江公路大桥项目档案完整、准确、系统地反映了工程建设的全貌，项目档案管理工作严谨规范、科学高效、手段先进，真正实现了"建精品工程，创精品档案"的工作目标，其先进的档案管理理念和模式在全国公路工程建设项目中具有示范推广意义。

（资料来源：《中国档案报》2013 年 7 月 1 日第 001 版）

（四）归档时间

各类档案的具体归档时间如下：

①文书类：纸质文件材料现行归档时间定于次年六月底之前。电子文件材料目前尚无统一规定时间，各企业单位可视自身情况自行规定。

②专门文件材料：如科研课题、基建项目、录音、录像、照片等可根据实际情况自行规定。

③特殊情况处理办法：如办公地点分散或远离企业档案机构的部门形成的文件、跨年度办理的文件、虽办理完毕但需经常查阅的文件等，可适当推迟归档时间，但应按时向企业的档案室报送归档文件材料目录。

（五）归档的质量要求

归档的质量要求是：遵循文件材料形成规律和特点，保持文件之间的有机联系，区别不同的价值，便于保管和利用。

①归档文件材料要齐全完整，包括文件材料的种类、份数及每份文件的页数等，都要齐全完整。

②在归档的文件材料中，应当以"件"为单位进行整理，将每份文件的正件与附件、印件与定稿、请示与批复、转发文件与原文件、多种文字形成的同一文件，分别作为一件进行整理，不得分开。

③不同年度的文件一般不得放在一个案盒中。跨年度的请示与批复，归档时放在批复年；跨年度的规划放在针对的第一年；跨年度的总结放在针对的最后一年；跨年度的会议文件放在会议闭幕年立卷；非诉讼案件放在结案年；其他文件材料应按有关规定执行。

④盒内文件材料应区别不同情况进行排列，密不可分的文件材料应依序排列在一起，即批复在前，请示在后；正件在前，附件在后；印件在前，定稿在后；重要法规

性文件的历次稿排在定稿之后；非诉讼案件卷结论、决定、判决性文件在前，依据性材料在后；其他文件材料依其形成规律或特点，按有关规定排列。

⑤盒内文件应按排列顺序，依次编写件号。装订的案卷，应统一在有文字的每页材料正面的右上角、背面的左上角填写页号；放入档案盒的文件，应在盒内每份文件材料的上方加盖归档章，并逐件编件号；图表和声像材料等也应在装具上或声像材料的背面逐件编号。

⑥归档的文件必须逐件按规定的格式逐件登录盒内文件目录和归档文件目录，对文件材料的题名不要随意更改和简化；没有题名应拟写题名，有的虽有题名但无实质内容的应重新拟写；没有责任者、年、月、日的文件材料要考证清楚，填入有关项内；会议记录应填写每次会议的时间和主要内容；填写的字迹要工整。盒内文件目录放在盒内文件之上，方便检索利用。

⑦声像材料应用文字标出摄像或录音的对象、时间、地点、中心内容和责任者。

⑧有关盒内文件材料的情况说明，都应逐项填写在备考表内，若无情况可说明，也应将整理人、检查人的姓名和时间填上以示负责。备考表应置卷尾。

⑨盒内文件要去掉金属物，对破损的文件材料的修裱。

⑩规范填写档案盒封面和盒脊相关内容。

（六）归档手续

移交档案时，交接双方应根据盒内目录详细清点。经过认真核对后，交接双方如确认无误，即可履行签字手续，并将其中档案部门签字的一份，交还移交单位妥善保存。必要时，移交单位须编写归档文件简要说明，交接双方还应填写交接清单或移交清单（如表 7－2 所示）。

表 7－2　　　　　文书归档移交（接收）登记表

档案盒号	机构（问题）名称	所属年度	移交日期	移交原因	档案数量				备注
					小计	其中			
						永久	定期（30 年）	定期（15 年）	

移交单位（盖章）　　移交人（签字）：　　接收单位（盖章）　　接收人（签字）：

六、档案收集工作的方法

（一）制订科学合理的企业档案归档制度，做好监督执行工作

归档制度是企业档案收集工作的规范和标准，制定科学合理的归档制度，是做好收集工作的基本保证。企业的档案部门应熟悉企业管理体制和组织形式的变化，制定与之相适应的归档制度，并在实践中对各职能部门的归档部门予以监督执行，是档案部门的基本职责，也是做好档案收集工作的重要前提。在企业管理制度与归档制度健全的情况下，接收企业档案的移交归档是企业档案收集工作的主要方法。

（二）按照企业文件的形成与运转规律，确定收集渠道、时间和内容

企业档案是在企业从事各项职能活动中形成的。由于企业是一个完整有效运行的系统，各项活动要按照一定的程序有计划有步骤地完成。在不同企业活动中形成的企业文件，不仅有不同的内容，而且有各自不同的规律。熟悉各项活动的基本规律和工作程序，了解文件的形成过程，才能合理地确定各类企业文件的收集渠道和时间，并在不同的活动和阶段中，确定不同的收集内容。

（三）按照市场经济的客观需要，实行较灵活的收集方式

企业基层档案部门应按照市场经济的特点采取较为灵活的方式进行收集。比如说可以深入企业活动的第一线进行收集，即通过对实践活动的调查，了解市场经济对企业文件形成和利用的环境因素和文件的形成情况，及时将重要的文件收集到位；也可以根据企业活动的特殊情况随时进行收集，包括市场调查、重大会议、出国访问以及机构调整、人员调动等情况发生时，均要随时做好文件的收集工作等。

（四）宣传、贯彻国际质量标准，提高企业全员档案意识，促进档案收集工作的标准化

按照国际质量标准的要求，质量管理体系中应包括有关质量文件和记录的标记、收集、编目、归档、存储、保管、收回和处理的办法，并贯彻实施。现代企业应将企业档案工作的目标管理与质量认证活动密切结合起来，建立文件档案的质量体系，使档案收集工作制度化、标准化，进一步规范和完善立卷归档程序和档案移交制度。通过质量认证活动，提高企业全员的档案意识，使档案收集工作成为企业职工的自觉行动，并进一步提高企业档案收集工作的质量。

项目八　档案的鉴定

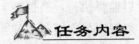

任务内容

潘宁是一家公司档案管理人员，在一次档案鉴定工作过程中，他发现了一份关于一位已经辞职员工的奖励文件，潘宁当时想，反正那位员工已经不在本公司干了，这份文件自然也就没用了，于是，他把那份文件用碎纸机处理掉了。过了三个月，那位辞职员工来索要这份文件，而潘宁再也没有办法把它找回来了……

对于案例中所提到的那份文件你认为应该怎么处理？既然文件的价值可能是潜在的，那么文件是不是就不能进行销毁。档案鉴定工作极其重要，但这项工作又究竟应该依据什么，采用什么方法呢？

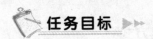

任务目标 ▶▶

1. 知识目标
◆ 了解档案鉴定工作的内容
◆ 明确鉴定档案价值的原则和标准
2. 技能目标
◆ 能够正确鉴定档案的价值

课时建议

2 课时

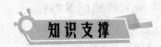

知识支撑

档案的鉴定，就是按照档案鉴定的原则、标准和方法，甄别和判定档案的现实使用价值和历史价值，确定档案的保管期限，剔除失去保存价值的档案予以销毁。它是一项十分严肃细致的工作，直接决定着档案的存毁命运，为了保证进室（馆）档案价值鉴定工作质量，必须坚持统一的档案价值鉴定原则，把档案价值鉴定工作做好，使接收进室（馆）的档案达到既精练又全面的要求。

一、档案鉴定的含义

档案的鉴定一般是指对档案真伪和档案价值的鉴定，而经常的业务工作则是后者。

所以，档案界通常所说的档案鉴定，是对档案价值的鉴定。

　　档案价值鉴定工作是档案室（馆）按照一定的原则、标准和方法，甄别和判定档案的价值，确定档案保管期限，剔除失去保存价值的档案予以销毁的一项业务工作。

　　档案价值鉴定的内容主要包括：①制定档案价值鉴定的有关标准，包括单行规定和档案保管期限表等。②具体判定档案的价值，确定其保管期限。③拣出本无保存价值和保管期满的档案，按规定进行销毁或作相应的处理。④围绕上述工作而开展的一系列鉴定组织工作。概括上述内容，主要是确定哪些档案需要保存和保存多长时间（即所谓"存"），哪些档案无须保存即可销毁（即所谓"毁"）。

　　对"存"和"毁"应有一个全面正确的认识。从表面上看，档案价值鉴定的结果，往往需要销毁一些档案。然而，从实质上看，销毁不是主要目的，"毁"是为了更好地"存"，通过鉴定精简，以达到更好地保管有保存价值的档案的目的。为此，在档案价值鉴定工作中，切不可只简单地考虑如何"毁"，而应积极地着眼于如何"存"。正确地、全面地认识、处理档案的"存"和"毁"之间的关系，以确保鉴定工作顺利、健康地开展。

二、档案鉴定的意义

（一）便于查找利用有价值的档案

　　保存档案的目的是为了便于利用，如果把有价值和无价值的档案混在一起，就会湮没真正有价值的档案，不利查找。通过鉴定，可保存有用的档案，方便查找利用。

（二）便于档案的整理和保管

　　在档案整理和保管时，不能平均使用人力、物力，价值大的档案可以首先整理，保证质量，以便长远利用；价值小的档案整理时可相对粗糙一些；无价值的档案可以剔除不整。对价值大的档案，给予较好的保管条件，尽可能延长档案的寿命，维护它的安全。

（三）便于应付突然事变

　　所谓"突然事变"，主要是指战争、水灾、火灾、地震等天灾人祸。如不进行鉴定，档案主次不分，数量庞大，遇到突然事变，因胸中无数，就会束手无策，不易及时抢救和转移，其结果将是"玉石俱焚"。

阅读资料

产品档案显功效　认证销售获佳绩

　　产品科研档案是宁波天安集团综合档案室室藏档案的重中之重。2006 年，公司对

HXGN26 环网柜、ZBW1 箱式变电站、KYN28 中置柜等 25 个产品实施产品自愿认证（PCCC）工作，档案室积极配合设计部门对这些产品进行图样及技术文件的规范工作。在 9 月专家进行认证检查的过程中，及时准确地提供了 25 个产品 500 余份技术文件，以及车间生产现场的使用蓝图 56 套，得到了专家的肯定。2006 年 12 月，25 项实施认证的产品全部取得了 PCCC 认证，发放了证书。这些产品都是公司的拳头产品，PCCC 认证证书的取得，无疑使这些产品在销售投标中更具优势，从而增加产品的订货量。档案室还向销售人员提供了鉴定证书、试验报告、技术数据、获奖证书等资料，使这些产品在 2006 年的订货招标过程中取得了骄人的业绩，HXGN26 环网柜、ZBW1 箱式变电站、SFSZ9 风力变压器、KYN28A 中置柜等产品订单各达 1 亿元以上；XGN68 封闭柜、KYN61 开关柜等产品订单各达 1000 万元以上；其余的几个产品也都达到 100 万元以上。

（资料来源：宁波档案网，http：//www.dangan.ningbo.gov.cn)

三、鉴定档案价值的原则

鉴定档案价值的原则是：必须从国家和人民的整体利益出发，用全面的、历史的、发展的观点认识和估计本单位档案对各项工作的作用，判定档案的价值。档案是党和国家的宝贵财富，不是一个单位、一个部门或个人的财产。因此，不能仅仅根据某一单位、部门或某一方面的需要与否来鉴定档案价值，而应从国家和社会的全局观点出发，全面地分析、衡量档案对社会的作用。

（一）从国家和人民的整体利益出发去衡量档案的价值，是鉴定工作总的指导思想，也是档案价值评价的基本标准

档案是整个国家和全体人民宝贵的历史文化财富，而它的形成、存在以及如何发挥作用，关系到各方面的利益。在我国社会主义档案事业中，档案的鉴定工作决不能以个人的好恶和小团体的利益为准则来定夺，必须站在全体人民的立场上，从国家的整体利益出发，去研究档案的内容实质及其他各种因素，充分估计档案对整个社会发展所起的作用。

（二）用全面的、历史的、发展的观点判定档案的价值，是鉴定档案原则的主要内容

1. 全面的观点

所谓全面的观点，就是全方位、多层次地预测档案的利用需要，从各方面全面审视档案的内部特征和外部特征，从国家和社会的全局出发，全面分析、衡量档案的作用。具体地说，它包括三方面的含义：

①全面地分析档案各方面的特征，从档案的来源、内容、时间、文本、外形等方面综合判定档案的价值。许多档案是因其内容重要而具有较高价值，而在分析内容时

通常应结合档案的来源、形成时间等因素才能获得比较正确的认识。此外，有的档案因时间久远、因载体特殊、因有名人手迹等而"身价倍增"。因此，分析档案价值时要全面考察档案内外诸特征，不能片面根据某一特征下结论。

②全面地把握被鉴定档案与其他档案的联系。不能孤立地判断单份文件的价值，只有在一定范围内将有关档案材料联系起来，才能准确地理解其中每一件（卷）档案的内容和用途，从而对档案价值作出正确判断。

③全面地预测社会对档案利用的需要。社会对档案的需要是多层次、多角度、多方面的，档案也具有满足社会需要的各种价值形态。所以在鉴定价值时，既要考虑本机关的需要，也要考虑社会其他方面的需要；既要考虑当前的需要，也要考虑长远的需要；既要考虑人们在行政、业务、生产、科研方面的需要，也要考虑学术研究、编史修志等方面的需要。切忌仅从本机关的工作需要，或仅从本机关和社会的某一点需要与否，就轻易确定档案的价值和保管期限。

2. 历史的观点

档案是人类历史活动的产物，也是历史事件的真实记录，它是在一定的历史条件下形成的，与一定的历史条件相联系。所谓历史的观点，就是鉴定档案价值时，必须尊重历史，坚持以历史唯物主义的观点和方法，根据档案形成的时代背景、历史条件以及在历史上的作用，来具体分析档案的内容和形式，以及档案文件之间的相互关系，结合现实需要来考虑档案的价值。从而衡量、判定档案的社会作用。因此，分析档案的价值必须把档案放在它所形成的历史环境中，去具体分析档案的内容和形式，并且还要结合现实需要和未来需要考虑档案的价值。也就是说，不能简单地用现在的眼光去看待以往的档案。离开了当时的背景，对档案的某些内容就可能难以充分理解，以致忽略甚至错误地判别其应有的价值。对于历史上形成的某些内容不正确的档案，也不可轻易地弃毁，也应该正确对待，应根据当时的历史条件加以分析，以维护历史的本来面目。

3. 发展的观点

所谓发展的观点，就是随着社会的进步，社会需要利用档案的因素也在随之而变，这就要求我们必须用发展的眼光去认识、估计档案的价值，既要分析档案对当前的作用，又要估计档案对将来的长远作用。

 阅读资料

三江源项目档案管理通过国家级预验收

本报讯（记者/湘君） 2013年5月27日至29日，国家档案局有关人员会同我省相关单位组成预验收组，按照国家档案局、国家发展改革委《重大建设项目档案验收办法》的要求，对我省三江源生态保护和建设工程档案进行了预验收，并同意通过预验收。

预验收人员在听取省三江源办、环境保护厅、林业厅、玉树藏族自治州三江源办

等项目管理、实施单位档案工作自检情况汇报的基础上，通过质询答疑、审验材料、抽查案卷等方式，对项目档案管理工作、档案形成的质量、档案的规范化整理及安全保管情况等方面进行了全面预验收。预验收组认为，青海省三江源办公室在项目实施之初就制订了相关的档案管理办法，明确了各级三江源办公室和相关厅局的工作职责。在项目实施过程中，通过摸索和研究，针对项目实际相继制定和修订了一系列的档案管理规范，强化了项目档案综合管理力度，在不断持续改进提高中，逐步规范了项目档案产生和形成过程，将项目档案由事后检查变为事前和事中控制，使项目档案整理工作基本上做到了格式、字体和装订三统一，提高了项目档案整理工作的规范化水平，也为二期项目档案管理提供了宝贵经验。同时，为实现项目档案信息化管理，省三江源办公室还专门设立信息化建设小组，成立了信息管理中心，建成了省内首个生态保护综合档案管理信息系统，覆盖了三江源工程各种文件材料、图片和视频资料的管理，信息化管理水平在全国同类工程档案管理中当属领先。

（资料来源：《青海日报》2013 年 6 月 3 日第 002 版）

四、档案价值鉴定工作的基本方法

鉴定档案价值的基本工作方法，就是直接、具体地审查分析档案内容，判定档案的价值，通常把这种方法称为直接鉴定法。它包括以下两点含义：

（一）鉴定人员必须逐件、逐页地审查档案材料

从档案的内容、责任者、名称、完整程度、可靠程度等方面，去全面考查分析确定档案的价值，不能只根据文件题名、名称、卷内文件目录、案卷题名、案卷目录等判断档案的价值。一般来说，题名和目录应该正确反映文件或案卷的内容和成分，但有的文件题名、文种使用不当，有的案卷内容比较复杂，组卷不够合理，因为目录或题名概括档案内容及其他特征可能不准确，更不可能全面反映档案的详细内容和全部情况。在这些情况下，题名和目录就不能正确揭示文件或案卷的内容和成分，若根据它们去判定文件价值，就可能发生错误。因此，为了保证鉴定工作的质量，必须直接审查档案材料。直接分析档案材料，是保证档案质量和鉴定档案价值最基本的方法。

（二）鉴定人员必须直接审查档案材料

只有充分了解档案的实际情况，并且掌握鉴定档案价值的标准，才能对照档案保管期限表来判定档案的价值。虽然在《档案保管期限表》或《档案进馆范围细则》中，对各种类型档案材料做了明确的规定，但是进馆范围细则的条款不可能反映出实际工作中形成的档案材料的一切特点，也不可能包括所有的档案材料。即使《档案进馆范围细则》有明确的规定，也需要直接审核档案材料，才会知道符合哪一条款，从而确定是否进馆。因此，并非一切档案都能通过比照《档案进馆范围细则》或保管期限表进行鉴定。

五、鉴定档案价值的标准

鉴定标准是鉴定工作得以顺利进行的关键，是鉴定质量的重要保证，因此，鉴定标准的确立举足轻重。为保证鉴定准确，去留无误，在制定鉴定标准时，就必须全面考虑被鉴定档案的实际情况，必须立足于现状，根据存在的不同问题制定相应的鉴定标准。

鉴定档案价值应以反映本单位主要职能活动、基本历史面貌和科学研究方向为出发点，以分析档案的内容为中心，结合考虑档案的产生时间、完整程度、可靠性、有效性等因素，确定档案的价值。一般来说，鉴定档案价值时使用最广泛的基本标准是文件内容、文件的形成者、文件形成时间以及文件的完整程度等因素。

（一）分析文件的内容

文件内容是鉴定档案价值工作的一个最重要的方面。文件内容所记录的信息和反映的情况，是分析判定档案价值的关键因素，也是鉴定档案价值的基础。文件的用途是和内容联系在一起的，分析文件的内容，主要是看它说明了什么问题，反映了什么事实。一般来说，凡是反映党的方针政策、重大事件、本单位主要业务活动、科研活动的比反映行政事务、一般业务活动的重要；反映本单位主要职能活动、基本情况的比反映非主要职能活动和一般情况的重要；反映中心工作比反映日常工作的重要；反映全局性的比反映局部性的重要；有效时间长的比有效时间短的重要；典型性的比一般性的重要。所以，鉴定档案价值必须着重分析文件的内容，但还要注意文件内容的可靠真实程度。

（二）分析文件的形成者

形成者是指文件的责任者或立档单位。一般说本单位形成的文件比外单位形成的价值大，因此，分析文件的价值，应站在本单位的角度，重点保存本单位形成的文件。一个单位的档案是否齐全完整，能不能反映本单位的历史面貌，主要是看本单位形成的重要文件是否完整保存。只有把握住文件与立档单位的关系，才能将全部档案材料与本单位的主要职能活动联系起来。也就是说，凡是记述和反映本单位主要职能、中心任务、基本情况方面的档案材料，对本单位、国家建设和历史研究有长远利用价值的档案，应永久保存。

（三）分析文件的形成时间

文件形成时间表明文件产生的历史。一般来说，文件产生的时间越早，保存下来的就愈少，也就愈显得珍贵，其价值就大，判定它们价值的尺度就要放宽些。另外，文件形成时间是历史的标志，在单位重要历史时期形成的文件具有特殊的保存价值。例如："文革"时期、改革开放时期和本单位进行重大调整时期形成的文件，特别是与重大事件发展变化相关的文件，这些档案记载了不平凡的历史价值，将成为后人研究历史的依据。

尤其是"文革"期间，由于历史的原因，大部分立档单位留存的档案都比较少。这些数量较少的档案都不能全面反映一个立档单位或立档单位某一时期的历史面貌。对"文革"时期各立档单位的短期档案，要从长处理，特别是本单位形成的文件材料，要尽可能地升入长期保存，以便后人了解和研究这一特定时期的政治、经济、文化等状况。

（四）分析文件的名称

文件的名称，表示着文件的不同作用，在一定程度上反映出文件的不同价值。文件名称不同，用途不同，而保存价值也不同。比如决定、决议、纪要、报告、总结等，就比一般性的通知、简报重要，价值就大；会计档案中的预算、决算比月报、季报的价值大；在分析文件名称时应该注意的是：分析文件名称，必须和分析文件的内容等因素结合起来，才能准确地判定档案的价值。

（五）分析归档文件的完整程度

在正常情况下，数量大，档案材料比较完整的，保管期限可划严一些；如果一年中主要文件散失，那么次要文件保存价值尺度就应放宽一些。必须将能够说明单位历史及其活动的重要文件保存。如年度工作计划、总结、统计报表，若无年度的，半年或季度的就应从长期保存上升为永久保存，这样可以最大限度地保证全宗内档案的完整和历史面貌的全面反映。

（六）分析文件的可靠程度

文件有正本（原稿、手稿、底稿）、副本、草稿的区别，它们的法律、行政效用不同，可靠程度不同，影响甚至决定了文件价值的不同。经领导签发的正本、底稿是比较可靠的，其价值就大些，而副本、草稿价值就小些。

以上各个标准不是孤立存在的，它们之间互为补充，在实际工作中，要根据各立档单位的不同状况，具体分析，灵活运用，从而切实保证鉴定工作的准确性。当然，确定档案价值的标准，还不仅限于上述这些。在实际操作中，还可以提出其他一些因素作为档案价值判断标准。

六、档案保管期限表

档案保管期限表，就是用表册的形式列举档案的来源、内容和形式并指明其保管期限的一种指导性文件。它是企业档案室（馆）鉴定档案价值和确定档案保管期限的依据和标准。

（一）档案保管期限表的作用

1. 能够保证鉴定工作的质量和提高鉴定工作的效率

有了保管期限表，就有了一个明确的标准，档案鉴定工作人员可以根据档案保管期限表来统一进行档案鉴定工作，可以避免个人认识上的局限性和片面性，以致造成判定档案价值过宽过严的倾向，确保准确的判定档案价值，提高鉴定工作的质量。同时由于标准明确，认识一致，有利于推动鉴定工作的顺利开展，加快鉴定工作的速度，提高鉴定工作的效率。

2. 能够有效地防止任意销毁文件

因为档案保管期限表明确规定了什么样的文件要保存，什么样的文件不保存，标准明确，界限清楚，加上严格的制度，就能够有效地防止有意或无意而错误地销毁文件。

3. 便于更好地组卷

机关文书处理部门或业务人员在立卷时，可以考虑文件的价值，把价值不同的文件分开组卷。并根据保管期限表注明每个案卷的保管期限，为以后档案馆（室）的鉴定工作打好基础。

（二）档案保管期限表的类型

1. 通用档案保管期限表

它是由国家档案行政管理机关编制的，供全国各机关、团体、企业、事业单位鉴定档案时通用的保管期限表。2006 年国家档案局颁发的《文书档案保管期限表》就属于这种类型。它的特点有二：一是通用性，可供全国各机关、团体、企业、事业单位使用；二是依据性，各系统、各机关、各企业、事业单位可以按照它的原则精神，结合各自的实际情况来制订各自范围的档案保管期限表。各系统、各机关、各企业、事业单位档案保管期限表中各条款的保管期限，应相当于或略长于"通用表"中相应条款的保管期限，而不能任意缩短。

2. 专门档案保管期限表

它是由国家档案行政管理机关会同有关主管部门编制的，供各机关、团体、企业、事业单位鉴定专门档案时使用的档案保管期限表。如 1998 年财政部和国家档案局联合颁发的《财政总预算、行政单位、事业单位和税收会计档案保管期限表》就属于这种类型。该表供国家财政税收机关和使用国家预算的各种机关、团体、企业、事业单位鉴定预算会计档案时使用。

3. 同系统机关档案保管期限表

它是由主管领导机关编制的，供同一系统内各机关、单位鉴定档案时使用的档案保管期限表。这种档案保管期限表须经本部门领导人批准后执行，并报送国家档案局备案，此外还要抄送各省（自治区、直辖市）档案局。如《煤炭部行政、企业系统档案保管期限暂行标准》就属于这种类型。

4. 同类型机关档案保管期限表

它是由档案事业管理机关或主管领导机关编制的，供同类型机关（如厂矿、学校、医院、政府机关等）鉴定档案时使用的档案保管期限表。如《北京市高等学校文书档

案保管期限表》、《上海市县级机关文书档案保管期限表》均属于这种类型。

5. 机关档案保管期限表

它是由各机关编制的，供本机关鉴定档案时使用的档案保管期限表。如《×××机关文书档案保管期限表》、《×××厂档案保管期限表》均属于这种类型。为了使用方便，机关档案保管期限表可以与立卷用的立卷类目结合起来。

以上各种类型的档案保管期限表之间具有一定的相互制约关系。通用档案保管期限表对其他几种期限表具有指导意义；机关档案保管期限表，又必须以通用的和其他的保管期限表为依据。各种类型的档案保管期限表不能缩短通用档案保管期限表所规定的保管期限，但允许延长保管期限；在制定机关档案保管期限表时，同样不能缩短通用的和其他的保管期限表所规定的保管期限，也可延长保管期限。

（三）档案保管期限表的结构

档案保管期限表，一般由顺序号、条款、保管期限、附注以及总的"说明"等部分组成，其中条款和保管期限是最基本的项目。

1. 顺序号

档案保管期限表的各条款系统排列后，必须在各条款前面统一编排顺序号码。编号的目的是固定条款的位置，同时可以作为鉴定工作人员使用档案保管期限表鉴定档案时引用条款的代号。

2. 条款

条款是一组类型相同的文件的名称或标题。拟制条款一般要求反映出同一组文件的来源、内容和形式。条款可以指出具体的作者、问题和文种，也可以概括出其类型（如"省直各局"、"领导性文件"、"各学校"、"报表"等）。文件的来源、内容和形式三者并不绝对要求一律俱全，而应当根据档案保管期限表的适用范围、各种文件的特点及其价值来决定。必要时，在条款中应当指明档案文件的用途和可靠程度。用途是指"执行"、"批准"、"备案"、"参考"等，可靠程度是指"草稿"、"定稿"、"正本"、"副本"等。每一条款应该代表一组有内在联系的价值相同的文件。有时，为了使条款简洁醒目，也可以将具有不同价值而有联系的一组文件写成一个条款，在条款下面分别指出其不同的保管期限。条款文字要力求简明扼要，准确无误，合乎语法逻辑。同时，条款一般不宜拟得过多过细，但也不要过于概括，而应当以便于使用为原则。

档案保管期限表的条款有分类排列和不分类排列两种。档案保管期限表的条款一般是按其内容来分类的，也有按照各组文件的来源或形式分类的，至于划分类别的数量和类别的设置是由其所针对档案的特点和条款的数量等具体情况决定的，如《财政总预算、行政单位、事业单位和税收会计档案保管期限表》中将全部档案分为会计凭证类、会计账簿类、会计报表类和其他类四个类别，查找起来十分方便。也有的档案保管期限表由于条款少或内容不易划分而不设类别，但条款的排列也应有一定的顺序，以便查阅，如国家档案局发布的《文书档案保管期限表》中各条款没有分类，但大体是按会议文件、上级机关文件、本级机关文件、同级机关文件、下级机关文件的顺序排列的。

3. 保管期限

保管期限是根据各类文件的保存价值所确定的保存年限，列于每一条款之后。根据 2006 年 9 月 19 日国家档案局局务会议审议并原则通过的《关于机关文件材料归档范围和文书档案保管期限的规定》，文书档案的保管期限定为永久和定期两类。定期一般分为 30 年和 10 年。

（1）永久保管

凡是反映本机关主要职能活动和基本历史面貌的，对本机关、国家建设和历史研究有长远利用价值的档案，列为永久保管。它主要包括：①本机关制定的属于法规政策性的文件；②本机关召开重要会议、举办重大活动等形成的主要文件材料；③本机关职能活动中形成的重要业务文件材料；④本机关关于重要问题的请示与上级机关的批复、批示，重要的报告、总结、综合统计报表等；⑤本机关机构演变、人事任免等文件材料；⑥本机关房屋买卖、土地征用等重要的合同协议、资产登记等凭证性文件材料；⑦上级机关制发的属于本机关主管业务的重要文件材料；⑧同级机关、下级机关关于重要业务问题的来函、请示与本机关的复函、批复等文件材料。

（2）定期保管

凡是反映本机关一般工作活动，在较长时间内对本机关工作有查考利用价值的文件材料，列为定期保管。它主要包括：①本机关职能活动中形成的一般性业务文件材料；②本机关召开会议、举办活动等形成的一般性文件材料；③本机关人事管理工作形成的一般性文件材料；④本机关一般性事务管理文件材料；⑤本机关关于一般性问题的请示与上级机关的批复、批示，一般性工作报告、总结、统计报表等；⑥上级机关制发的属于本机关主管业务的一般文件材料；⑦上级机关和同级机关制发的非本机关主管业务但要贯彻执行的文件材料；⑧同级机关、下级机关关于一般性业务问题的来函、请示与本机关的复函、批复等文件材料；⑨下级机关报送的年度或年度以上计划、总结、统计、重要专题报告等文件材料。

另外，根据《关于机关文件材料归档范围和文书档案保管期限的规定》，机关形成的人事、基建、会计及其他专门文件材料的归档范围和档案保管期限，按国家有关规定执行。

4. 附注

附注是在条款之后对条款及其保管期限所作的必要的注解或说明。比如，对条款中"重要的"和"一般的"可以注解为："重要的，是指方针政策性或重大问题的、具有科学历史价值的文件材料"，"一般的，是指一般业务和事务性问题、科学历史价值不大的文件材料"。再比如，一些合同、协议书、借据的保管期限，往往需要从有效期满后算起，可在保管期限后注明"失效后"的字样。

5. 说明

说明应当指出档案保管期限表的适用范围，制定档案保管期限表的依据，保管期

限表的结构，保管期限的计算方法，以及其他应当说明的事项。

（四）档案保管期限表的编制步骤

1. 准备工作

在编制档案保管期限表之前，必须仔细考察机关的工作职能、任务、地位、组织机构、业务分工、文书工作以及以往文件的数量、种类等情况。关于以往文件的情况，可以通过立卷类目、案卷目录和文书工作制度、总结等材料来研究。特别是编制得较好的立卷类目或案卷类目，可以作为编拟档案保管期限表条款的基础。

对于编制通用的、专门的、同系统机关和同类型机关的档案保管期限表来说，仅仅了解和研究个别机关的情况远远不够，必须较为广泛地了解和研究若干具有代表性的机关的情况，总结出带有共性、规律性的认识。

2. 起草工作

在研究和了解企业工作和以往文件的基础上，设计档案保管期限表的结构和格式，然后具体拟写内容。起草工作也可以通过卡片来进行，首先把条款和保管期限拟写在卡片上，再将卡片系统排列和编号，最后构成档案保管期限表的草案。如果档案保管期限表的条款较多，为了将条款加以分类，在拟写条款之前还应考虑和拟出条款的分类方案，使所拟条款符合分类的体系。

3. 征求意见和修正草案

档案保管期限表的草案编成后，应分送各单位征求意见，经修正的草案，须送领导审查批准。一些比较小型的企业，由于产生文件较少，文书工作与档案工作往往集中一个单位或一人来进行，也可把机关档案保管期限表与机关档案分类方案合编，在档案分类方案的最低级类目的每一条款下指明其保管期限。

随着我国现代化事业的不断发展，档案来源更加广泛，载体形式更加多样，文件之间的联系也更加复杂，这就使得科学鉴定档案价值成为一项严肃而复杂的工作。做好档案价值鉴定工作是一项综合性、专业性很强的工作，是由各方面因素所决定的，不但要求必须遵循一定的程序和方法，还要制定明确、实用的标准，而且要求鉴定人员必须具备较高的业务素质和水平，以及长期从事档案工作所不断积累、总结的经验，才能做好鉴定档案价值工作。

项目九　档案的整理

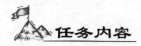任务内容

假设你是腾飞贸易公司的办公室秘书，兼管该公司的档案工作。下面是腾飞贸易公司有保存价值的部分文件，需要进行整理。请你根据相关的档案知识和档案法规，对这些档案进行保管期限判定并整理，可绘图辅助展示整理结果。如表 9-1 所示。

表 9-1　　　　　　　　　　档案整理目录

序号	题名	责任者	时间	页数
1	二〇〇六年一季度销售工作总结	腾飞贸易公司销售部	2006-4-2	8
2	二〇〇六年行政办公会议记录（一）	腾飞贸易公司综合办公室	2006	50
3	关于聘任李××为人力资源规划部部长的通知	腾飞贸易公司人力资源部	2006-1-5	1
4	二〇〇六年工作总结	腾飞贸易公司综合办公室	2006-12-30	19
5	二〇〇六年度员工考核情况汇总表	腾飞贸易公司人力资源部	2006-12-30	3
6	关于表彰营销骨干的通知	腾飞贸易公司营销部	2006-1-3	2
7	二〇〇六年二季度销售工作总结	腾飞贸易公司营销部	2006-7-1	15
8	二〇〇六年行政办公会议记录（二）	腾飞贸易公司综合办公室	2006	30
9	二〇〇七年全年工作计划	腾飞贸易公司综合办公室	2006-12-30	10
10	关于聘任钟××为综合办公室主任的通知	腾飞贸易公司人力资源部	2006-3-2	1
11	贸易合同	腾飞贸易公司营销部	2006-6-2	21
12	二〇〇六年三季度销售工作总结	腾飞贸易公司营销部	2006-10-2	21
13	职工名册	腾飞贸易公司人力资源部	2006-1-9	30
14	市场分析和用户调查情况一览表	腾飞贸易公司营销部	2006-7-2	1
15	二〇〇六年四季度销售工作总结	腾飞贸易公司营销部	2006-12-30	21
16	二〇〇六年人事工作总结	腾飞贸易公司人力资源部	2006-12-30	30
17	二〇〇六年办公室工作总结	腾飞贸易公司综合办公室	2006-12-30	20
18	财务预决算报表	腾飞贸易公司财务处	2006-12-29	1
19	二〇〇六年财务工作总结	腾飞贸易公司财务处	2006-12-30	15
20	公司统计报表	腾飞贸易公司综合办公室	2006-12-30	1

任务目标 ▶▶

1. 知识目标
◆ 明确档案整理工作的含义与原则
◆ 初步掌握档案整理工作的基本方法
2. 技能目标
◆ 能够圆满完成相关的档案整理工作任务

课时建议

2 课时

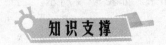
知识支撑

一、档案整理工作的定义

档案整理工作是档案内容整理和档案实体整理的统称，是档案管理的一项重要内容。档案内容整理，主要包括对档案文件的内容真伪的鉴别，对档案内容客观性的考证及编纂出版档案史料等活动。档案实体整理，就是把零散的和需要进一步条理化的档案，进行分类、组合、排列和编目，使之系统化、有序化的一项业务环节。主要包括区分全宗、全宗内档案的分类、文件材料的整理（含组卷）和目录的编制等。我们通常所说的档案整理工作，主要指档案的实体整理。

二、档案整理工作的原则

（一）充分利用原有基础

充分地重视和利用先前的整理基础，以确定档案整理的任务和要求，不要轻易打乱重整。在整理过程中，应该充分研究和利用原来整理的成果，不要轻易破坏以往整理和保存的历史状况。

（二）保持文件之间的历史联系

文件之间的历史联系，主要体现在文件的来源、时间、内容和形式几个方面：

1. 文件在来源方面的联系

文件是以一定的机关及其内部组织机构或一定的个人为单位，有机地形成的。形成文件的这些单位，使文件构成了来源方面不可分割的历史联系。

2. 文件在时间方面的联系

形成档案的机关和个人所进行的具体活动，都有一定的过程和阶段性，因而使文件之间具有自然的时间联系。

3. 文件在内容方面的联系

文件是机关或个人在履行一定职责的各种活动中，为了解决一定问题而产生的。它的形成者的特定活动，使文件之间在内容上具有密切联系。

4. 文件在形式方面的联系

文件的内容必然通过一定的形式表现出来。所谓文件形式，包括它的内部形式和外部形式两方面：种类、名称、载体和记录方式等。这也构成了文件之间一定联系。

（三）便于保管和利用

保持文件之间的历史联系，不是整理档案的主要目的，便于保管和查找档案，才是档案整理工作的基本出发点和最终要求。

在整理档案时，必须依次做好区分全宗、全宗内档案的分类、同类中档案的组合排列以及目录编制等整理工作。这一条原则集中体现了档案整理工作的目的和任务。

三、档案整理工作的方法

（一）区分全宗

1. 全宗

所谓全宗，从字面上来理解，就是全部卷宗的意思。"宗"有原本、来源的意思，一般来说，全宗是指一个独立的机关、组织或个人在社会活动中所形成的全部档案的总和。

2. 全宗构成者的条件

全宗构成者又叫立档单位（包括法人和自然人）。就法人来说，应该具备三个条件：①能够独立行使职权，能够以自己的名义对外行文；②是一个会计单位或独立的经济核算单位，自己可以编制并确定经费预算或财务计划；③具有一定的人事任免权，设有人事管理机构或专门人员。其中最基本的条件是第一个，如果不具备第一个条件，就不可能构成立档单位；第二个、第三个条件是参考条件，即如果具备第一个条件，而不具备另外两个条件，在特殊情况下，有时也能构成一个立档单位，如有些市、县的工会、团委、妇联等群团部门，它们没有专门的人事机构，也不是会计单位，但它们能独立行使职权，能以自己的名义对外行文，所以它们仍然分别是一个立档单位。就自然人来说，是一定区域内的著名人物、著名家庭或家族。

科技档案全宗的构成条件为：一是法人，二是大型工程项目。

3. 全宗的设立

设立全宗主要有以下几种情形：

（1）独立全宗

这是指一个独立的立档单位在工作活动中形成的各种门类和载体的档案的整体。

（2）联合全宗

这是若干独立机关形成的档案，由于混在一起，难以区分全宗构成者而联合组成的一个全宗。原因有两种：一是前后有密切的联系，特别是一些为期较短而又相互更替的机关，其文件材料混在一起很难区分。二是一些职能上有密切联系的机关，甚至合署办公的机关，其文件材料混在一起也无法分开。

（3）人物全宗

这是社会知名人士一生或著名家庭、家族在一定时期所形成的档案整体。包括其著作、手稿、日记、新建、财务记录、遗嘱和记载其社会活动的各种记录材料。

（4）档案汇集

这是由不明所属全宗的零散残缺文件，按一定特点集中起来的一种混合体。它不是一个全宗，只是作为一全宗来进行管理。

（二）全宗内档案的分类

全宗内档案的分类，就是把立档单位所形成的档案，按其来源、时间、内容和形式的异同，分成若干层次和类别，构成有机的体系。

常用的分类法包括年度分类法、保管期限分类法、组织机构（问题）分类法，及其这几种分类法的综合运用。

（三）类内档案的系统排列

一个全宗内的档案，经过分类后，需要在每个类内将案盒按相互之间的联系，确定前后次序，即为案盒排列。案盒排列一般按案盒形成的时间顺序和档案内容上的相互联系进行，即内容联系密切的案盒排在一起，形成时间早的案盒排在前面，时间晚的案盒依时间先后依次往后排。人事档案、信访档案等专门档案往往是按人名姓氏笔画或拼音字母等逻辑性顺序排列。案盒的排放顺序一经确定，就应对各案盒逐个进行编号，将其排序固定确认下来。然后，需要将案盒逐个登记到目录上去。

（四）编制归档文件目录

《归档文件整理规则》中规定："归档文件应依据分类方案和室编件号顺序编制归档文件目录。"即应按照分类、排列、编号的结果，逐类逐件编制目录，以系统、全面地揭示档案的全貌。《归档文件整理规则》还规定，编目以"件"为单位进行，每一份文件在归档文件目录中体现为一个条目。

归档文件目录及其封面应编制装订成册，这样既整齐美观，又不易损坏，同时方便传递、携带、阅读。归档目录的编制成册，应与分类方案一致，如按年度—保管期限—机构进行分类的单位，可以按不同保管期限订成三本目录，每本目录中用口取纸指明不同的机构,或者在目录表格右肩上标注机构名称。归档文件目录应编制两套,以便在进行档案移交时,交档案馆一套,本单位留存一套。

(五)归档文件的装盒要求

归档文件应严格按照全宗内档案的分类体系和建好的先后顺序分别装入档案盒,与归档文件目中相应的各条目的排列顺序完全一致,保证检索到文件条目后能找到文件实体。档案盒的摆放方式有竖式和横式两种。采用不同的摆放方式是为了保护档案,也为了适应档案装具不同尺寸要求。不同摆放方式,设置盒脊项目位置也应作相应变化。

阅读材料

围场三级林改档案整理归档 36 万册

本报讯(张金红) 围场自集体林权制度改革工作实施以来,始终把高标准的林改档案建设作为一项重要任务,按照"分级负责,集中管理,同步进行,规范运作"原则,与林改整体工作同部署、同安排。截至目前,全县三级林改档案共整理归档 36 万册。

领导重视。县委、县政府领导在深入林改一线调研时,多次强调林改登记发证工作要与林改档案建设并重,把眼前的林改确权发证工作做好,造福当代人;把真实有效的林改档案资料建好,留给后来人。加强培训。县林改办聘请档案管理专业技术人员,对县、乡(镇)、村三级林改档案员进行专门培训,对《档案法》等法律和规范性文件进行认真学习,明确林改档案的范围、内容、标准、操作程序等建档标准和方法。强化设施建设。县林业局进一步完善档案设施,专门设置 60 余平方米的专用档案室,投资 20 余万元,购置密集档案柜,配备专职档案员。强化管理措施。采取统一收集整理、统一审查审核、统一装订成册、统一录入信息、统一归档入库等措施,确保了林改档案管理的规范。

(资料来源:《承德日报》2010 年 12 月 20 日第 003 版)

四、档号的编制

(一)档号的概念

档号是档案室(馆)在整理和管理档案的过程中以字符形式赋予档案的一种代码。这个代码是一个或一组有序的、易于计算机和人识别与处理的数字、字母、汉字及其他符号。

(二）档号的作用

档号是存取档案的标记，并且有统计监督作用。档号是分层次整理档案的结果的一种反映。从某种意义上说，系统整理档案的目的之一，就是给每件档案赋予一个档号，以确定其在档案实体秩序系统中的位置。档号是档案文件的秩序号，反映档案文件秩序体系的四个层次。根据档号，可以借助档案存放位置索引，方便地将档案文件从档案库房中查找出来，用完之后又方便地归到原来的存放位置上。档号反映了档案馆（室）有多少全宗，全宗里有多少案卷（归档文件）目录，案卷（归档文件）目录里有多少案卷（案盒），案卷（案盒）里有多少件档案。利用档号，可以便捷地统计各类档案的数量，所以说档号具有统计作用。每一个档号，对应一个档案文件实体，可以根据档号清点检查档案是否丢失、移出，所以说档号又具有监督作用。

(三）档号的编制原则

①唯一性原则。档号应当具有唯一性。不同编号对象应赋予不同代码，一个代码只表示一个编号对象。

②合理性原则。档号结构必须与室（馆）藏档案的整理分类体系相适应。

③稳定性原则。档号一经确定，一般不应随意改变。

④扩充性原则。档号必须有适当的递增容量，以便适应不断扩充档案的需要。

⑤简单性原则。档号力求简短明了，以便减少代码差错，节省存储空间，提高处理效率。

(四）档号的结构与编制方法

根据档案整理分类体系的不同，档号的结构可分为四种：

①全宗号—案卷目录号—案卷号—件、页（张）号。

②全宗号—归档文件目录号—盒号—件号（使用《归档文件整理规则》以"件"为单位整理的方法）。

③全宗号—类别号—案卷号—件、页（张）号。类别号是由汉字、汉语拼音字母或阿拉伯数字组成的代码标志。例如，文·DQ·2，其中，"文"为文书档案，"DQ"为党群工作，"2"为组织工作。不同级别的类别之间可用间隔号"·"分开。如果不致产生误解，也可省略间隔号。类别号一般不应超过三级。在一个档案室（馆）内和一个全宗内不应有重复的类别号。

④类别号—项目号—案卷号—件、页（张）号。项目号是产品、工程、课题、设备等档案的代字或代号。项目号引用有关管理部门编制的项目代号。例如，C·S 2010·5，其中，"C"为产品代字，"S2010"为铣床型号，"5"为组成部分代号（第5部分）。

项目十　档案的保管

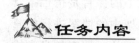

任务内容

　　于明是翱翔实业综合办公室的一名秘书，领导任命他为公司的兼职档案管理员，管理公司档案。他上任后对公司的档案室进行了调查，发现存在的问题很多。公司在成立之初，考虑到档案工作具有保密性，决定将档案室设置在办公楼最顶层靠里面的一个房间里，这个房间虽然偏僻，但光线很好，一天内有 5 个小时可以接触到阳光，工作人员也很清静，而且，由于办公楼装修比较毛糙，档案室房顶曾经有一处漏水，好在发现及时，没有大的损失。另外通过借阅登记簿记载发现，很多档案公司员工借出后没有及时归还，这严重影响了他人对档案的利用。而且，有的人虽然还了档案，但由于其不注重保护，导致档案被弄皱了。当然这种情况主要是由于档案室较小，根本无阅览区和阅览处，只好带回去看。

　　针对档案室的这种情况，于明向单位领导做了及时报告。领导也十分重视，要求他就从档案库房的选址、设备采购、档案室制度建设、档案的流动保管等各个方面制定一份合理的可操作性强的档案室改造方案。假如你就是于明，你会如何拟制这份改造方案，请大家以小组为单位讨论并形成书面材料。

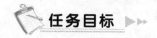

任务目标

　　1. 知识目标
◆ 了解档案保管工作的内容、任务和基本要求
◆ 掌握档案库房管理和档案在流动过程中的维护与保护方法
◆ 初步掌握档案保管工作的要领
　　2. 技能目标
◆ 能够科学妥善地保管档案

2 课时

一、档案保管工作的定义

"保管"一词在档案学中有广义与狭义之分。广义上的保管就是指管理。如人们说某档案馆保管了哪些档案就是指该档案馆管理着哪些档案。狭义上的保管是指档案管理工作的八项基本内容之一，即对已整理好并已存入库房及其柜架中的档案进行的日常维护、保护性管理工作。本项目所讲的档案保管显然是指狭义上的对档案的日常维护、保护性管理。

二、档案保管工作的内容

档案保管工作的内容，主要包括三个方面：

（一）档案的库房管理

即库房内档案科学管理的日常工作。

（二）档案流动过程中的保护

即档案在各个管理环节中一般的安全防护。

（三）保护档案的专门措施

即为延长档案的寿命而采取的诸如纸张去酸、字迹恢复、修裱等各种专门的技术处理。这些技术处理涉及一系列专门的自然科学性的技术方法。

三、档案保管工作的任务

档案保管工作的基本任务是：科学地保管档案，克服与限制损毁档案的各种因素，以维护档案的完整与安全，最大限度地延长档案的寿命，保证社会各方面对档案的利用。

档案保管工作的具体任务是：

1. 建立和维护档案的存放秩序

档案室（馆）收集来的大量档案，需要按照一定次序排列和存放于库房之中，使之在库房内形成一定秩序，并使这一秩序得到维护。这是保证企业档案完整与安全，利用存取迅速便捷的基本条件。

2. 防止档案的损坏

要了解档案损毁的原因和规律，通过经常性的具体工作，采取专门的技术措施和方法，最大限度地消除各种可能损坏档案不利因素的影响，从而把档案的自然损坏率降低和控制在最小的范围之内。

　　3.延长档案的寿命

　　企业档案保管工作不仅仅在于只是一味地防治档案的自然损坏,而且还要从根本上采取更积极的措施,尽可能最大限度地延长档案的寿命,即尽可能延长档案被自然损坏的时间。

　　4.维护档案的安全

　　一方面是指档案作为一种物质存在的形态必须最大限度地使其安全存在下去,另一方面是指档案作为一种社会现象要保证其政治上的安全,不失密、不泄密。

青岛市举办国企档案管理培训班并要求规范国有破产改制企业档案管理

　　本报讯　近日,青岛市档案局举办国有破产改制企业档案管理培训班,要求规范国有破产改制企业档案管理,确保国有档案不流失、不损坏。市档案局表示,今后将进一步强化管理监督职能,定期或不定期地对全市破产改制国有企业档案处置情况进行检查,及时发现和解决问题,促进档案处置工作依法有序进行。

　　培训班要求,国有企业在产权变动前要成立档案处置工作机构,负责档案的收集、整理和保管,清查企业全部档案,对损毁、丢失的档案进行登记造册,拟定档案处置方案。各区档案行政主管部门负责对国有企业产权变动档案管理的监督、指导工作;国有资产受托运营机构负责所属国有企业产权变动档案处置的管理工作;工交、财贸、建设、外经贸、国资等部门按照各自职责,协同档案行政管理部门做好国有企业产权变动档案管理的监督和指导工作。

　　培训班组织参训人员参观市档案馆破产改制企业档案库房,系统讲授破产改制企业档案整理及相关业务知识。授课教师重点讲解了《青岛市国有企业产权变动档案管理办法》《青岛市破产企业档案移交档案馆整理标准》和《青岛市市直企业档案移交档案馆整理标准(试行)》的有关内容,明确了破产企业档案进馆范围和国有企业破产过程中形成的文件材料的归档范围,讲授了破产改制企业档案的整理标准。各区破产改制企业档案业务指导人员,青岛市物资企业托管中心、工业企业托管中心、商业企业托管中心等资产受托运营机构以及部分破产企业档案管理人员参加了培训班。

　　　　　　　　　　　　　(资料来源:《中国档案报》2008 年 6 月 30 日第 002 版)

四、档案保管工作的基本要求

(一)以防为主,防治结合

　　寻求科学的保管档案的技术方法,这是安全地保管档案的关键所在。保管档案的

技术方法很多，概括起来有两种：一是如何预防档案文件损坏的问题，包括人为的、自然的因素，如防盗、防火、防尘、防霉、防虫、防光等；二是对已损坏的档案文件如何进行处治的问题，如灭虫、恢复字迹、恢复纸张的机械强度等。在"防"和"治"这两个方面，"防"是档案保管工作的根本和主导方面，也就是说，档案无"病"先防是积极主动的治本的方法，因为从总体上看，未遭损毁的档案还是大量的，应该以极大的注意力首先保证这些档案的长期安全。同时要抓好"治"，尽量延长已损坏档案的寿命。

（二）加强重点，照顾一般

对于需要长久保管的档案，以及重要立档单位的档案，应该采取措施，加以重点保护，使其既安全又延长寿命。同时，对一般性的档案保管条件也不能太差，在各方面情况允许的范围内，也要适当兼顾。

（三）自力更生，勤俭节约

档案保管工作必须具备一定的物质条件和一定的技术装备，因而应给予必要的投资，以创造适宜的保护环境和条件。但目前我国经济还不是十分发达，尚不能满足档案保管工作的需要，因此，档案工作人员要发挥主观能动性，本着自力更生、勤俭节约的精神去解决保管中的一些问题。

（四）立足长远，保证当前

在档案保管工作中，要处理好保管和利用的关系。保管工作的各项制度和技术措施等，既要考虑保护档案，又要考虑到利用的方便；既要立足长远利用，又要保证当前利用的方便。

五、档案保管的物质条件

开展档案保管工作，必须有一定的物质条件作保证。档案保管的物质条件是其所需一切物质装备的总称，大体有以下几种：

（一）档案库房

库房是保管档案的最基本的物质条件，直接关系到档案的保护和安全。档案库房建筑应遵循适用、经济、美观的原则。档案馆应尽量按《档案馆建筑设计规范》（试行）的要求建造档案库房。档案室也应在库房的建造使用上尽量向《档案馆建筑设计规范》（试行）的要求靠拢，在无法达到其要求的情况下，也必须注意这样几个问题：①库房必须专用，不能与办公室合用，也不能同时存放其他物品；②档案库房必须坚固，至少应是正规的建筑物，不能是临时建筑；③库房应远离火源、水源和污染源并符合防火、防水、防潮、防光等基本要求。因此，全木质结构房屋不宜作档案库房使用，一般的地下室也不能作档案库房使用。库房门窗应有较好的封闭性。

（二）档案装具

装具即用以存放档案的柜架箱。一般而言，封闭式的柜箱比敞开式的架子更有利于对档案的保护。柜架箱的制成材料最好为金属物，这样更有利于防火。为充分利用库房空间，可以考虑使用密集型活动档案柜（也称密集架），这种平时合为一体、用时可打开的装具比传统的装具具有更大的优越性，它不仅具有防火、防光、防尘的性能，而且可大大节省库房空间和库房建筑费用，一般可比常规的固定柜架节省近 2/3 的库房面积，若建新库房可比使用常规固定柜架节省近 1/3 的建筑费用，但安装密集架对地面的承重能力有较高要求，若在二层楼以上的房间内安装，楼板承重力一般需在每平方米 600 公斤以上。

（三）档案保管设备

档案保管的设备一般是指那些具有"固定资产"性质的机械、器具、仪器、仪表等技术设备，而不包括库房、装具、卷皮、卷盒、药品等在内。用于档案保管的技术设备很多，如去湿机、加湿机、空调、通风设备，温湿度测量及控制设备，防盗、防火报警器，灭火器，装订机，复印机，缩微拍照设备及缩微品阅读复制设备，通信及闭路电视监控设备，消毒灭菌设备以及档案进出库的运送工具等。

（四）档案包装材料

档案包装材料主要有卷皮和卷盒。卷皮、卷盒是指用于直接存放保护每一档案案卷的纸质或其他质地的包装物。卷皮是封面与封底连为一体的半封闭式卷夹。卷盒则是全封闭式的盒子。按国家标准《文书档案案卷格式》规定，卷皮分硬卷皮和软卷皮两种。硬卷皮单独使用，软卷皮必须与卷盒同时使用，即用软卷皮包装并装订的案卷必须装入卷盒中存放。卷盒须有绳带等扣紧装置。

（五）消耗品

即用于保管工作的易耗低值物品。如防霉防虫药品、吸湿剂、各种表格及管理性的办公用品等。

档案保管的物质条件（装备）是档案保管工作赖以进行的物质基础。但购置配备这些物质装备又受到财力的制约。因而档案馆（室）应根据自身工作的需要和现实的经济实力，本着实事求是的态度和合理、有效、实用、节俭的原则进行配置。

六、档案库房管理

档案库房管理是档案保管工作的主要体现形式。因为档案绝大部分时间是存放在库房里的，档案的实体秩序状态也主要存在于库房中。因此，企业档案保管工作的主要内容也大都在库房中进行。其基本工作内容及其相应的技术方法大体有以下几方面：

(一) 进出库制度

库房是保存档案的重要场所，因此必须对进出库房的人员及其进出的方式、时间、要求等进行必要的限制并做出专门的规定。这种专门规定的内容也就是进出库制度的主要内容。一般情况下，库房只允许档案工作人员进入，非档案工作人员原则上不允许进入，如工作需要（如维修库房及其设备等）必须进入时也应有档案工作人员陪同并始终相伴。档案工作人员进出库房也应有相应的限制性规定，如非工作时间内一般不允许进入库房，在库房内不允许从事与库房管理工作无关的活动，更不允许在库房内吸烟、喝水、吃东西。库房中无人时必须关灯、关窗、库房门上锁。

(二) 库房温湿度控制

库房内的温湿度是直接影响档案"自然寿命"的环境因素。根据《档案馆温湿度管理暂行规定》，库房温度应在 14℃～24℃（±2℃），相对湿度应在 45%～60%（±5%）。为了掌握库房温湿度情况，应配置精确可靠的温湿度测量仪器，随时测量并记录库房温湿度的具体指标状况。控制和调节库房温湿度的方法很多，大致可归结为两种类型：

第一类是对库房进行严格封闭，隔绝库房内外温湿度的相互交流，然后在库房内采用空调或恒温、恒湿技术设备，将库房温湿度人为控制在适宜的温湿度指标范围之内。但这种方法所需费用较高，目前不是所有档案馆、档案室都有能力做到的。

第二类是在库房难以做到完全封闭，也无力承担配置空调等设备费用的情况下，分别采用一系列机械性或自然性的措施对库房温湿度进行人工控制。这种方法虽达不到第一类方法所能达到的效果，但如果运用得当，也可在一定程度上使库房温湿度得到调整和控制。具体措施有三种，可以同时或交叉使用：①使用增温、增湿或降温、降湿等机械设备进行调控，使原有温湿度有所改变。这种方法的运用也需配以适当的封闭性措施方能奏效，如关紧门窗并在门窗缝隙处加密封条。②利用库房内外温湿度的差别，采用打开门窗或排风、换气扇等方法进行自然通风，用库房外的自然温湿度来改变调节库房内的温湿度，从而使库房内的温湿度与库房外的自然温湿度渐趋一致和均衡。采用这种方法的局限性很大，一般只能在库房外温湿度比库房内温湿度更接近于适宜温湿度指标时方能进行，而且必须随时把握调整通风的时机、时间长短、强度等。③采用一些更为简便的人工方法来对库房温湿度进行调整。如在库房地面洒水，放置水盆、湿草垫，挂置湿纱布、麻绳等以适当增湿；在库房中或装具内放置木炭、生石灰、氯化钙、硅胶等物品，以适当降湿。这种方法的效果只能是局部的，并且很有限。

中外档案库房温湿度范围，如表10-1、表10-2所示。

表 10 - 1　　　　　　　我国各类档案库房温湿度适宜范围

库房种类	温度范围	相对湿度范围
纸质档案库房	14℃～24℃±2℃	45%～60%±5%
金属唱片档案库房	18℃～20℃	＜50%
塑料唱片档案库房	＜20℃	50%
录音磁带档案库房	15℃～22℃	40%～60%
黑白胶片及其照片库房	10℃～20℃	55%～65%
彩色胶片及其照片库房	13℃～17℃	55%～65%
机读档案库房	15℃±5℃	60%±5%
缩微品档案库房	15℃～25℃	25%～40%

注：±2℃、±5%指一昼夜允许波动幅度。

表 10 - 2　　　　　国外一些档案（图书、博物）馆温湿度要求范围

国名或馆名	温度范围	相对湿度范围
法国国家档案馆	20℃～24℃	50%～55%
美国国立档案馆	20℃～24℃	40%～54%
美国家谱档案馆	15℃～24℃	50%～60%
英国丘园档案馆	15℃～25℃	50%～60%
马来西亚	21℃～24℃	50%～65%
加拿大	17℃	50～55%
联合国档案馆	20℃～24℃	46%～54%
日本	22℃	55%
新加坡	21℃～24℃	50%～65%
巴哈马	18℃	59%
联邦德国档案馆	18℃±1℃	50%±5%
列宁图书馆	16℃～18℃	50%～60%
罗马尼亚	20℃左右	50%左右
荷兰国家档案馆	15℃	50%～60%

★阅读材料★

深圳市档案馆温湿度监控系统配套工程招标公告

深圳市档案局对新馆温湿度监控系统配套工程进行招标，现邀请合格投标人提交密封投标。

一、招标工程名称：深圳市档案新馆温湿度监控系统配套工程。

二、招标工程内容详见附件。

三、工程地址：深圳市市民中心红塔 10～13 层。

四、计划开竣工日期：2008 年 5 月 5 日至 2008 年 6 月 30 日。

五、投标人必须符合下列条件：

1. 投标人必须是在中华人民共和国境内注册的具有合法经营资格的国内独立法人，注册资金 100 万元（含 100 万元）及以上。

2. 在法律上和财务上独立、合法运作，并独立于买方和招标机构的企业。

六、报名时间：2008 年 3 月 27 日至 2008 年 4 月 17 日（上午 9：30—11：30），节假日除外。

七、投标截止时间：2008 年 4 月 18 日（下午 17：30）。

八、投标地点：深圳市档案局办公室（市民中心 B 区红塔 1108 房）。

联系地址：深圳市档案局办公室（市民中心 B 区红塔 1108 房）

联系人：熊一军　　电话：(0755) 82105414，82108512

传真：(0755) 82001595

（资料来源：深圳档案信息网，http：//www. szdaj. gov. cn，2008 - 3 - 27）

(三) "八防"措施

档案保管工作中常说的"八防"，一般是指防火、防水、防潮、防霉、防虫、防光、防尘、防盗。这"八防"基本上囊括了对档案实体可能造成破坏的自然和人为的因素，是库房管理工作的重要内容。做好"八防"工作需要采取一系列防护性措施，并在工作中注意一切与此有关的问题。

防火：要求在装具及照明灯具的选用、其他电器及其线路的安装等方面消除隐患，必须按消防规定在库房中配备性能良好、数量足够的灭火器材，在条件允许的情况下，安装防火（烟雾）报警器和自动灭火装置。

防水：要求库房所处地势不能过低，库房内及附近不能有水源，库房选址应远离易发洪水的地点，位于较有利的防洪地段。

防潮：与库房温湿度尤其是湿度控制密切相关，在库房湿度过大时应及时进行调整。

防霉与防虫：两者关系密切且与防潮有密切关系，要求对档案文件进行定期检查并放置防霉、防虫药品。

防光：要求库房尽可能全封闭（即无窗），若有窗户也应尽可能小一些，并安装磨砂玻璃、花纹玻璃或带颜色的玻璃并配置窗帘，尽量遮蔽户外日光中的紫外线照射。照明灯具应使用白炽灯并加乳白色灯罩，灯泡最好是磨砂灯泡。不允许使用日光灯（荧光灯）作为库房照明灯具。

防尘：要求装具的封闭性好且必须对库房及装具等定期进行清扫擦拭，保持清洁。

防盗：要求库房门窗坚固，进出库房随时锁门，并尽可能安装防盗报警装置。

（四）库房与装具的有序化

这主要是指库房与装具的编号以及装具在库房中的排放方式应井然有序，便于日常管理工作的进行。

在档案库房较多的档案馆或档案室，应对所有库房进行统一编号。编号方式一般是先编建筑物号（几号库、几号楼），然后再以建筑物为单位编层号和房间号。编号方法一般直接按某种顺序用阿拉伯数字顺次编号。建筑物编号也可加方位标识或直接命名如"东×楼"或"××楼"。库房很少的档案馆或档案室也可以不编库房号。

库房内装具的编号方式一般按保管机构或库房房间为单元进行，每一单元内的所有装具按某一排列走向和顺序依次编列号（排号）、柜架号、格层号（箱号），其号码一般也采用阿拉伯数字。

装具在库房中的排放方式应考虑方便管理和充分利用库房空间等因素。一般不宜紧贴墙壁，尤其是不能紧贴有窗户的墙壁。装具每一列的走向应与窗户所在墙壁垂直，以避免户外光线的直接照射。各列之间的距离不宜过宽或过窄，一般以工作人员能进行正常工作为宜。

（五）档案在装具中的存放方式

档案在装具中的存放方式有竖放和平放两种。竖放时案卷的脊背朝外，工作人员可以直接看到卷脊上的档号，调卷还卷比较方便，因此各档案馆、档案室采用竖放方式的居多。平放比竖放更有利于保护档案，其空间利用率也稍大些，但其缺陷是存取不太方便，并需在每一摞夹一纸条或卡片标明其起止卷号，因而这种方式多用于保管珍贵档案，以及卷皮质软、幅面过大、不宜竖放的档案。平放应适当控制叠摞的高度，一般以不超过40厘米为宜。

（六）档案存放秩序的维护与管理

在档案室（馆），档案是以全宗为单位进行排列的，一个全宗的档案应该集中在一起。但是，有些特殊情况应妥善处理。如库房或柜架预留的空位已被排满，新入馆的档案不能与先入馆的档案放在一起时，可以暂时单独保存，待有可能调整时，再将一

个全宗的档案集中起来。有的全宗可能还包括有一部分影片、照片、录音带、录像带、技术图纸或会计报表等档案，这些不同类型的档案，可以分别保管。对于暂时或定位分别保管的全宗中的这部分的档案，应填写参见卡，把它放在原全宗（全宗主体）存放位置内，指明其存放地点，以保持其应有的联系。

库房内各个全宗，应进行系统排列。全宗排列方法，主要有按全宗顺序号流水排列法和全宗分类排列法两种。前者对库房空间和全宗实体的安排比较方便，后者对全宗的系统管理和全宗的信息控制较为有利。在我国，通常采用按全宗群排列的方法，即在保持全宗完整的情况下，安排所有全宗的存放地点时，尽量将同一时期同一系统或相同性质的全宗放在一起，以保持全宗与全宗之间的联系。由此可见，档案馆内全宗的排列顺序，与全宗号的顺序有可能一致，也可能不一致，而通常是不一致的。因为在库房内一般不按全宗号顺序，而按全宗的性质分类排列。

在安排一个全宗内案卷排列次序时，必须严格按照全宗内既定的分类体系和案卷的顺序号进行，以保持案卷之间的联系。

当确定了全宗和案卷的排放次序以后，就可以组织上架（柜、箱）存放。存放的次序应根据装具的编号次序进行。

档案在库房及装具中的存放秩序实际上就是档案实体的管理秩序，即档案实体管理秩序的具体体现形式。因此，维护档案实体秩序的保管工作也就主要体现为对档案存放秩序的日常维护和管理行为。维护档案的存放秩序是一项十分具体且十分重要的工作，具体可采取的措施和方法主要有以下几种：

1. 档案存放位置索引（档案存放地点索引）

为了便于保管工作人员切实掌握档案室（馆）档案的存放情况和迅速地取放档案，还必须把所排放好的档案，作出存放位置的索引。

存放位置索引，按其作用可以分为两种：

第一种指明档案的存放位置，即以全宗及其各类的档案为单位，指出它们的存放地点。如表10-3所示。

表10-3   档事位置索引

全宗名称：			全宗号：				
案卷（归档文件）目录号	案卷（归档文件）目录名称	目录中案卷（案盒）起止号数	存放位置				
			楼	层	房间	柜架（列）	柜架	层（格、箱）

第二种指明各档案库房保存档案情况，即以档案库房和档案架（柜）为单位，指出它们保存了些什么档案。如表10-4所示。

表 10 - 4　　　　　　　　　　　　　　　档事库房保存位置

柜架（列）	柜架	层（格、箱）	存放档案				
			全宗号	全宗名称	案卷（归档文件）目录号	案卷（归档文件）目录名称	起止卷（盒）号

上述两种索引，按形式又可分为簿册式和卡片式两种。而第二种存放位置索引还可以采用图表形式，即把每个库房（或楼、或层、或房间）内档案存放的实际情况绘成示意图。这种图表，可悬挂在相应的库房入口处，以便于保管和调卷人员随时使用。

2. 装具所存档案标识牌

即在每一列、每一件、每一层（格、箱）装具外面的醒目位置设置标牌并表明该列、该柜架、该层（格、箱）中所存放档案的起止档号，以方便检查和调还档案。

3. 档案代理卡

档案代理卡又称"代卷卡"、"代理卡"，它是库房管理人员编制和使用的一种专门指明档案去向的卡片。在档案馆（室）的档案需要暂时借出库外使用时，填制代卷卡放在被暂时移出案卷的位置上，可以使库房管理人员准确掌握档案流动情况，有利于库房管理人员对档案进行安全检查。如表 10 - 5 所示。

表 10 - 5　　　　　　　　　　　　　　　档事代理卡

全宗号	目录号	案卷（盒）号	移出日期	移往何处		库房管理人员签字（移出）	归还日期	库房管理人员签字（收回）
				单位名称	经手人姓名			

（七）定期检查、清点

这是库房管理的一项制度化措施。定期检查的内容重点在档案的理化性状，以发现是否有霉变、虫蛀等现象和迹象发生，库房中是否有潜在的隐患等危险因素存在，以及档案的调出和归还是否履行了严格的手续，实体秩序是否受到破坏、出现了混乱，是否有长期使用未归还的案卷，等等。定期清点的目的则在于及时发现实体秩序的错

乱现象及档案丢失或去向不明等问题，并随手予以纠正，使档案实体严整有序。尤其在搬迁或突击性的大规模利用之后，清点工作尤为重要。一般来说，定期检查的周期应短一些，可以月、季、节假日为周期。定期清点的周期应比定期检查的周期长一些，一般以年或几年为周期，但在档案发生大规模变动的情况下应及时清点。

（八）全宗卷

全宗卷是档案保管工作的一个重要管理工具和手段。各档案馆必须作为一项基本的工作制度建立全宗卷。档案室原则上也应建立全宗卷，尤其是规模较大、全宗档案数量较多、门类较杂、历史较长，包括所管全宗较多的档案室，都更应实施全宗卷制度。

全宗卷是档案室（馆）在管理某一全宗的过程中形成的，能够说明该全宗历史情况的各种文件材料所组成的专门案卷。

全宗卷实质上是档案管理活动中所形成的"档案"，是档案管理活动的原始记录，只不过是围绕全宗的管理活动形成并以一个个全宗为单位组合成案卷而已。从这个意义上说，它是全宗的"档案"，又是档案的"档案"，但不是全宗内的档案。因为档案馆（室）所管理的档案是由立档单位在其社会活动中形成的，而全宗卷这种档案的"档案"，则是档案馆（室）在对其所管全宗的管理活动中形成的。因此，全宗卷在管理上应单独另行存放（按全宗顺序保管）并实施统一管理，不能与全宗混在一起，更不能将其作为全宗内的一个案卷看待。

全宗卷中通常应包括：档案交接凭据，立档单位与全宗历史考证，整理工作方案，档案实体分类方案（分类表），移进移出记录及手续（凭据），对全宗进行检查、清点的历次记录及所发现的问题记录，以及档案受损害、遭破坏的情况记录和实施补救性措施的记录材料、档案销毁清册等。总之，凡是在档案管理活动中形成的对全宗状况及全宗历史有原始记录意义的文字、图表等材料均应归入全宗卷中。

七、档案流动过程中的保护

档案在档案室（馆）中并不是永远静止地存放在库房及装具里，而是处在一种有静有动、动静交替的状态中。造成档案流动的根本原因就是对档案的使用。档案的使用原因虽然很复杂，但大体可归结为两种情况：①社会各界对档案的利用（要求档案室（馆）做好档案的提供利用工作）；②档案室（馆）出于管理与开发的需要对档案的使用，例如整理、鉴定、编制检索工具、缩微复制、编研等。无论是社会性的利用还是内部管理开发性的使用，都必须保证档案实体的有序和完好无损。这就需要做好档案使用过程中的维护与保护工作。档案使用过程中的维护与保护工作比档案库房管理工作具有明显的动态性、复杂性、综合性，所用的方法及所需注意的问题头绪很多。做好这一工作有两条基本途径：

（一）建立严格的管理制度

建立严格的管理制度并在工作中严格执行落实。主要有以下两方面内容：

1. 档案使用的登记与交接制度

档案无论何种原因被使用时，都必须对调卷、还卷及交接行为实行严格的登记与交接手续。

2. 档案使用行为的管理与限制制度

如不允许使用者在使用时吸烟、喝水、吃东西，不允许在档案上勾画、涂抹，更不允许有撕损剪切等破坏性行为；不允许使用者擅自带离规定的使用场所（办公室、阅览室等）；不允许利用者之间私自交换阅览各自所利用的档案；不允许使用者擅自拍照、抄录、复印；每次使用的档案数量、每批档案的使用时间长短也应有一定的限制。

（二）档案在流动过程中的维护与保护方法

采用各种合理有效的管理方法，认真细致地做好维护与保护工作。

1. 数量与顺序的控制

无论是内部使用还是外部利用，当所需档案数量较大时，可按规定分批定量提供，且应要求使用者在使用和交还时保持档案实体秩序。

2. 对利用行为的现场监督与检查

凡外部利用，在现场应配有档案工作人员实行监督，并随时检查利用者的利用行为，发现问题及时指出并予以纠正。有条件的档案馆可配置闭路电视监控系统。

3. 利用方式及利用场所的限制

利用方式以现场阅览为基本方式；经允许的拍照或复印工作原则上应由档案工作人员承担；利用场所应为集中式的大阅览室，一般不为利用者安排单独的利用房间（单间），以免发生意想不到的问题。

4. 对重要档案的保护性措施

对重要的珍贵档案应实施重点保护：严格限制利用；即便提供利用，一般也不提供原件，只提供缩微品或复印件；利用中要格外注意监护问题，必要时可责成专人始终陪伴进行利用。对重要档案的复制也应比一般档案有更严格的限制和保护性措施。

阅读材料

大连市：企业搬迁改造 不忘档案工作

本报讯 大连市档案局紧紧围绕市委、市政府关于全市节能减排工作的部署，对列入全市节能减排重点搬迁改造计划的东北特钢集团、大化集团、大连水泥集团等企业档案工作进行监督检查。督察重点是各企业搬迁过程中档案工作规划、保障措施的

建立及落实情况、各种文件材料的收集整理情况以及重点技术改造项目档案管理情况等。

　　大连市档案局要求各企业进一步加大档案法规的宣传贯彻力度，为档案工作有序开展提供保障；配备必要的设施设备，改善档案保管条件，确保搬迁改造期间项目档案的实体安全和信息安全；必须按照国家标准进行竣工文件编制和档案整理，确保建设项目竣工档案的齐全、完整、准确和规范；要以搬迁改造为契机，做到科学发展、统筹规划、扎实推进，全面提升企业档案工作水平。

　　通过督察，大连市档案局认为，此次列为市政府节能减排重点搬迁改造计划的企业以国有大中型企业为主，档案工作基础较为扎实。各有关企业在按照《大连市节能减排工作实施方案》要求加快搬迁改造步伐的同时，企业领导更加重视档案工作，进一步加大对档案工作的投入；各企业档案部门认真贯彻落实《国家重大建设项目文件归档要求与档案整理规范》等标准与规范，建立项目档案专项工作制度和管理网络，加强对搬迁改造项目档案工作的监督和指导；设立专门机构，配备专人，认真做好搬迁改造项目档案工作；根据企业实际，制订档案鉴定、销毁和搬迁工作计划，在新厂区对档案室进行了专门规划，改善档案保管条件，统筹规划档案信息化建设。市档案局对各企业搬迁改造过程中加强档案工作的做法给予充分肯定。大连港集团建立了适应工程管理新模式需要的项目档案管理体制；东北特钢集团引进档案专业硕士研究生充实到搬迁改造项目档案工作一线，投入资金引进美国EMC系统专门用于搬迁改造项目档案的管理；大化集团着手进行原有厂房基建档案和生产线设备档案的鉴定销毁工作；大连水泥集团对100年前建厂初期形成的历史档案的保护与搬迁制定了详细规划；各搬迁企业采用各种方式对老厂区的面貌和新厂区的建设过程进行详细记录，为企业留下完整史料。

（资料来源：《中国档案报》2009 年 1 月 15 日）

项目十一　档案的检索

星期一上午，飞天集团档案馆先后来了四个部门的工作人员，查找他们各自需要的档案文件——人力资源部小刘要查找关于公司员工工资这一专题的档案文件，销售部经理赵强要查找公司〔2003〕1号、〔2003〕5号和〔2003〕6号文件，第一分公司办公室张秘书要了解该档案馆的馆藏情况，第二分公司小王要查找2000年到2003年总公司年度销售总额的资料。假如你是该集团档案馆的工作人员，根据他们四人的不同要求你认为应该分别使用哪种类型的检索工具查找他们需要的档案文件呢？试列出你的操作步骤和理由。

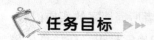

1. 知识目标
◆ 了解档案检索工作的内容和档案检索工具类型
◆ 明确档案检索的重要性和发展趋势
2. 技能目标
◆ 能够熟练使用档案检索工具，快速查找所需档案
◆ 能够根据需要编制相应的档案检索工具

4 课时

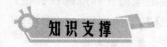

一、档案检索工作的定义

档案检索是对档案信息进行系统存储和根据需要进行查找的工作。企业档案检索包括档案信息存储和查找两个具体过程。档案信息存储是指将档案中具有检索意义的特征标识出来，加以编排，形成检索工具和档案信息数据库的过程；档案信息查找是指利用检索工具或数据库查找所需档案的过程。这两部分内容是密切联系不可分割的，

存储是查找的前提，查找是存储的目的。因此，对于检索问题，应把存储过程和查找过程作为一个整体来研究。

二、档案检索工作的内容

(一) 存储阶段的主要内容

1. 著录标引

即对档案的内容和形式特征进行分析、选择和记录。有时，在对档案内容特征进行标引时还需要将其主题概念借助检索语言（分类表、主题词表）转换成规范化的检索标识。每件（卷）档案著录标引后形成的一条记录称为一个条目。

2. 编制检索工具

即对著录标引后形成的条目加以系统排列，组成各种检索工具，或输入计算机建立计算机检索数据库。

(二) 查找阶段的主要内容

1. 确定查找内容

确定查找内容即对利用者的检索要求进行分析，确定利用者所需档案的实质内容，形成概念。有时也需将这些概念借助检索语言转换成规范化的检索标识。在计算机检索中还应按实际需求把这些检索标识之间的逻辑关系表达出来，形成检索表达式。从确定提问主题到形成检索表达式的这一段工作也称为编制检索策略。

2. 查找

查找即档案工作者采用各种手段把表示利用需求的检索标识或检索表达式与存储在检索工具或计算机数据库中的检索标识进行相符性比较，将符合利用者要求的条目查找出来。在手工检索中，相符性比较是由人工进行的；在机检过程中则由计算机担负二者间的匹配工作。

三、档案检索的效率

档案检索效率是指在档案信息检索过程中满足利用者需要的全面性和准确性程度，它是衡量档案检索系统性能以及每一个检索过程质量高低的最基本的指标。档案检索效率通常采用检全率（查全率）和检准率（查准率）两个指标来衡量和表示。

(一) 检全率

检全率是指满足利用者要求的全面程度，即检出的有关档案与全部有关档案的百分比。与之相对应的是漏检率，即未检出的有关档案与全部有关档案的百分比。其公式为：

检全率＝检出的有关档案/全部有关档案×100%

漏检率＝未检出的有关档案/全部有关档案×100%

或：漏检率＝（1−检全率）×100%

例如，某一利用者要求查找有关党纪党风方面的档案，机关档案室保存的有关专题档案是 40 件，检索时检出其中 30 件，有 10 件漏检，则检全率为 30/40×100%＝75%，漏检率为 10/40×100%＝25%。

（二）检准率

检准率是指满足利用者要求的准确程度，即检出的有关档案与检出的全部档案的百分比。与之相对应的是误检率，即检出的不相关档案与检出的全部档案的百分比。其公式为：

检准率＝检出的有关档案/检出的全部档案×100%

误检率＝检出的不相关档案/检出的全部档案×100%

或：误检率＝（1−检准率）×100%

例如，某一利用者要求查找有关离退休职工待遇方面的档案，机关档案室共检出 30 件，利用者查阅后认为其中 20 件是相关的，10 件是不相关的，则这一检索过程的检准率是 20/30×100%≈67%，误检率是 10/30×100%≈33%。

（三）检全率和检准率之间的关系

英国情报学家 C. 克勒维当根据 1963 年美国情报专家对 7 万篇文献的研究结果，得出了检全率和检准率这两个指标之间存在着互逆关系的结论。也就是说，如果放宽检索以追求较高的检全率时，检准率就会下降；反之，若是限制检索范围以改善检准率时，检全率就会下降。因此，档案馆（室）在设计档案检索系统和实施每一次检索时，应该从利用者的不同需要出发，确定适当的检全率、检准率指标。

四、档案检索工具

档案检索工具的种类较多，根据不同的标准可进行不同的分类。

（一）按体例分

1. 目录

将档案的著录条目按照一定的次序编排而成的检索工具，如分类目录、主题目录、专题目录等。

2. 索引

将档案的某一内部或外部特征及其出处按照一定的原则和方法排列起来的检索工具，如人名索引、地名索引、文号索引等。索引和目录没有严格的界限，一般来说，目录是对档案文献的内容和形式特征进行全面、系统的著录，著录项目比较完整；索引则是对档案中的某一部分特征进行著录，例如文件涉及的人名、地名等，著录项目

比较简单，有的只有排检项（如人名、地名）及其出处（档号）两个项目。

3. 指南

是以文章叙述的方式综合介绍档案情况的检索工具，如全宗指南、专题指南、档案馆指南。

（二）按载体形式分

1. 书本式检索工具

书本式检索工具是将著录条目连续排列并装订成册的检索工具。其主要优点是体积小，便于管理；可以印刷出版，便于各档案馆（室）之间进行情报交流和馆外查询；编排紧凑，便于阅读；手工检索扫描速度快；成本较低。其主要缺点是缺乏灵活性，编制时需要一定时期的积累材料，编制完成后不便于增减条目和调整条目之间的顺序。

2. 卡片式检索工具

卡片式检索工具是将一个条目著录于一张卡片，将卡片按一定顺序排列而成的检索工具。其主要优点是具有较大的灵活性，便于逐步积累材料；便于增减条目和调整条目之间的顺序；由于每一条目独立存在，复印后可编制不同的检索工具；由于卡片纸质较好，比较耐翻检。其主要缺点是卡片数量多、体积大、不便管理；不便于传递和交流，一般只能馆内使用；手工检索时逐张翻检，扫描速度较慢；成本较高。

3. 缩微式检索工具

缩微式检索工具是以缩微摄影方式制作的以胶片为载体的检索工具。这种检索工具用于手工检索时使用缩微阅读器放大阅读，也可用于计算机检索。其主要优点是密集存储、节约空间；体积小，便于携带和交流；便于拷贝复制；耐久性好，便于长期保存和使用。缩微式检索工具是在书本式或卡片式检索工具的基础上形成的，而且需要具备一定的拍摄和阅读条件才能制作和使用。

4. 机读式（电子）检索工具

机读式（电子）检索工具是以代码形式存储在磁性材料上供计算机识读的检索工具。它将档案的内容和形式特征以特定的编码形式和特定的结构记录存储在计算机的磁鼓、磁盘、磁带上，使用时可以用荧光屏显示，也可以打印出文字目录。其主要优点是存储密度高；检索扫描速度快；可进行多途径检索。但是前处理和输入工作量大，需要配置计算机、检索软件等，编制检索数据库。

（三）按检索范围分

1. 以一个全宗的档案为检索和介绍对象的检索工具

如案卷目录、案卷文件目录（全引目录）、全宗指南等。

2. 以一个档案馆的全部档案为检索和介绍对象的检索工具

如分类目录、主题目录、档案馆指南、人名索引、地名索引等。

3. 以档案馆内有关某一专题的档案为检索和介绍对象的检索工具

如专题目录、专题指南、专题性人名、地名索引等。

4. 以全国或某一地区若干个档案馆内的全部或某一专题的档案为检索和介绍对象的检索工具

如综合性或专题性联合目录、馆际档案史料指南等。

（四）按功能分

1. 馆藏性检索工具

馆藏性检索工具是反映档案实体整理体系及其排列顺序的检索工具，如案卷目录、全引目录、存放地点索引等。其主要功能是固定和反映档案整理顺序，档案管理人员可借助它了解馆藏情况，并按照档案整理顺序查找档案。其缺点是，目录组织方式受档案整理顺序的限制，检索途径单一；检索范围一般不能超出全宗范围，检索深度不够。

2. 查找性检索工具

查找性检索工具是脱离档案实体排列顺序，从档案的某一内容或形式特征提供检索途径的检索工具，也就是专门为各种查找而编制的检索工具，如分类目录、主题目录、专题目录、人名索引、地名索引、文号索引等。其主要功能是，建立多种检索标识，提供多途径检索；不受档案整理顺序的限制，可以打破全宗、案卷等档案实体单元的界限进行检索；可以选择任意的检索深度。

3. 介绍性检索工具

介绍性检索工具是介绍和报道档案内容及其有关情况的检索工具，如专题指南、全宗指南、档案馆指南等。其主要功能是，全面概括地介绍档案的情况，客观评述档案价值，发挥宣传报道作用，向利用者提供一定的档案线索。但是由于它并不系统地记录档案的检索标识和建立排检项，因此一般不能直接用于查找。

 阅读材料

黑龙江省牡丹江市档案馆馆藏档案全部实现计算机检索

本网讯　黑龙江省牡丹江市档案馆现存市 182 个单位的档案资料，共有案卷级 10 万余卷，文件级 97826 件。由于近年来查档率逐年提高，手工检索已不能满足利用者的需求。为了适应档案管理现代化的需要，提高档案利用的查快率和查准率，牡丹江市档案馆聘用了专业人员将档案进行了微机录入。目前，馆藏所有档案目录全部录入完成，形成文件级目录 1122028 条，案卷级目录 97128 条，扫描全文档案 13207 件，照片档案 2097 件，并全部实现了计算机检索。

（资料来源：中国档案咨讯网，http：//www.zgdazxw.com.cn，2013 - 12 - 26，作者：王晓杰）

五、常用的档案检索工具及其编制方法

(一) 案卷目录

案卷目录是以案卷为单位，依据档案整理顺序编排的检索工具。案卷目录具有以下功能：①固定档案整理顺序；②保管和统计档案的重要依据；③检索档案的工具。

案卷目录一般采用书本式，其目录表包括：顺序号（案卷号）、案卷题名、年度、卷内文件页数、保管期限、备注等。编制案卷目录以全宗为范围，通常按照全宗内档案分类的类别来编制，如按年度编制、按组织机构编制、按问题编制等；为了便于移交和管理档案，编制案卷目录以分清不同保管期限为宜。

(二) 全引目录

全引目录亦称"案卷文件目录"或"卷内文件目录汇集"，即将一全宗内的案卷目录和卷内文件目录汇编成册。

全引目录兼有案卷目录和卷内文件目录之功能，克服了两者的局限性，（即案卷目录的最大局限性在于案卷题名很难具体确切地揭示案卷的全部内容，检索时只有在调卷后经过查阅才能确定是否查出所需档案；卷内文件目录的局限性在于附在卷内，未独立成册，不具备独立系统检索的功能，只有调卷后才能翻阅。）不仅使每一案卷中所包含的文件题名在目录中反映出来，同时保持了独立成册的形式。全引目录的产生使馆藏性目录实现了对案卷和文件的配套检索，从而使档案室（馆）具有多层次反映档案整理体系的检索途径。编制全引目录，一般只需将案卷目录和卷内文件目录依次打印或复印后装订成册即可。

(三) 分类目录

分类目录是根据体系分类法的原理，以分类号为排检项，依据档案分类表的体系组织起来的一种检索工具。

分类目录的主要特点是系统地揭示档案的主题内容，具有较强的族性检索功能。

分类目录一般采用卡片式，即分类卡片。就是将档案室（馆）永久和长期保存的文件或案卷，逐一制成卡片，打破全宗界限和全宗内分类系统，按档案分类表的逻辑体系分类排列。

编制卡片式分类目录的基本方法如下：

1. 填制卡片

制卡时应根据《档案著录规则》的有关规定和档案标引的有关要求进行，可采用一文一卡、一卷一卡、多文一卡等多种形式。当一件（卷）档案需要标引多个分类号时，应对该档案分别填写多张卡片。

2. 排列卡片

排列时应按分类号的顺序逐级集中卡片，具体地说，就是先按字母顺序排，同一字母的卡片集中排放在一起，然后再逐级按阿拉伯数字的大小排列，类目排列顺序应与分类表相一致。在同一类目内卡片的排列顺序可有多种方法，如按年度、按时间、按责任者、按地区、按发文级别等，但在一个档案室（馆）内应保持一致。当一件（卷）档案只标引一个分类号时，只要按其分类号排在相应的位置即可；当一件（卷）档案标引两个以上分类号，或采用分类号组配形式标引档案时，（需要填制两张以上的卡片，）需要将每一个分类号轮排到前边一次，并排入居于首位的分类号之中，以便于从档案的每一个主题入手检索。如 MA23：GE41（MA23 为农业教育、GE41 为技术学校，组配后表示农业技术学校），排列时除排在 MA23 类之中外，还应填制一张卡片排在 GE41 类中。

3. 安放导卡

分类卡片排列完毕之后，需要在类与类之间安放导卡。导卡也称指引卡，是一种上端带有耳状突出处的卡片，使用时在突出处标明各类目的分类号和类目名称，便于检索者迅速准确地查到所需档案卡片。

（四）主题目录

主题目录是根据主题法的原理，将档案的主题按字顺排列的一种目录。

主题目录的主要特点是能够集中地揭示有关同一事物的档案的内容，具有较好的特性检索功能。

主题目录大多采用卡片形式，一般以一份文件为单位将标题式标识串作为排检项，按标识串首字的字顺加以排列。所谓"标题式标识串"是把反映该份文件主题不同因素的主题词组配成的一条标识，如有关小麦种子繁育的文件，可将小麦—种子—繁育三个主题词连在一起作为该份文件的标题式标识串填写一张卡片。如果该文件有两个主题，就需要分别填写两张卡片。如表 11-1 所示。

表 11-1　　　　　　　　　　　主题卡片目录格式

主题标目	全宗号	档案目录号	文件号	页号
题名				
责任者				
主题词				
附注				

(五) 专题目录

专题目录是集中、系统地揭示档案室（馆）内有关某一专门事物、某一专门内容档案的检索工具。

专题目录与分类法在功能上有相近之处，分类法中的每一个类目也可以看作反映了不同专题的档案内容。专题目录与分类目录的不同之处表现在：①专题目录可以将分类目录中因属于不同职能领域而分散的有关同一事物、同一事件的档案集中起来；②专题可根据需要灵活设置，不受分类法体系和类目设置的局限。专题目录在根据事物集中档案方面又与主题目录有类似的功能，两者的不同之处在于，主题目录的标题款目比较专指、具体，因而每一款目下集中的档案专指性强，特性检索的功能好；而专题目录则常常是以一个外延较为宽泛的事物或事件为专题名称，因而集中的档案比一条主题款目范围更广、内容更丰富、更具有系统性，以致在专题目录中还需要依据一定特征对档案进行分类，从这一角度看，专题目录的专指性不如主题目录，但却具有一定的族性检索功能。因此，专题目录是对分类目录和主题目录的补充。例如，有关"九·一八"事件的档案，在分类目录中会分入政治、经济、军事等各个类目之中，而在主题目录中，在"九·一八"事件的条款下集中的是反映该事件本身的一些档案，而与之相关的内政、外交、人物等背景材料、相关材料以及该事件造成的影响等方面的档案材料却不能统统集中于该款目之下，但在"九·一八"事件专题目录中则可以将与该事件有关的所有档案集中起来，全面、系统地反映该事件的来龙去脉，这对于专门研究这一事件的利用者是十分方便的。

专题目录一般采用卡片式，即专题卡片。其编制方法如表 11-2 和表 11-3 所示：

表 11-2 　　　　　　　　　　　**专题卡片目录格式（一）**

专题名称：		发生事件	时间：
类：　　　属类：			地点：
全宗名称：	全宗号：		
文件内容与成分	档案分类号	文件号	页号

表 11 - 3　　　　　　　　　　专题卡片目录格式（二）

专题名称：		发生事件	时间：
类：　　　属类：			地点：
文件内容与成分简介：			
档案分类号：	档案目录号：	文件号：	页号：

1. 选题

这是编制专题目录的关键。选题要遵守两个原则：①不能选择与分类类目重复的问题，凡已作为分类类目列出的不宜再编相同的专题目录，以免重复。②选择能够反映馆藏特色并具有一定研究意义的专题，有特色的档案往往是利用者需要作为专题研究的，这样的专题一般比较受利用者的欢迎，具有较高的利用率。

2. 选材

由于专题目录所涉及的全宗和档案数量很多，各种不同的全宗和档案在专题中所处的地位、作用不同，需要对档案进行选择。选材可以分为粗选和精选两个步骤。粗选的范围应尽量广泛一些，以免遗漏，而后在此基础上精选，通过对有关材料的分析、对比，找出最合适的专题材料。

3. 填卡

填卡是指将选择好的材料填入卡片，可以一文一卡、一卷一卡、多文（卷）一卡，视文件内容而定，内容相同或相近的文件可填在一张卡片上。

4. 排列

专题目录也存在着分类和类内文件排列的问题。专题目录视其内容可采用问题、时间、地区等标准分类，无论采用何种分类标准，都应以符合本专题特点、进一步深化题目为原则，如某一历史事件的专题，如果该事件表现出明显的阶段性和延续性，可考虑采用时间标准；如果该事件涉及面广，可采用问题标准。类内文件的排列可按时间、级别、文件的重要程度等排列，如采用上级—本级—下级、指示性文件—事务性文件、综合性文件—具体性文件等方式。

（六）文号索引

文号索引是揭示档案的文号和档号之间对应关系的一种检索工具，它提供了一条按文号检索档案的途径。文号索引一般采用表格形式，所以通常称之为文号档号对照表。也有的档案室以文号为检索项设置较为全面的项目，形成文号目录。

文号索引应按年度、发文机关分别编制，即将同一年度、同一发文机关的文件编一张表，然后将所有的表装订成册，便成为一套文号索引。

文号索引的格式不限，有的机关利用发文登记簿在备注栏中注明档号作为文号索

引使用，也有的机关另行设计了专用的表格，较常见的有号码对应式和位置对应式两种。号码对应式（见表 11-4）是将文号一一列出，在该文号对应的空格中填写该份文件的档号，以 100 号为一张。

表 11-4 　　　　　　　　　　　　　　号码对应式文号索引

00		10		20		30		40		50		60		70		80		90	
01		11		21		31		41		51		61		71		81		91	
02		12		22		32		42		52		62		72		82		92	
03		13		23		33		43		53		63		73		83		93	
04		14		24		34		44		54		64		74		84		94	
05		15		25		35		45		55		65		75		85		95	
06		16		26		36		46		56		66		76		86		96	
07		17		27		37		47		57		67		77		87		97	
08		18		28		38		48		58		68		78		88		98	
09		19		29		39		49		59		69		79		89		99	

位置对应式是用一定的格式确定每一发文号在表格中的位置，即以纵横坐标读数表示文号，在该位置上直接填写该份文件的档号。如表 11-5 所示。

表 11-5 　　　　　　　　　　　　　　位置对应式文号索引

	0	1	2	3	4	5	6	7	8	9
0										
1										
2										
3					2—3—21—1					
4										
5										
6										
7										
8										
9										

（七）人名索引

人名索引是揭示档案中所涉及的人物并指明出处的一种检索工具。人名索引包括人名和档号两部分，即把人名引向所在档案的档号，利用者通过索引的指引，可以查到记载某一人物的材料。

人名索引可以分为综合性和专题性两种。综合性人名索引是将馆藏档案中所涉及的全部人名编成索引，专题性人名索引是根据所列专题范围，如任免、奖励、处分等对涉及该专题的人名编制索引。

人名索引一般采用卡片形式，人名卡片一般按姓氏笔画、四角号码、汉语拼音字母顺序等方法排列，并在人名卡片的不同笔画或不同音之间设置导卡。如表11-6和表11-7所示。

表 11-6　　　　　　　　　　　人名卡片目录著录格式（一事一卡）

姓名		曾用名		性别		出生年月			民族		籍贯	
简历												
档案内容提要												
全宗号		档案目录号				文件号			张（页）号			

表 11-7　　　　　　　　　　　人名卡片目录著录格式（多事一卡）

姓名		曾用名		性别		出生年月			民族		籍贯	
简历												
档案内容提要												
全宗号		档案目录号		文件号		页号						

（八）全宗指南

全宗指南是以文章叙述的形式介绍某一个全宗档案内容和成分及其意义的一种工具书，又称全宗介绍。

全宗指南的内容主要包括以下几部分：①立档单位的历史概况。主要包括单位名称、隶属关系、性质、任务、内部组织机构、主要领导人等方面的情况和沿革。②全宗档案概况。主要包括档案的来源、数量、进馆日期、整理、保管、鉴定情况、完整程度、所编制的检索工具等。③档案的内容与成分。这是全宗指南的主体。一般依原整理体系加以介绍，如果是按组织机构分类的，可按机构逐一介绍；如果是按问题分类的，可按原划分的类目逐一介绍。介绍档案内容时原则上是以案卷为单位，亦可视情况灵活掌握，对于若干个问题相近或相同的案卷可合并介绍，对于有特色和价值较大的文件可单独介绍。

（九）专题指南

专题指南是介绍报道档案室（馆）中反映某一特定题目档案的工具书，又称专题介绍。

专题指南与专题目录所揭示的档案范围是相同的，但两者的功能却不尽相同，专题目录主要供查找档案之用，宣传、报道功能较差，而专题指南主要作用在于综合地介绍报道有关档案情况，不记录档案的检索标识，因而不能作为查找档案的工具。

专题指南的基本结构由以下几部分组成：①序言。对该题目的含义、意义、选材范围、档案价值以及编写方法作概要说明。②档案内容介绍。这是主体部分。以专题目录为基础编写的指南，可按专题目录中划分的类别分别介绍。介绍时可采用简要介绍、详细介绍和重点与全面介绍相结合等方法，可介绍档案的来源、内容、起止时间、价值等方面的情况。③附录。可将专题指南材料来源的全宗名单、人名、地名索引等加以编排，以便利用者使用。

六、档案的计算机检索

档案计算机检索，就是利用计算机及其网络和配套设备（如光盘），根据档案利用者的不同目的、要求，按照一定的方法、步骤和途径，从储存在计算机内的机读档案目录或保存在磁盘、光盘等外部设备上的档案信息中，获得所需信息的过程。

（一）档案计算机检索的特点和类型

1. 档案计算机检索的特点

档案计算机检索在检索方法、检索性能上具有与传统的手工检索不同的特点：

（1）检索方式自动化

档案计算机自动化、网络化检索的发展，大大方便了利用者，节省了时间和费用。

我国档案计算机检索从 20 世纪 80 年代起步，90 年代得到迅猛发展。目前，许多企业档案部门已经拥有各种功能的档案计算机检索系统。而且有些企业档案部门还开始着手研究和实施计算机远程网络检索，利用者可以通过计算机远程检索浏览档案信息。

（2）检索速度快

检索速度快即快速、准确。计算机的目录组织是通过著录项目与程序的结合来实现的。只要录入的项目准确、齐全，计算机就能根据预先设计好的软件程序自动、快速、准确地找到所需的信息，并能打印成各种目录和索引的簿册、卡片，效率成倍提高。

（3）检索途径多元化

检索途径多元化即既可以按著录项目进行单项检索，也可以把若干项目结合起来进行组合检索，甚至还可以利用光盘、缩微存储技术或对计算机生成的电子文件进行全文检索。计算机检索技术和缩微技术、光盘技术的结合，可以实现计算机缩微、多媒体档案光盘的大批量检索和输出。

（4）检索效果好

检索效果好即检全率和检准率都可高于手工检索。

（5）检索灵活方便

检索灵活方便即网络化的计算机应用系统可以为分散的、远距离的利用者提供快速的联机检索，实现档案的异地查询和档案信息资源的共享。计算机存储量大，适应性强，可以满足各种不同的检索需要。随着计算机存储技术的发展，可以满足大批量档案的全宗级、案卷级、文件级目录甚至全文信息检索。

（6）对计算机检索系统的依赖性

对计算机检索系统的依赖性即必须运用计算机及检索软件进行，软件中没有设计的检索方法，计算机不能进行检索。

2. 档案计算机检索分类

档案信息计算机检索的类型，可以从多种角度进行划分。

（1）按计算机处理方式分类

可分成脱机批处理检索、联机检索两种。脱机批处理检索是把用户的查档要求进行分批处理。计算机检索系统不立即反馈查档结果，而将用户的问题集中起来，一起送入计算机，统一处理。在检索过程中，一般不能进行人工实时干预。一个批量检索任务可能连续工作几小时甚至几天，最后的查询结果由系统管理员统一分发给用户。脱机批处理检索方式是较早使用的检索方式，目前，在有的大、中型计算机上仍使用这种方式进行信息检索。

随着个人计算机（微机）的普及和计算机网络的发展，联机检索已是目前档案信息计算机检索最主要的手段。用户、档案管理人员通过微机或网络终端，以人机对话方式直接对档案数据进行检索、浏览输出。其特点是响应时间短，在检索过程中可以直接修改检索要求和检索范围，直到查到满意的结果为止。联机检索方法灵活、操作

简单、界面友好、速度较快，现在市场上的通用档案管理软件都采用了这种检索方式。

（2）按检索项目分类

可分成单项检索、多项组合检索两种。

单项检索为查找条件仅指定一个检索项（如档号、题名、责任者、时间、分类号等）的检索。多项组合检索为查找条件是对多个检索项进行逻辑组合的检索。

单项检索、多项组合检索都是档案信息目录级的检索，其检索项在档案信息著录项范围之内。现在一些新的在开发中的档案管理软件已经在研制、运用全文级检索技术。随着档案全文扫描的开展，文字识别技术、光盘存储技术等在档案部门的应用，办公自动化、电子文件及电子档案的大量出现，全文信息检索将在档案部门中快速发展。

（3）按检索系统功能分类

可分成普通检索和智能检索两种。普通检索，是将用户提问与计算机内的机读档案目录做简单的匹配、比较，并不对提问条件和有关档案数据本身进行分析。目前，大多数档案计算机检索系统都属于普通检索。智能检索，是计算机检索系统根据提问条件内容和有关数据进行分析、推理、演绎等加工处理，从而得到较为理想的检索结果。浙江省档案馆开发了"档案计算机检索系统"，系统设置了同义词表。如查询"文化大革命"，系统能自动将"文化大革命"、"文革"等同义、相关的档案内容都查找出来，从而提高了查全率和检索速度。

此外，检索分类还可按查比关系分类（大于、等于、包含等逻辑比较检索）、按查比部位分类（完全一致检索、模糊检索、指定位置检索）等，这里不再作详细说明。

（二）衡量计算机检索效率的指标与远程检索

1. 衡量计算机检索效率的指标

档案检索效率是指在档案信息检索过程中，满足利用者的全面性和准确性要求的程度，它是衡量档案计算机检索系统性能以及每一个检索过程质量高低的最基本的指标。

衡量计算机检索效率的高低通常用查全率和查准率两个指标。

查全率是满足利用者要求的全面程度，它是衡量检索系统查出相关条目（或全文）的能力，定义为：找到的相关条目（或全文）数/数据库中的相关条目（或全文）数×100％。查准率是满足利用者要求的准确程度，它是衡量检索系统拒绝非相关条目（或全文）能力的指标，定义为：找到的相关条目（或全文）数/查出的条目（或全文）总数×100％。

查全率和查准率有相互制约关系。若放宽检索范围以达到较好的查全率，查准率就会下降；反之，若限制检索范围以改善查准率，查全率也会下降。这就需要根据用户对查全率、查准率的不同要求，来选择适合用户需要的检索系统。

2. 档案计算机远程检索

随着计算机网络、通信技术的发展，单个计算机可以通过有线、无线、微波等多种方式连在一起，实现档案信息资源的共享。计算机网络分为局域网和远程网络两大类，而档案部门建立本系统远程网的尚少，所以，档案计算机远程检索一般要借助于党委、政府专线网或者公众网才能实现。目前主要的远程检索方法有两种：一是用户先在档案部门注册，然后用用户名、密码通过拨号登录到档案部门的局域网，按其使用权限远程检索开放档案，若用户、档案部门均已连入属于党委、政府的专线网，则远程检索利用更安全，检索权限将更高；二是用户上公众网进入有关档案网站，自由检索网站上的开放档案目录。我国现有许多档案馆已经开展了档案计算机远程检索工作。预计在若干年后，档案计算机远程检索技术将得到很大的发展和推广。

（三）档案计算机检索系统的结构与基本功能

1. 档案计算机检索系统的结构

（1）档案计算机检索系统的硬件

硬件是检索系统所依赖的设备，由主机和外部设备组成。主机可以是大型机、小型机、微机、网络服务器或工作站；外部设备主要是指输入输出设备和存储设备，包括键盘、显示器、打印机、扫描仪、磁盘、光盘、磁带及数字拍照与摄录设备等。

（2）档案计算机检索系统的软件

即为了完成检索操作而编制的计算机程序。它主要由系统软件和应用软件组成，包括操作系统、数据库管理系统、相关的软件开发工具与平台以及用于计算机检索的软件等。

计算机检索软件，一般由数据库子系统、检索（匹配）子系统、检索语言词典子系统、输出子系统、利用统计分析及档案借阅管理子系统等几个部分构成。每个子系统又是由一些执行某种操作功能的子程序联结而成的。

（3）数据

主要有档案目录信息、电子文件、多媒体文件（数字化的声音、图像、图片、影像等）、检索语言词典、相关的数据属性信息等。

2. 档案计算机检索系统的基本功能

（1）数据输入、检测与维护

档案数据的输入、检测与维护功能在企业档案计算机检索系统中是至关重要的，它是保证系统中档案数据及输出结果准确、可靠的基础。数据输入是指根据需要将各种载体上的档案信息通过相应的输入设备，输入并按照特定的数据结构存储在计算机检索系统上的过程；数据检测是指对输入数据进行一致性、完整性、合法性和合理性等内容的有效检测，数据检测的方法有动态和静态两类；数据维护就是对已输入到计算机内的数据以记录为单位进行更新，包括对数据的增加、删除和修改。

（2）检索

档案计算机检索过程包括两个过程：一是档案数据的分类存储，也就是对已输入计算机内的档案数据，根据一定的规则进行分类、组合，编制各种档案检索工具，并

形成检索工具体系；二是根据利用者的提问，确定检索线索，利用计算机多角度、多次数迅速、准确地查找到档案原件或档案信息。

在档案检索步骤中，一般检索提问是以逻辑式的形式输入的。逻辑式提问是把多个检索词按照一定的关系组织起来，反映用户检索要求的逻辑表达式，它由检索项、检索词、比较运算符和逻辑运算符组成。检索词是从用户的检索要求中抽取出来的、能够代表检索内容的词。检索词与标引用词一致，才能保证检索匹配的准确。常用的检索词比较运算符有：等于（＝）、大于（＞）、小于（＜）、大于等于（＞＝）、小于等于（＜＝），不等于（＜＞）、包含（IN）等。逻辑提问最基本的逻辑运算符有：逻辑乘（与）、逻辑加（或）和逻辑反（非）等。

用户输入的检索提问由于种种原因难免出现错误，需要档案计算机检索系统自动对检索提问进行合法性检索。如果出现不合法现象，就提示错误，要求用户进行修改。

提问式校验包括语法检查、格式检查和检查词检查。

（3）利用统计与借阅管理

利用统计是档案计算机检索系统中一个非常重要的环节。其过程是对档案信息的流转、利用及管理工作等进行定量化分析，客观、准确、科学地揭示档案利用管理工作中的一些特点与规律，并以此调整工作模式，拓展档案利用的方式与途径。就其功能来说，利用统计应该包括利用信息的采集、整理、分析及统计结果的表现等。

借阅管理包括建立借阅登记数据库、催还和注销等功能。

（4）信息安全与密级控制

档案计算机检索系统的安全保密功能包含两个方面：一是数据库系统的安全；二是计算机网络系统的安全。

数据库系统的安全性依赖于三个层次的保密功能：其一是数据库系统本身提供的用户名口令识别、视图、使用权限控制、审计等管理措施；其二是依靠应用程序提供的控制管理；其三是对档案数据进行加密处理。

目前计算机网络主要是考虑了网络环境下的可信性，其容错性主要由多路由和网络节点设备的冗余和备份来达到。计算机网络系统的主要安全要求有：认同用户和对等实体鉴别、存取控制、确保数据完整性、加密、防否认、审计、容错等。

计算机网络系统的安全对于档案信息安全有重大影响。为了防止对计算机网络的公开或隐蔽的攻击和渗透，档案部门应当按照本单位计算机网络的重要性选定计算机网络安全等级。当处理多安全等级信息时，应当按照最高等级决定计算机网络的安全等级。

（四）档案计算机检索系统的开发

档案计算机检索系统的开发，是一项比较复杂的工程。根据软件开发的生命周期法，档案计算机检索系统的开发也包括系统分析、系统设计、系统实施和系统运作与维护四个阶段。

阅读资料

让百姓享受"一站式"服务"一键式"检索的便利
——浙江省丽水市创建"1＋9＋N档案协同管理系统"
实现市县乡3级机关电子档案共建共享

日前，在浙江省丽水市缙云县工作的王某，因为评职称，需要查5年前他在庆元县荷地镇工作时的任职文件，来回500多公里的路程，让他很犯难。这时候，缙云县仙都管委会正在使用的"1＋9＋N档案协同管理系统"帮他解决了这一难题。只见登录该系统，输入王某的名字，一份荷地镇政府关于王某任职的文件就显示在电脑的屏幕上。王某高兴地说："太方便啦！太感谢啦！"

丽水市是浙江省的经济欠发达地区，下辖9个县（市、区），在档案信息化建设的道路上，怎样以最小的投入获取最大的收益，是近年来丽水市档案人一直思考的问题。近年来，经过丽水市档案部门的共同努力，"1＋9＋N档案协同管理系统"应运而生。

按照"1＋9＋N"的模式，将市级、9个县（市、区）的党政机关和乡镇数字档案室整合到同一个网络平台上，形成以市级为中心，9县（市、区）为节点的强大的"云档案"。市、县、乡3级各机关不需要再单独配备数字档案管理服务器、管理软件和网络环境，只要借助全市统一的"云档案"信息共享网络平台，就可以随时对本机关形成的电子文件进行归档、移交、登记备份和共享查阅。该系统被浙江省档案局评为"创新破难十佳案例"。

丽水市"1＋9＋N档案协同管理系统"的建立，有力地推进了全市档案信息化进程。目前，全市已经有400余个市、县、乡3级机关单位应用该系统进行电子文件的在线归档和移交工作，已经有开放共享电子文件200多万件，真正打通了档案信息社会共享通道，实现了市、县、乡3级N个机关档案室的"一站式"服务、"一键式"检索。

（资料来源：《中国档案报》2013年6月24日 第二版，作者：朱悦华）

项目十二　档案的提供利用

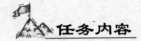任务内容

　　赵红是一家拥有若干分公司大型企业的办公室行政秘书，公司决定让她负责公司档案管理工作。赵红上任后发现公司的档案整理情况尚好，也有基本的检索工具归档文件目录。但档案的再利用方式不够多样，档案利用成果也不多。如公司历年都有很多高科技成果，但由于管理人员不够重视，只做了些基本的整理工作。有一次，经理和一位客户谈判，经理向客户说本公司有好多科技成果，客户听了，问道："贵公司有没有科技成果简介？能否给我看一下？"经理哑然。还有一次，一位分公司工作人员来查阅一份档案时说："我跑了这么远的路，用了半天的时间就为了查这一份档案。"面对公司档案利用的这种现状，赵红开始思考从哪里入手解决公司档案利用的各种问题。

　　请你结合上文描述考虑一下档案收集好、整理好，档案工作的任务就完成了吗？你认为赵红所在公司档案工作中存在的主要问题有哪些？针对公司档案的这种现状赵红又该怎么解决，简要说明一下你的建议和想法。

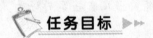任务目标 ▶▶▶

　　1. 知识目标
◆ 了解档案提供利用工作的含义及其在档案工作中的地位
◆ 初步掌握档案提供利用工作的方式和方法
　　2. 技能目标
◆ 能够熟练地完成相关的档案提供利用工作

课时建议

2 课时

知识支撑

一、档案提供利用工作的定义

　　档案提供利用工作，亦称为"档案利用服务"，或简称"档案利用工作"，是档案

室（馆）以所收藏的档案信息资源为依据，通过一定的方式、方法，直接提供档案信息为社会各项事业服务的一项业务活动。

档案提供利用工作的基本内容，包括了解和熟悉室（馆）藏档案信息的内容和成分，各种档案检索工具的使用方法；分析和预测社会对档案信息的需求特点，把握档案利用需求的发展规律；向档案用户介绍和报道室（馆）藏中相关档案信息线索，积极开展档案咨询服务；向档案用户提供他们所需要的档案文献。

一份档案解决夫妻两地分居

2010年6月某天上午，一位女士急匆匆地来到青岛档案馆文档中心服务大厅，向工作人员讲述她现在遇到的非常棘手的困难。原来，这位女士姓丁，在青岛某医院工作，她的丈夫由于工作原因，调到了北京某单位工作。为了全家团聚，她也要调到北京工作。目前，她好不容易在北京找到了愿意接收她的工作单位，可就在办理调动手续时，又出现了问题。原来，接收单位发现她的人事档案里没有当年她从学校毕业分配工作的报到证，不予办理调动手续。丁女士只好回到青岛，到处寻找她的报到证，找了很多单位，都是一无所获。最后，她抱着一线希望来到青岛市档案馆。

工作人员了解情况后，一边安慰她，一边着手帮她查找。因为当年她毕业时先被分配到某个企业，后又改派到现在工作的医院，情况比较复杂。工作人员判断在市卫生局该年度的一些大中专毕业生分配工作的信息中找到的可能性较大，于是决定先从这查找。令人欣喜的是，很快就找到了丁女士当年从学校毕业分配到某企业的报到证，在报到证上也清清楚楚注明了丁女士改派到青岛市卫生局，而且在卫生局出具的介绍信中写明了丁女士被分配到现在工作的这家医院。拿到这些材料，丁女士欣喜万分，连声道谢，并说："你们为我解决了大问题，不仅解决了我的工作调动问题，也解决了我们夫妻两地分居问题。"

（资料来源：青岛档案信息网，http：//www.qdda.gov.cn）

二、档案提供利用的方式

（一）档案提供利用的基本方式

档案提供利用的具体方式是多种多样的，但归纳起来有以下几种基本方式：

1. 以档案原件提供利用

如：档案室（馆）开辟阅览室，利用者在室（馆）内阅览一般文件原件；在某些情况下将档案原件暂时借出室（馆）外使用等。但比较珍贵的档案原件及容易损坏的历史档案，不宜通过这种方式直接提供给利用者使用。

2. 以档案复制品提供利用

如：制作各种形式的档案原件复本，代替原件在室（馆）内阅览或提供室（馆）外利用；编辑出版文件汇编和在报刊上公布档案；举办档案展览等。

3. 综合档案内容编写书面资料提供利用

如：编写各种参考资料，制发档案证明，函复查询外调，依据档案材料撰写专门文章和著作，向社会提供加工的档案信息。

（二）企业档案提供利用的几种主要方法

1. 档案阅览服务

档案阅览服务，是指档案室（馆）在特定的场所，开辟阅览室，向有关利用者提供档案信息的一种服务方式。

企业档案是历史记录的原始材料，一般多是单份、孤本或稀本，有的内容具有一定的机密性。这些特点，决定了档案一般不宜外借。档案室（馆）收藏的档案，又不能也不必要全部复制多份广为传递，而应主要采取室（馆）内阅览的方式。建立阅览室接待利用的方式，优越性很多：有专门设施，有专人监护和咨询，既便于档案的保护和保密，又能为利用者提供较好的阅览条件；可以提高档案的周转率和利用率，避免因一人借出室（馆）外而妨碍多人利用之弊；便于了解和研究利用档案的情况，从而改进和提高档案利用工作。

在档案阅览室的设置上应注意以下几点：

（1）选址适当

应选择在接近库房、空间宽敞、环境安静、光线明亮的地点，以方便利用者阅读和调卷。

（2）分区合理

档案阅览室内部应以方便利用、利于管理为原则，合理划分检索工具、资料、阅读、服务、视听、休息等不同功能区，使其布局合理、美观舒适。

（3）设备使用

档案阅览室应设有服务台、阅览桌椅、存物处、布告栏、目录柜、检索工具、参考资料、监护设备以及电脑、复印、扫描等设备。为方便读者，还应准备与所藏档案相关的历史、经济、政治等方面的文摘资料以及索引、书目、词典、年鉴、手册和指南之类的工具书，供读者随时查阅利用。

（4）制度健全

为了便于利用者查阅档案，防止档案遭受损失，确保档案的安全，必须制定阅览室服务人员和利用者共同遵守的规章制度，如《阅览室接待范围》《阅览室借阅档案范围》《阅读档案须知》《阅览室利用登记制度》等，张贴在醒目之处。阅览室工作人员还要大力进行宣传，并特别提醒利用者：不能在档案上面做任何记号，不得涂改、污损、剪裁档案等；不得在阅览室内吃食物、喝水，防止污染档案或引起霉变；不允许把档案带出阅览室。在阅览完毕、归还档案时要进行严格的检查，确认无误后方履行签字手续。对于发生的违规行为，必须予以严肃处理。

2. 档案外借服务

档案外借服务，是指档案室（馆）为满足某些需要档案原件或副本作证据的利用需求，暂时将档案借出室（馆）外使用的一种服务方式。

在档案馆，档案一般是不借出馆外利用的。机关、企业档案室将档案原件外借给本单位的领导和有关业务部门的情况比较多些，有时，如认为必要，档案室还可采取"送卷上门"的主动服务方式，充分发挥档案的作用。当然，档案的外借利用必须建立、健全有关的制度。

3. 档案展览与陈列服务

档案展览与陈列服务，是指档案室（馆）按照一定的主题，以展出档案原件或其复制品的方式，系统地揭示和介绍档案室（馆）藏中有关档案的内容与成分的一种具体服务方式。

4. 制发档案复制本服务

制发档案复制本服务，是指档案室（馆）根据利用者的合理需要，以档案原件为依据，通过复制（包括静电复印、拍照、晒印、摹写、抄录等）、摘录等手段，向利用者提供档案复制本的一种服务方式。

档案复制本，可根据利用者的不同需要，分为副本和摘录两种。副本，反映档案原件的所有组成部分。摘录，只反映原件的某些部分。

制发档案复制本提供利用具有较多的优点：一方面，利用者不到档案室（馆）即可获得所需要的档案材料，既方便用户，又可在同一时间内满足较多利用者的需要，使档案更充分地发挥作用；另一方面，有利于档案原件的保护和流传。

制发档案复制本提供利用也有局限性，如利用者总想看到原件，有的还要作为凭证，对复制本感到不满足；档案复制本的印发，不利于保密，容易辗转翻刻、复印或公布，档案部门不易控制。因此，在制发范围和批准权限方面应妥善处理。

5. 制发档案证明服务

档案证明，是指档案室（馆）根据机关、团体或个人的询问和申请，为核查某种事实在室（馆）藏档案中记载情况（有无记载和如何记载）而摘抄编写的一种书面证明材料。

制发档案证明的过程和手续：利用者提出申请—领导审查批准—查找材料—综合编写—校对—寄发。档案证明必须根据机关、团体或个人的申请才能制发，申请书中应写明申请发给档案证明的原因、所要证明的事件及其发生的时间、地点等情况。领导审查批准，主要是看其申请的理由是否充分、所需档案有无密级和能否供利用者使用、本室（馆）有无职权和能力制发档案证明等。承担制发档案证明任务的工作人员，在接受任务后，应根据立档单位、时间、人物、内容、地点等线索查找档案材料，综合编写证明材料的内容，并在仔细校对的基础上，写明本室（馆）名称、档案证明编

号、制发日期、制发人和材料出处，最后经领导审批后加盖档案室（馆）专用印章发出。

阅读材料

文件为依据 落实应得补助

徐先生所在的企业 2004 年改制，2011 年徐先生退休时，企业按照 2004 年改制时青岛市职工年平均工资的百分之三十为标准，发给徐先生独生子女父母退休时一次性养老补助 4000 余元。徐先生感觉有问题，但又对相关的政策不太了解，于是到档案馆查阅相关的文件。

工作人员根据徐先生的情况，为其在政府公开信息中查找到了《青岛市计划生育委员会 经济委员会 财政局 劳动和社会保障局关于落实企业职工中独生子女父母退休时由所在单位发给一次性养老补助有关问题的通知》，文件中规定"市属国有、集体企业在 2002 年 9 月 28 日以后实行改制的，⋯⋯对改制工作完成后按国家规定办理退休手续的独生子女父母，由改制后的企业按青岛市上一年度职工年平均工资的百分之三十发给一次性养老补助"。徐先生拿着文件，高兴地说这下有了依据，可以回去找单位重新计算养老补助。

（资料来源：青岛档案信息网，http：//www.qdda.gov.cn，2013-12-3）

档案证明的编写要求：

①档案证明应根据档案正本来编写。没有档案正本，应根据可靠抄本来编写。只有在既没有正本又没有可靠抄本的情况下，才可根据草案、草稿编写，但应在证明上加以说明。

②档案证明必须客观引述材料。档案室（馆）制发档案证明，只是向利用者证实某种事实在本室（馆）的档案中有无记载和如何记载的，不是对该事实直接下结论。因此，在编写档案证明时，应以客观引述和节录档案原文为主要方法，不能擅自对材料进行解释。如发现有关档案材料互相矛盾时，应将几种不同材料同时列入档案证明中，让利用者自己去研究分析。但对某些名词、术语或事件，必要时可作注释和说明。

③无论根据什么材料编写，均应在档案证明上注明材料的出处和根据。

④档案证明的文字要确切、明了，要限定其内容范围，不得超出申请证明问题的范围而列入其他材料。

6. 档案咨询服务

档案咨询服务，是指档案室（馆）答复利用者询问，指导其利用档案信息资源的一种服务方式。

利用者在利用档案的过程中，可能会遇到许多疑难问题，要求档案人员帮助解决。

利用者提出的咨询问题多种多样，因而档案咨询的种类也很多，可以从不同角度划分：

（1）按内容性质，可将档案咨询分为事实性咨询、指导性咨询与检索性咨询

事实性咨询是指档案室（馆）解答利用者关于特定的事项或数据的询问。如关于特定事件、会议、人物、文件的相关事实与数据的询问。指导性咨询是指档案室（馆）对利用者在查阅档案资料时发生的疑难问题进行指导服务。如指导利用者掌握查找所需档案资料的方法，了解和把握各种检索工具的特点及使用方法，解答利用者在使用档案文件过程中出现的历史知识等方面的询问。检索性咨询是指档案室（馆）根据有关利用者的利用需求，对已经确定的工作、科研或生产等项活动，主动地提供有计划、有组织的档案情报（包括相关的事实、数据、目录信息等）咨询服务。这种咨询不要求咨询人员对档案文件进行分析、研究，而只需要他们根据库藏档案及资料上已有的事实或数据记录情况与他们确知的客观事实，回答利用者的询问。

（2）按难易程度，可将档案咨询分为一般性咨询和专门性咨询

一般性咨询是指档案室（馆）针对利用者提出的关于室（馆）基本情况、档案利用的规章制度、库藏档案的种类及内容成分等方面的询问，所进行的一般性解答服务。专门性咨询是指档案室（馆）根据对有关档案文件的分析研究结果，解答利用者关于特定档案文件的研究价值、文件中记载事实或数据的真实性与可靠性、文件中某些术语的含义以及有关专题档案文件的范围等方面的询问。

（3）按咨询形式，可将档案咨询分为口头咨询和书面咨询

口头咨询是指档案室（馆）以口头解答或电话答复等方式，回答利用者在查阅、使用档案文件活动中的有关难题的一种咨询服务。书面咨询是指档案室（馆）以正式的书面材料形式，解答利用者提出的有关档案、档案目录、档案机构等方面的询问。

档案咨询服务的步骤：

（1）接受咨询问题

档案室（馆）首先要审查核实利用者询问有关问题的目的、内容、范围及需要解答问题的程度，以便选择咨询服务的具体方式与途径。在审核利用者咨询问题及要求时，要弄清本室（馆）有无解答询问的档案材料和承担咨询任务的能力。凡尚未搞清楚的咨询问题，不可贸然解答，而应进一步询问清楚，以免出现无效劳动或答非所问等现象。对比较复杂的咨询问题，档案室（馆）不能即刻解答的，可让利用者先填写《档案咨询登记表》，注明咨询的题目、咨询内容等事项，以便在分析、研究后，酌情处理并予以满足。

（2）分析咨询问题

接受咨询问题后，要进行较为深入细致的分析、研究，确定查找档案文件的步骤，做好查找档案文件的相关准备工作。在接受了较大型的档案咨询题目后，咨询工作人员和有关的专业工作还应共同分析研究，协作制定切实可行的工作方案，以便使咨询服务活动有计划地科学进行。

（3）查找档案材料

根据档案咨询问题的分析研究结果，确定查找档案文件的范围，选定档案检索工具，明确解决问题的方法和途径，并据实查找有关的档案文献。

（4）答复咨询问题

其具体方法和形式主要有，为利用者直接提供有关咨询问题的答案，如按利用者要求提供有关事实、数据，介绍检索工具的使用方法；为利用者提供相关档案的信息线索，如文件的责任者、形成时间、档号、文件字号；对于无法确定准确答案的咨询问题，也可以为利用者提供选择性的答案或档案资料，由利用者决定取舍等。

（5）建立咨询档案

对已经答复的或未能答复的咨询问题，档案室（馆）应有目的地建立相应的咨询档案。凡是具有长远的、重要保存价值的，或者今后有可能重复出现的，以及未能解答的咨询问题材料，包括各种咨询服务记录、反映解答咨询问题过程及其结果的材料等，均应归档保存。

三、档案参考材料的编写

（一）档案参考材料的含义

档案参考材料是档案部门或人员按照一定题目，根据所保存档案综合而成的可供人们参考的档案材料加工品。档案参考材料既可以介绍和报道档案情况，又能直接提供有实际内容的档案材料。

（二）档案参考材料的编写要求

编写档案参考材料一定要获取大量的档案材料，在掌握丰富的档案的基础之上，选择准确、典型的材料。编写要做到真实、准确、实用，注意档案的保密性；问题集中，内容准确，文字凝练，概括性强。

（三）档案参考材料的种类

1. 大事记
按照时间顺序，简要地记载一定历史时期发生的重大事件的参考资料。大事记主要由大事时间和大事记述两部分组成。大事时间一般要求记载准确的日期（年、月、日），按照大事发生的时间顺序排列。对没有注明时间或时间反映不准确的事件，应尽力进行考证。大事记述是大事记的主要组成部分，通过一系列重大事件的记述，反映历史发展的概貌和规律。要立足本单位，根据本单位的性质、任务和主要职能活动，围绕中心工作选择大事。

2. 组织沿革
组织沿革是系统记载一个单位或专业系统的体制、组织机构和人员编制变革情况的一种文字材料。其内容包括：单位（系统）概况、机构名称改变、地址迁移、机构变动时间、隶属关系、性质与任务、职权范围、领导人员变动、编制扩大与缩小及内部机构设置等方面变化的情况。组织沿革可采用文字叙述或图表的形式，也可图文并茂。其编写体例通常有：编年法，按年度依次列出组织结构的演变发展；阶段法，按组织机构重大变革的若干历史阶段，记述组织机构的演变发展；系列法，按组织机构变化的主要内容，分别记述演变发展情况。

3. 统计数字汇集

反映一个单位、系统或某方面基本情况的数字材料，其类型有：综合性的统计数字汇集，记载和反映一个单位、系统全面情况；专题性的统计数字汇集，记载一个单位或系统某方面的基本情况。

4. 会议简介

简明扼要地记述会议基本情况的文字材料。主要内容包括：会议届次，会议时间、地点、主持人、参加人，会议议程，讨论与会议决策事项以及选举结果。

5. 科技成果简介

对获得成果的科研设计项目的档案，扼要摘录其内容，汇集编印成册的参考材料。主要内容包括：项目名称、项目内容、投资费用、主要技术经济指标或主要技术参数、经济效益、应用推广情况、鉴定评审情况、获奖情况、转让方式或费用。

6. 企业年鉴

记录和汇集一个企业一年间生产、经营、基本建设、科学研究等大事的有关文献、照片、统计数据等的综合性参考资料。一年编制一个卷册，年年记录汇集。

7. 企业史志

根据企业档案编写的，记载企业发展历史和发展规律的史料性质的参考资料。其类型有：综合性史志，反映企业全部生产经营活动；专门性史志，反映企业某项专业活动。

四、开放档案

（一）开放档案的含义

开放档案就是将一般可以公开的和保密期满的档案，解除"封闭"，向社会开放，允许利用者在履行简便的手续后，即可通过一定的方式进行利用。

《中华人民共和国档案法》规定："国家档案馆保管的档案，一般应当自形成之日起满三十年向社会开放。经济、科学、技术、文化等类档案向社会开放的期限，可以少于三十年，涉及国家安全或者重大利益以及其他到期不宜开放的档案向社会开放的期限，可以多于三十年。"

📖**阅读资料**

济南市馆政府公开信息阅览中心正式开放

本报讯 为更好地贯彻落实《中华人民共和国政府信息公开条例》，近日，山东省济南市档案馆进一步整合政府公开信息资源，充实相关的信息资料，以查档接待室为基地，增加配备电子触摸屏、计算机、打印机等现代化设备，形成了一块区域管理独立化、查阅方式现代化、内容材料丰富的政府公开信息阅览区，为市民群众提供了一个集中查阅政府公开信息的场所。凡持有介绍信、身份证、工作证等有效证件者，在办理登记手续后，均可在此自行阅览政府公开信息资料。

济南市档案馆的现有政府公开信息主要分为两大部分：一是已公开的现行文件，目前共有 5000 余份，涉及部门单位 89 个。内容主要是近年来济南市委、市政府、市人大印发的正在执行和使用的政策性文件以及市直各部门印发的正在执行和使用的涉及人民群众生产生活的意见、办法、规定等文件。二是法律法规、公开出版的史料书籍。内容主要包括政府有关法律法规汇编、政府公报以及济南市各部门公开出版的史料、志书、年鉴等资料。

济南市档案馆还精心挑选出部分最新的涉及人民群众生产生活、群众利用较为集中的意见、办法、规定等文件，逐份逐页分类复制，单份摆放，为利用者自助阅览提供最大方便。

（资料来源：《中国档案报》2009 年 9 月 17 日总第 1901 期第二版）

凡我国的公民和组织，持有身份证或工作证、介绍信等合法证明，均可直接到档案馆利用开放的档案。外国人或者外国组织，经我国有关主管部门介绍及其前往的档案馆同意，亦可利用我国已开放的档案。

（二）档案开放的标志和条件

档案向社会开放的标志是：

①开放档案与受控档案已经分开，并编制有开放目录；

②档案开放的范围与数量已经同级党政领导机关正式批准，并向社会发布了开放档案的信息；

③在接待对象和接待手续方面已符合法规要求；

④已采取不同的形式向社会开放档案；

⑤已有数量不等的公民持合法证件到档案馆查阅所需要的档案。

档案开放的条件有：

①有一定数量的档案；

②档案已经过整理编目；

③有开放档案的规章制度；

④具备必要的阅览条件和复制设备。

（三）开放档案的公布

公布档案，就是将档案或档案的特定内容，通过某种形式首次公之于众。《中华人民共和国档案法》规定："属于国家所有的档案，由国家授权的档案馆或者有关机关公布；未经档案馆或者有关机关同意，任何组织和个人无权公布。集体所有的和个人所有的档案，档案的所有者有权公布，但必须遵守国家有关规定，不得损害国家安全和利益，不得侵犯他人的合法权益。"

项目十三 特殊载体档案的管理

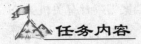
任务内容

张晓是兴华公司综合办公室的员工，也是集团档案室的兼职档案管理员。年终快到了，公司运用档案的频率明显增多，张晓也变得异常忙碌。

一天早晨，刚刚上班，综合办公室主任李玉问张晓"小张，今年8月省领导来我们公司考察的视频你能帮我找出来吗？""这个当时摄像师小王拍完我就没管，我问问他是否保存了。"张晓答道。"这种类型的视频材料是很重要的公司档案，一定要及时归档，这是你的工作。"主任批评了张晓。张晓想平时自己重点收集和整理文书档案，真没有太注意这类录音、录像材料的管理，以后要做好这方面的工作。

下午，主任李玉把制作公司年会幻灯片的任务交代给了张晓，幻灯片要重点展示这一年公司的各类重大事件。张晓赶紧去寻找相应的照片档案，但她突然发现虽然公司档案室的传统实体照片的整理比较到位，分类明确、文字说明也很清楚，但数码照片的整理却非常混乱，很多照片都放在一个文件夹中，没有子文件夹，照片本身也没有详细说明。没办法，张晓只好匆匆地根据数码照片的时间再结合实体照片挑选出了一些有代表性的数码照片来制作年会的幻灯片。

请大家考虑一下这些特殊载体档案与文书档案有什么区别？照片档案应该采用哪种分类法更为合适？数码照片在收集、整理和保管时需要额外注意什么事项？声像档案的收集、整理和保存又应该怎样开展？

任务目标 ▶▶▶

1. 知识目标
◆ 了解特殊载体档案的种类和特点
◆ 初步掌握照片、声像、电子档案的管理工作
2. 技能目标
◆ 能够科学管理照片档案、声像档案和电子文档

课时建议

4课时

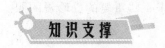

特殊载体的档案是指单位在工作中形成的照片、录音、录像、影片、电子档案等，它们与纸质档案相辅相成、共同记载了一个单位工作活动的面貌，具有独特的价值。由于它们的制成材料、记录方式和形成规律与纸质档案有很大差别，因此在管理上也有其特殊的要求与方法。

一、照片档案的管理

照片档案是指机关、单位或个人在社会活动中直接形成，对国家和社会有保存价值，以感光材料为载体，以影像为主要反映方式，并辅以文字叙述的记录材料。

照片档案是通过静态的形象记录活动现场的情况，保留了真切的历史画面，具有能够直观、鲜明、生动地再现历史场景的特点，在帮助人们掌握事实真相、了解历史面貌、提供法律证据等方面具有独特的作用。因此，照片档案是单位或个人记录历史活动情况的一种重要方式，在形式和内容上也成为纸质档案的一种重要的补充。

湖北：照片档案展示公交发展变迁

"快看，以前我们小时候坐的就是这种两节的铰接车！"近段时间以来，在湖北襄樊 1 路鄂 FB6009 公交车上，一张张各个时期公交车型的照片吸引了不少乘客的目光。为了展示改革开放的成就，襄樊市公交总公司从档案室将 1978 年以来各个时期的公交车辆照片调出，并制作成展板挂在车厢内，让广大乘客亲眼目睹公交的发展，感受时代的变化。

（资料来源：《中国档案报》2009 年 1 月 19 日第四版）

（一）照片档案的构成

目前的照片档案有两种：一种是用一般相机和普通胶卷，采用可见光使胶片感光的照片；另一种是运用数字技术与光学技术相结合而形成的照片，即我们通常说的数码相片。

传统的（普通）照片档案主要由底片、照片及文字说明三部分构成。

1. 底片

底片是与被摄景物颜色相反的负影像，以感光胶片为载体。底片是照片档案的重要组成部分，它可分为原始底片和翻版底片。原始底片是照片在形成过程中最初产生的底片，为防止磨损一般不外借；翻版底片是原始底片的拷贝或通过原始照片的翻拍

形成，又称复制底片，用于外借或补充原始底片的缺损。对于一些重要的、珍贵的照片，应制作翻版底片，并与原底片同时保存。

2. 照片

照片是与被拍摄景物颜色相同的正影像，它是通过底片冲印而成的，是人们利用照片档案的主体。

3. 文字说明

文字说明是对照片档案的事由、时间、地点、人物、背景、摄影者等内容的简短介绍和补充性文字，对于档案管理人员和利用者解读照片档案的内容具有重要的作用。因此，照片档案必须编写文字说明，它与照片相辅相成，是不可分割的整体。文字说明应包含事由、时间、地点、人物、背景、摄影者等诸要素。

作为档案保存的数码照片，在结构上除了原始的图像及其元数据外，也需要编写文字说明，标明照片所反映的事由、时间、地点、人物、背景、摄影者等情况供查考。

(二) 照片档案的管理

1. 照片档案的整理

照片档案的整理应遵循"三个有利于"（即有利于保持照片档案的有机联系、有利于保管、有利于提供利用）的原则。归档的照片与底片影像应一致；无底片的照片应翻拍底片，无照片的底片应冲洗出照片；照片档案的底片、照片应分开存放。

（1）照片档案的分类、排列及编号

对于照片档案数量较少的单位，照片档案可从属文书档案或科技档案，并统一整理、编号；对于照片档案数量较多，且所收集的照片档案与文书档案或其他类型档案相对独立的单位，应将照片档案单独分类、编目，单独存放。

①底片的分类、排列、编号

A. 底片的分类

对于大部分单位来说，底片数量不多，可不分类，只按底片收集的先后顺序编流水号即可。

对于底片数量和类型较多的单位，可按以下几种方式分类：第一，按制成材料分类，可分为软制底片和硬制底片，黑白底片和彩色底片；第二，按形成方式分类，可分为原底片与翻版底片；第三，按底片呈像分类，可分为负片和反转片；第四，按尺寸大小分类，可分为 2 寸、4 寸和特大号等；第五，按年度分类，即按不同历史时期、不同年度产生的底片来分类；第六，按内容分类，即按底片反映的问题、项目、产品等来分类。各单位可根据实际情况采用切合本单位实际的分类法。应注意的是一个全宗的底片要单独整理，不同全宗的底片不可混杂。

B. 底片的排列与编号

底片排列是按收集时间顺序进行。

底片号编制格式：全宗号—保管期限代码—张号。

全宗号：档案馆给立档单位编制的代号。

保管期限代码：分别用"1、2、3"或"Y、C、D"对应代表永、长期、短期。

张号：在某一全宗某一保管期限内底片从"1"开始顺编流水号。例：××—Y—6，即代表××档案室（馆）永久卷中的第6张底片。

底片号登录顺序应与照片号登录顺序保持一致。

C. 底片装袋插册

底片应放入底片袋内保管，一张一袋，并在底片袋右上方标明底片号。翻拍底片应在底片袋左上方标明"F"字样；拷贝底片标明"K"字样。对大幅底片，应垫衬柔软的中性偏碱性纸张后放入专用档案袋档案盒。底片装袋插册后应填写册内备考表、册脊。

②照片档案的分类、排列及编号

A. 照片档案的分类

应在全宗内按保管期限—年度—问题进行分类。跨年度且不可分的照片，也可按保管期限—问题—年度进行分类。不同全宗照片不可混杂。分类方案应前后一致，不应随意变动。

数码照片的分类方法与传统照片的分类方法基本相同，按照年度—内容/专题/事件分类，建立文件夹。例如：××建筑工程公司归档的2008年的数码照片，按照活动专题建立了"业务研讨会"、"业务考察"、"客户访问"、"业务指导"等文件夹；当"业务研讨会"类中包含若干个会议时，可以按照会议的时间顺序再建立下个层次的文件夹。

B. 照片档案的排列

应在分类方案的最低一级类目内，按问题结合时间、重要程度、保密等级等进行排列。

C. 照片档案的编号

照片号的编制有两种格式：

格式一：全宗号—保管期限代码—册号—张号

格式二：全宗号—保管期限代码—张号

其中全宗号、保管期限代码与底片号中的全宗号、保管期限代码是一致的。

册号：是指在某一全宗某一保管期限内照片册的排列从"1"开始编流水号。

张号：格式一中的张号是指照片在册内的排列从"1"开始的顺序编号；格式二中的张号是指在某一全宗某一保管期限内照片的排列从"1"开始的顺序编号。

各类别数码照片的编号宜采取总号—分号的编号方法。如上述××建筑工程公司2008年"业务研讨会"类的照片编号为2008—1，"1"为总号，下个层次的文件夹依次为：2008—1—1、2008—1—2……2008—1—1文件夹中的每张照片的编号依次为：2008—1—1—1、2008—1—1—2……

应注意的是照片档案的编号应做到不重号、不空号、不漏号。

照片档案经分类、排列、编号后，即可按编号顺序将其固定在照片册的芯页上。对于大幅照片，可将其放入专用的档案盒（袋）中。照片编号装册后应填写册内备考表、册脊及本册情况说明。

（2）照片的编目

照片档案目录条目的著录单位：以照片的自然张或若干张（一组）为单位著录成为照片档案目录的条目。

①照片档案目录的著录

照片档案目录的著录项目包括：照片号、底片号、题名、时间、摄影者、备注、参见号、册号、页号、组内张数、分类号、项目号、主题词或关键词、密级、保管期限、类型规格、档案馆代号、文字说明等。

②大幅照片的标注

对于大幅照片、底片，应在备注栏内注明"大幅"和存放地址。以一组照片为单位著录时，还应在备注栏内注明其中所含的大幅照片的照片号、底片号。

③组合照片的著录

以一组照片为单位著录时，题名应根据题名拟写要素，简明概括、准确反映一组照片的基本内容。

以一组照片为单位著录时，照片号、底片号、页号均应著录起止号；时间应著录起止时间；参见号、摄影者可以著录多个。

（3）文字说明的填写

①组合照片说明的填写

一组（若干张）联系密切的照片按顺序排列后，可拟写组合照片说明。采用组合照片说明的照片，其单张照片说明可以从简。

组合照片说明应概括揭示该组照片所反映的全部信息内容及其他需要说明的事项。应在组合照片说明中指出所含照片的起止张号和数量。同组中的每一张照片均应在单张照片说明的左上角或右上角标出组联符号。组联符号按组依次采用"①"、"②"、"③"……同组中的照片其组联符号相同。如册内只有一组照片和其他散片时，组联符号采用"①"。组联符号不宜越册。整理照片时因保管期限或密级的不同，有些同组的照片可能会被分散到不同的照片册内，应在组合照片说明中指出这些密切相关照片的保管期限、册号和组号。

例如：相关照片长期－4－⑥

上例中保管期限亦可采用"2"或"C"表示。

组合照片说明可放在本组第一张照片的上方，也可放在本册所有照片之前。

②单张照片说明的填写

A. 说明的格式

说明应采用横写格式，分段书写。其格式如图13－1所示：

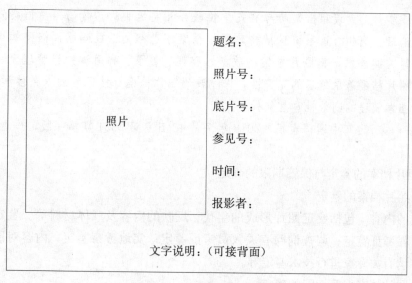

	题名:
照片	照片号:
	底片号:
	参见号:
	时间:
	摄影者:

文字说明:(可接背面)

图 13-1　单张照片说明

B. 说明的内容

题名应简明概括、准确反映照片的基本内容,人物、时间、地点、事由等要素尽可能齐全。

若采用照片、底片合一编号法,可不填写底片号。参见号是指与本张照片有密切联系的其他载体档案的档号。照片档案由档案室移交至档案馆后,应对其参见号进行核对,对与实况不符的应及时调整。照片的拍摄时间用 8 位阿拉伯数字表示,第 1~4 位表示年,第 5~6 位表示月,第 7~8 位表示日。例如:1953 年 3 月 2 日写作 19530302。摄影者一般填写个人,必要时可加写单位。

文字说明应综合运用事由、时间、地点、人物、背景、摄影者等要素,概括揭示照片影像所反映的全部信息;或仅对题名未及内容作出补充。其他需要说明的事项亦可在此栏表述,例如照片归属权不属于本单位的,应注明照片版权、来源等。密级应按 GB/T 7156 所规定的字符在照片周围选一固定空白处标明,使用印章亦可。

单张照片的说明,可根据照片固定的位置,在照片的右侧、左侧或正下方书写。对大幅照片的说明可另纸书写,与照片一同保存。一组联系密切的照片中的大幅照片,应随该组照片一同在册内编号,填写单张照片说明,并注明其存放地址。

阅读材料

辽宁省大连市档案局开发研制"数码照片档案知识管理系统"

本报讯　由辽宁省档案学会、大连市档案局主办,辽宁省档案学会档案信息化学术委员会、大连市档案学会承办的"铭记精彩瞬间——数码照片档案管理信息化论坛"

日前在大连举行。大连市档案局与有关单位联合开发研制的"数码照片档案知识管理系统"在论坛上亮相。该系统包括构建照片档案信息空间、数码照片档案知识模型和知识服务等关键技术，集照片档案的收集、整理、著录、利用和知识管理于一体，有利于保证照片档案著录信息的完整性，保障数码照片档案存储保管的永久性和安全性，提高照片档案管理的高效性和智能性。

（资料来源：《中国档案报》2012 年 7 月 13 日总第 2331 期第一版，作者：王飞）

2. 照片档案的鉴定与保管期限的确定

（1）照片档案的鉴定

鉴定的内容。包括鉴定照片形成的年代、反映的内容及载体材料等。鉴定的方法有通过史料考证鉴定；调查询问有关人员考证鉴定；实地考察鉴定；内容对照比较考证鉴定；请有关专家进行技术鉴定等。

（2）照片档案保管期限的确定

根据照片档案的价值确定其保管期限，分永久、30 年、10 年三种。可参照与之相对应的文书档案的保管期限确定其保管期限。

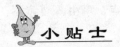 小贴士

家庭照片档案的保管

家庭照片档案的保管尽量选择专业厂家的照片档案册，如果是用普通相册，最好套上一个塑料薄膜袋，以防尘防潮。家庭照片档案应定点存放，尽量放在专用箱柜内，注意存放地点应是避阳光直晒，避热源、水源，尽量防尘。家庭照片尤其是要注意防虫，可以定期投放杀虫药物。每年定期检查一次档案，特别是梅雨季节过后，要取出防尘、通风，同时检查照片是否变化。翻阅时要戴上手套，取出时最好用夹子。

二、声像档案管理

（一）声像档案的定义

声像档案是指以摄录手段记述和反映国家机构、社会组织以及个人在行使职责或从事政治、经济、科学、技术、文化等活动中形成的对国家和社会具有保存价值的照片、录音带、录像带、影片等不同材料为载体，以影像、声音为主，并辅以文字说明的历史记录。又称音像档案、视听档案。

声像档案作为档案的一种载体形式，是纸质档案的重要补充，是机关、企事业单位档案的重要组成部分，也是党和国家的宝贵财富。

(二)声像档案的特点

1. 形象生动

声像档案以画面的可视形象,生动地将档案内容展现在利用者面前,有的配有声音,具有较强的形象性和直观性,能使利用者有"身临其境"的感觉,其生动性和形象性是其他类型档案难以达到的。

2. 时空感受

声像档案运用先进科学技术,可将一瞬即逝的现场记录和再现,并可进行超越时空的传递,具有较强的时间感和空间感。

3. 便于复制和转换

声像档案复制简捷,并可运用多媒体技术在不同载体之间进行互相转换,利用数字多媒体技术进行存储和传播。

4. 携带使用方便

声像档案信息存储量大,体积小,携带方便,可多次重复使用。

5. 保管要求高

声像档案是由感光材料和磁性材料为档案载体,这些材料对温湿度变化、灰尘、有害生物和有害气体、外界磁场较敏感,保管要求高。

(三)声像档案的收集原则

1. 以我为主

以我为主即要以本单位形成的并能反映本单位职能活动的声像材料作为收集重点。

2. 突出主题

突出主题即收集的声像材料要能反映出重要活动、会议等的主要内容、场景、人物的实况。

3. 质量精良

质量精良即对收集来的声像材料必须进行精心挑选,把主题鲜明、影像清晰、画面完整、未加修饰剪裁的声像材料归档。

4. 内容齐全

归档的声像材料内容要完整。即照片档案要照片、底片、文字说明(应含事由、时间、地点、人物、背景、摄影者等诸要素)齐全,照片与底片相符;录像档案要录像片、解说词、文字说明(含录像片的片名、制式、语种等)齐全。

📖 阅读材料 ★

重庆声像档案管理有条不紊

本报讯 重庆市档案局近日发出《关于进一步加强声像档案管理的通知》（以下简称《通知》），对声像档案收集、整理、保管、移交和接收工作作出规定。

《通知》要求各部门各单位建立健全声像档案收集、整理、保管、利用工作制度，明确由拍摄录制承办机构或拍摄录制人员负责收集、整理并按照相关规定向档案部门移交声像档案。《通知》对声像档案收集、整理、保管的技术要求作出规定。针对实际工作情况，规范了数码设备形成的数字声像档案的归档技术要求。《通知》提出，各单位档案机构在接收声像档案时，应对声像档案的载体完整性、信息可读性、运行技术环境等进行检验，合格率达到100％时方可接收。《通知》还明确，各单位在向国家档案馆移交声像档案时，应将声像档案和其他门类档案一并移交进馆。

（资料来源：《中国档案报》2010年8月23日总第2045期第一版，作者：陈辉）

（四）声像档案的归档制度

按照《中华人民共和国档案法》确定的档案管理原则和《机关档案工作业务建设规范》的有关规定，单位、部门或个人在各种重大活动中拍摄的具有保存价值的声像档案应及时向档案部门移交归档，任何部门或个人不得以任何借口据为己有。

1. 声像档案归档范围

①记录本单位主要职能活动和重要工作成果的声像材料；

②领导人和著名人物参加与本单位、本地区有关的重大公务活动的声像材料；

③本单位组织或参加的重要外事活动的声像材料；

④记录本单位、本地区重大事件、重大事故、重大自然灾害及其他异常情况和现象的声像材料；

⑤记录本地区地理概貌、城乡建设、重点工程、名胜古迹、自然风光以及民风民俗和著名人物的声像材料；

⑥其他具有保存价值的声像材料。

2. 声像档案归档时间

应根据实际情况，采取随时归档与定期归档相结合的方式。

随时归档。对具有归档价值的声像材料，其摄影者或承办单位应及时系统规范整理后，向档案室归档，一般不应跨年度。

定期归档。依《档案法实施办法》之规定，声像档案应随立档单位其他载体形态档案一并向有关档案馆移交。特殊情况下，经同级档案行政管理部门同意可提前或延迟移交。

3. 声像档案的收集工作要注意"四结合"

①档案部门与相关部门相结合，调动相关部门参与收集的积极性，多渠道、多层次地开展搜集工作。有条件的单位，应与岗位职责和财务报销、年终绩效考核、奖惩相结合，以取得更好的实效。实际工作中有的单位就采取档案移交与年度奖金相挂钩的办法，取得很好效果。

②档案（室）馆收集声像档案与清理机关、团体、企事业单位的积存声像材料相结合，明确声像档案搜集的重点单位。

③向机关、企事业单位征集与个人征集相结合，取得单位与个人的有力支持，进一步拓宽收集渠道。

④无偿收集与有偿收集相结合。

三、电子档案的管理与利用

所称电子档案，是指机关、团体、企事业单位和其他组织在处理公务过程中形成的对国家和社会具有保存价值并归档保存的电子文件。电子档案某些特点与纸质文件有很大区别。要管理好档案文件，就必须了解其特点。目前我国电子档案的管理工作主要以《电子档案移交与接收办法》（国家档案局档发〔2012〕7号 2012年8月29日印发）和《电子公文归档管理暂行办法》（国家档案局6号令，2003年7月28日印发）两个文件为参照开展。

（一）电子档案的特点

1. 数字化信息技术的产物

电子档案是在计算机中产生和处理，其信息形态是数字化的。人们在计算机屏幕上看到由文字、图形等构成的电子档案形态只不过是电子档案的某种输出形式而已。而在计算机内部，无论是传输还是存储等处理，电子档案均是以数字编码的形式存在。

在计算机多媒体技术的支持下，电子档案还可以包括声音、影像等多种形式。不过这些信息形态就计算机内部处理来说，也都是二进制的数字编码而已，只是在输入和输出时，才有其各自的特殊形式。

2. 信息与载体的可分离性

同纸质档案相对比，电子档案的显著特点是信息和载体可以分离，便于复制和传播。电子档案的存放位置也不是固定的，是可以变化的，甚至可以从一个载体转换到另一个载体，其内容信息却不发生任何变化。例如，在光盘被复制时，如采取较完善的技术措施，所出现的误码率能够做到不超过10的负14次方，也就是说相当于传递200000份《人民日报》的文字信息量，才可能有一个汉字出错。同样，电子档案还可以通过网络传给远方的一个或多个接收者。在一些对保密有特殊要求的网络中，还采取把电子档案分解后分别通过不同的途径传递，存放在不同地点的不同设备上，只是在需要时才临时把文件装配起来。这些情况，不仅造成电子档案与载体的分离性，也

使长期处于共享计算机网络资源环境的使用者淡漠了对电子档案存储于哪台计算机、哪个载体以及什么位置的关心。这个特征给电子档案的保管带来许多新的问题，处理不好，会直接影响其真实性、完整性和可靠性。

3. 非直读性

电子档案的非直读性体现在很多方面。一是数字编码记录于载体上肉眼无法分辨，何况磁载体上的"磁畴"极性是物质内部的物理性质，根本不可能看到。二是载体上的信息记录密度极大，例如一张容量可达 600～4000MB 的光盘，刻写激光斑点的直径小于百万分之一毫米，可存 35 万张打印纸上的文字信息，或 10 万页图形信息。即使在高倍显微镜下可以看见光盘上的记录痕迹，也不可能读懂那些小点表示什么。三是载体上的数字信息往往进行了压缩编码、加密等处理，即使有设备，如果不解压解密也不能读取其内容。以上种种因素均决定了电子档案载体的非直读性。

4. 对设备的依赖性

电子档案的形成和各种处理均是在计算机等设备的支持下完成的，离开计算机、智能手机、平板等设备，电子档案既看不见也摸不着。其对设备依赖性主要体现在：一是数字编码，二是硬件，三是软件，四是技术设备更新，五是加密。例如电子文件对其他设备环境的不兼容性，使其只能在某种设备上处理。不同软、硬件环境形成的电子档案载体，有时难以互换。

电子档案的运作、管理是建立在一套标准化体系之上的。其严格程度和对系统性的要求，均远远超过纸质档案的标准化体系。例如，其制作生成要有代码标准，其存储要有机读载体的格式标准、信息压缩存储的算法标准，其传输要有网络通信协议标准，其查找要有检索语言标准等。标准化是极为重要的基础工作，建立和熟悉电子档案的标准化体系，是保证电子档案妥善归档的重要前提。

5. 物理结构与逻辑结构的复杂性及对元数据和背景信息的依赖性

档案的物理结构是指其信息存诸于载体上的位置及分布情况，例如文件的正文、图形、批示、附件等部分各自在载体上的存诸位置。档案的逻辑结构是指信息自身的结构，例如文件中的文字排列、章节构成、各页的先后顺序、插图、标号等。

纸质档案的信息物理结构与逻辑结构是一致的，而且是直观的。例如，排错了文件页码，就不仅破坏文件信息物理结构也同时破坏其逻辑结构。电子档案的信息物理结构和逻辑结构往往是不一致的。同一份电子档案中的正文、图形、批示、附件等可以不在载体上连续存放，甚至可以存放在不同的载体上，而不影响其正常地显示输出。在电子档案信息的处理过程中，其物理结构经常发生变化，而其逻辑结构却可以保持不变。电子档案的逻辑结构通常也需要专门的信息予以描述，当然这些信息可能是隐含的，无特殊需要而不显示出来。正是由于这种原因，电子档案的物理结构和逻辑结构之间关系是很复杂的。在电子档案归档时，如何保持其物理结构和逻辑结构的复杂关系，是保证电子档案不被破坏而必须注意的关键问题之一。

元数据是关于数据的数据。例如文件上、下文的关系和结构就是元数据。对于纸质文件来说，元数据往往直接体现在其形态上，如一份印好的文件，纸上的文字、图形排列及格式等。电子文件的这种元数据必须特意附在文件信息中，否则将无法恢复电子文件的原貌。此外，纸质文件由于在传递和处理过程中离不开行政部门的实际往来和人工办理各种手续，则其生成和运作的背景信息也就自然地记录在文件上了。电子文件的运作往往是在网络上进行的，操作者互不见面，体现行政背景关系的信息可能存放在其他地方。如不特意提供或补充这些元数据或背景信息，就可能给电子档案的运作和归档带来问题。

（二）保证电子档案信息安全的技术措施

电子档案是高科技的产物，信息安全技术对于维护电子档案的原始性、真实性至关重要。目前这方面的技术主要有：

1. 签署技术

对电子档案进行签署的目的在于证实该份文件确实出自作者，其内容没有被他人进行任何改动。电子档案的签署技术一般包括证书式数字签名和手写式数字签名。证书式数字签名的原理是，发方利用自己的不公开的密钥对发出文件进行加密处理，生成一个字母数字串，与文件一起发出，同时还带走一个可使其生效的公开密钥。收方用发方的公开密钥运用特定的计算方法解码检验数字签名。手写式数字签名是将专门的软件模块嵌入文字处理软件中，作者使用光笔在计算机屏幕上签名，或使用一种压敏笔在手写输入板上签名，显示出来的"笔迹"如同在纸质文件上的亲笔签名一样。计算机数字转换器来捕获手写签名，同时对电子档案的内容、结构等进行打包处理。

采用证书式数字签名者需要向专门的技术管理机构注册登记，这种机构通常称为"安全电子邮件认证站点"、"数字证书服务中心"、"数字标识授权机构"等。它的职能是在其管辖的数字协议下对用户的有效身份进行认证，向用户发放有限期的密钥和数字证书等。

2. 加密技术

采用加密技术可以确保电子档案内容的非公开性。电子档案的加密方法有很多种。在传输过程中通常采用"双密钥码"进行加密。网络中的每一个加密通信者拥有一对密钥：一个是可以公开的加密密钥，一个是严格保密的解密密钥，发方使用收方的公开密钥发文，收方用只有自己知道的解密密钥解密。这样任何人都可以利用公开密钥向收方发文，而只有收方才能获得这些加密的文件。由于加密和解密使用不同的密钥，因此第三者很难从截获的密文中解出原文来，这对于传输中的电子文件具有很好的保护效果。

3. 身份验证

为了防止无关人员进入系统对文件或数据访问，有些系统需要对用户进行身份验证，如银行系统使用用户密码验证，文件管理系统使用管理员代码验证等。最常用的方法是给每个合法用户一个由数字、字母或特定符号组成的"通行字"（password），

代表该用户身份。当用户要求进入系统访问时，首先输入自己的通行字，计算机自动将这个通行字与存储在机器中有关该用户的其他资料进行比较验证，如果验明他为合法用户，可接受他进入系统对相关的业务访问，如果验证不合格，该用户就会被拒之系统门外。

4. 防火墙

这也是一种访问控制技术，它是在某个机构的网络和外界风格之间设置障碍，阻止对本机构信息资源的非法访问，也可以阻止机要信息、专利信息从该机构的网络上非法输出。防火墙好像是网络上的一道关卡，它可以控制进、出两个方向的通信。防火墙的安全保障能力仅限于网络边界，它通过网络通信监控系统监测所有通过防火墙的数据流，凡符合事先制定的网络安全规定的信息允许通过，不符合的就拒之墙外，使被保护网络的信息和结构不受侵犯。

5. 防写措施

目前在许多软件中可以将文件设置为"只读"状态，在这种状态下，用户只能从计算机上读取信息，而不能对其做任何修改。在计算机外存储器中，只读光盘（CD—ROM）只能供使用者读出信息而不能追加或擦除信息，一次写入式光盘（WORM）可供使用者一次写入多次读出，可以追加记录但不能擦除原来的信息。这种不可逆式记录介质可以有效地防止用户更改电子档案内容，保持电子档案的原始性和真实性。

上述技术措施对于证实电子文件内容的真实、可靠，保证电子文件在存储、传输过程中的安全、保密，防范对电子文件的非法访问和随意改动，都具有很好的效果。随着这些技术的成熟、普及和新技术的出现，电子文件的原始性和真实性可以得到更加可靠的认定和更为有效的保障。

阅读材料

贵州：电子文档管理系统平台项目获得省级专项资金支持

本报讯（特约记者　田红）　在贵州省经济和信息化委员会的大力支持和贵州省档案局（方志办、档案馆）（以下简称贵州省档案局）的积极努力下，日前，贵州省档案局综合电子文件档案管理系统平台建设项目一期工程纳入贵州省2011年省级信息化专项资金项目，获得资助资金60万元。

贵州省档案局综合电子文件档案管理系统平台建设项目，系在原档案信息资源数据库的基础上，按照现行标准、规范要求，结合贵州省档案、方志工作实际建立的综合电子文件档案管理系统平台。项目旨在通过整合档案、方志业务工作环节，引入全文搜索、数据转换等信息技术，全面提升档案、方志管理和利用的信息化水平。该平台探索电子文件管理模式，逐步实现海量数据管理和安全存储、快速全文检索利用、大批量信息处理等功能，实现对全省党政机关、重要企事业单位和重大项目电子文件管理在线接收、管理、利用、保存，实现对电子文件归档、接收、管理、利用、保存等关键环节全程规范管理。

该项目总投资为 200 万元，分 3 期实施。一期工程投资概算为 120 万元，于 2012 年 6 月建成。一期工程主要包括 4 个部分：综合电子文件档案管理系统、电子文件档案交换系统、归档电子文件档案管理系统和电子文件档案发布利用系统。

（资料来源：《中国档案报》2011 年 12 月 1 日总第 2237 期第一版）

（三）电子档案的整理与归档

1. 电子档案的整理

它是指按照一定的原则和方法，将收集积累的电子档案分门别类进行清理，为归档做好准备的工作。电子档案整理包括两个层次：

一是对分类、排序的组织。就是将磁性载体传递的零散的、杂乱的电子档案通过分类、标引、组合，使电子档案存储格式处于一种有序状态。文件名称、文件号、分类和隶属编号等电子档案的著录标引应由归档人员来完成。著录标引在整理工作中占有重要地位，其质量好坏，将直接影响未来的电子档案保管和利用。在整理过程中，可能会遇到文件格式重新编排和重新组合。这种格式转换有可能损伤数据，损害作为证据的电子档案的真实性。但随着技术的发展，不断解决这一格式转换问题，并保证电子档案的真实性、完整性，是归档人员和档案管理部门整理电子档案的一项重要内容。

二是组织建立数据库。主要工作内容：首先是对电子档案进行分类和编号。一个单位的电子档案类别是多种多样的，对这些电子档案要进行分门别类地管理，就要进行科学的分类。要按门类划分要求，结合本单位的专业和电子档案内容制定分类编号方案。分类编号就是按照分类编号方案的规定对电子档案进行划分，并给每份电子档案一个固定的唯一的号码，从而使全部电子档案成为一个有机的整体。其次对电子档案的登记。电子档案的整理是未来的电子档案管理和利用等工作的基础。

2. 电子档案的归档

电子档案的归档是将应归档的经过整理的电子文件，确定档案属性后，从计算机或网络的存储器上拷贝或刻录到可移动的磁、光介质上以便长期保存的工作过程。不同环境条件产生的电子档案其归档的方法是不同的，如果是网络，可按要求转到档案数据库或记有归档的标识。如果是载体传递归档，就要做一些档案数据库或记有归档的标识。如果是载体传递归档就要做一些辅助和认证工作，要与纸质文件结合归档。归档工作的主要内容有：

①确定电子文件的归档范围。这是归档的首要任务，也是保证电子档案质量的关键。

②明确归档时间。电子档案的归档一般在年度或任务完成后，或一个阶段之后的一段时间内进行归档（称阶段归档），可视其具体情况而定。因涉及电子档案的技术环

境条件，存贮介质的质量、寿命等问题，一般以不超过 2～3 个月为宜。

③归档份数。一般拷贝二套，保存一套，借阅一套。即使在网上进行，也要保存一套。必要时应保存两套，其中一套异地保存。这样可以大大提高安全性和可行性。

④对电子档案归档的要求。主要是真实、完整，达到档案的功能价值。要做到这一点，首先遵从归档各阶段的规定、标准，如积累、鉴定等环节的规定、标准；其次是准确说明配套的软、硬件环境；再次是归档电子档案格式尽可能的通用、标准。

⑤归档方法。一是将最终版本的应归档的经过整理的电子文件存入磁、光介质上。二是压缩归档，采用数据压缩工具对网络上应归档的经过整理的电子文件，进行压缩，然后刻入磁、光介质上。但采用压缩工具的过程必须统一、规范。三是备份系统归档，一般在局域网或其他网络环境下采用。将确定要归档的电子文件在网上进行一次备份操作，就可将归档的电子档案存放在磁、光介质上。四是一致性的测试。

（四）电子档案的保存与维护

电子档案的特性不同于纸质档案，决定了其在保存与维护方面的复杂性。如何保存，维护电子档案，使之安全、可靠并永久处于可准确提供利用的状态，是档案工作者急需解决的问题。

1. 要保证电子档案载体物理上的安全

一般情况下，电子档案是以脱机方式存储在磁、光介质上，所以，要建立一个适合于磁、光介质保存的环境，诸如温湿度的控制，存放载体的柜、架及库房应达到的有关标准的要求，载体应直立排放，并满足避光、防尘、防变形的要求，远离强磁场和有害气体等。

2. 要保证电子档案内容逻辑上的准确

电子档案的内容是以数码形式存储于各种载体上的，在以后的利用中，必须依赖于电子计算机软硬件平台将电子档案的内容还原成人们能够直接阅读的格式进行显示。这对于电子档案而言是一个较为复杂的过程。因为，电子档案来自各个方面，往往是在不同的电子计算机系统上形成的，且在内容的格式编排上也不尽一致，这种在技术和形式上的差异，必然导致在以后还原时，所采用的技术与方法的不同。而电子档案在形成时所依赖的技术，往往是已经过时的技术，这是科技进步所带来的必然结果。

因此，除对电子档案本身进行很好的保存外，还必须对其所依赖的技术及数据结构和相关定义参数等加以保存，或采用其他方法和技术加以转换。

3. 要保证电子档案的原始性

对于一些较为特殊的电子档案，必须以原始形成的格式进行还原显示。可采用以下三种方法：一是保存电子档案相关支持软件，即在保存电子档案的同时，将与电子档案相关的软件及整个应用系统一并保存，并与电子档案存储在一起，恢复时，使之按本来的面目进行显示；二是保存原始档案的电子图像；三是保存电子档案的打印输出件或制成缩微品，因为这是最为稳妥的永久保存方法。

4. 要保证电子档案的可理解性

对一份电子档案的内容来说，常常有不被人完全理解的情况。为了使人们能够完全理解一份电子档案，就需要保存与档案内容相关的信息。这些信息应包括：元数据；物理结构与逻辑结构的关系；相关的电子档案名称、存储位置及相互关系；与电子档案内容相关的背景信息等。

5. 要对电子档案载体进行有效的检测与维护

电子档案载体，特别是磁性载体，极易受到保存环境的影响。因此，对所保存的电子档案载体，必须进行定期检测和拷贝，以确保电子档案信息的可靠性。定期检测，应每年一次，采用等距抽样或随机抽样的方式进行，样品数量以不少于 10％为宜，以一个逻辑卷为单位。首先进行外观检查，确认载体表面是否有物理损坏或变形，外表涂层是否清洁及有无霉斑出现等。然后进行逻辑检测，采用专用或自行编制检测软件对载体上的信息进行读写校验。通过检测发现有出错的载体，须进行有效的修正或更新。应每四年拷贝一次，且原载体继续保留的时间不少于四年。对于电子档案的检测与维护，必须进行严格管理，因为任何一次误操作，都可能使保存的电子档案遭到人为损害，甚至造成难以弥补的损失。必须建立相应的维护管理档案，对电子档案的检测、维护、拷贝等操作过程进行记录，避免发生人为的误操作或不必要的重复劳动。

对电子档案的有效保存与维护，是一项极其重要而复杂的工作。因而，在对电子档案的保存与维护过程中，应充分考虑环境、设备、技术、人员及电子档案的特点等综合条件，来制定技术方案和工作模式，并采取有效措施，以确保电子档案的安全可靠，能够永久地处于可准确提供利用的状态，使其在社会生活中发挥更大的作用。

（五）电子档案的利用与管理

电子档案的利用与纸质档案相比，显著不同的是更快捷、更方便。但这必须建立在电子档案所依赖的技术上，且必须满足必要的先决条件和采取相应的管理措施才能够实现。

1. 电子档案提供利用的方法

对档案部门来说，电子档案提供利用，一般有三种方法：即提供拷贝；通信传输；直接利用。

（1）提供拷贝

档案部门向利用者提供载体拷贝时，应将文件转换成通用标准文档存储格式，由利用者自行解决恢复和显示的软硬件平台。当利用者不具备利用电子文件的软硬件平台时，也可以向这些用户提供打印件或缩微品。

（2）通信传输

即用网络传输电子档案。这一方法比较适合馆际之间的信息资源互相交流及向相对固定的查档单位提供档案资料，可以通过点对点转换数字通信或互联网络来实现。

（3）直接利用

是利用档案部门或另一检索机构的电脑，在档案部门的网络上直接查询的一种方法。其特点是：可为利用者提供技术支援；同通信传输相比减少了大量的管理工作；可以使更多的读者同时利用同一份电子档案。这种方法的可能性，取决于档案馆网络系统中可供直接利用的信息资源的多少，这是可以解决的问题。

2. 电子档案的利用管理

由于电子档案提供利用方式的多样化与所依赖技术的多样化，导致利用工作的复杂性。因此，加强电子档案的利用管理，就显得特别重要。利用管理的内涵很丰富，从信息安全的角度出发，主要有对用户及提供利用者的管理、对提供利用载体的管理及利用中安全保密措施等。

（1）使用权限的审核

电子档案利用所涉及的人员有：档案载体的保管人员；数据系统的管理人员；利用者及维护操作人员等。由于他们各自工作性质和责任的不同，因而对其进行使用权限审核是十分必要的。审核应由利用的决策者执行。首先，要根据各种人员级别、层次进行使用权限的认定，并依此向利用系统注册登录。在利用中，由系统自动判定当前使用者身份的合法性及其所使用功能的范围，并由系统自动对其使用各种功能操作的路径进行跟踪与记录。对涉及使用未经授权的功能，应能拒绝响应并给予警告提示。其次，在电子档案存储载体的使用上，要根据电子档案内容的密级和开放程度，来确定其使用控制程度，在使用中依据利用者背景情况和利用目的来决定对他的授权。

（2）拷贝的提供与回收

提供电子档案拷贝是一种主要的利用方式，但必然带来利用时间与利用地点的分散，如果管理不好，将会造成档案信息无原则的散失。因而，必须采取有效的措施和方法，对其进行严格管理。应依据利用者的需求和确认使用权限后再进行拷贝的制作。原则上尽量避免把载体上存储的电子档案信息全部拷贝，并通过技术手段防止所提供拷贝的再复制。除经过编辑公开发行的电子出版物外，对那些提供利用的拷贝必须进行回收。要有完善的提供拷贝手续，提供者和利用者双方应对提供拷贝的内容进行确认，并对使用载体的类型、数量、使用时间、最后回收期限及双方责任人等情况进行登记。对回收来的拷贝，应作信息内容的消除处理。

（3）利用中的安全措施

电子档案在利用中的保密与安全是十分重要的，而且同纸质档案相比，更加难以控制。因此，在电子档案的利用中，应特别注意以下几点：一是采用的利用方式，应视利用者的情况而定，不能无原则地向所有利用者提供全部利用方式；二是依据电子档案内容的密级层次，进行有效的管理。一般情况下，对于内容不是完全开放的电子档案，不宜用拷贝的方式提供利用，对于提供拷贝的制作，必须在有效监控下进行；三是采用通信传输或直接利用等利用方式时，对有密级的信息内容要进行加密处理，并对所使用的密钥进行定期或不定期的更换；四是系统应对利用的全过程进行有效地跟踪监控，并自动进行相关记录，作为对利用工作查证的依据；五是利用的系统应有较强容错能力，避免由于误操作带来不可挽回的损失。

对电子档案的整理、管理和利用，是当今档案工作的新课题和重点工作之一，只有对电子档案给以足够的重视，才能准确、快捷、安全、完整地向用户提供各种方式的服务，满足信息化时代中广大用户的需求。

项目十四　档案管理制度与档案管理模式

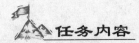任务内容

任务一

四海公司档案数量多、档案利用率较高，但却时有档案破损和缺失。为了进一步做好档案利用工作，需要健全档案借阅制度。公司办公室责成秘书施林起草一份新的档案借阅制度初稿。

接下来，施林应该怎样去做才能圆满地完成这项任务？

任务二

海清公司创建初期，档案工作很不健全，管理档案的人员是一位50多岁、体弱多病的老员工，公司的管理活动处于一种无档可查、无据可寻的状态。随着公司业务的拓展，员工人数增加到150多人，档案数量也快速增长，档案工作仍然是这一个人负责。档案工作与公司的发展极不协调。

针对这一情况，公司应该采取什么样的措施来改进档案工作？

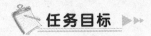任务目标 ▶▶

1. 知识目标
◆ 制定档案管理制度的要求，掌握档案管理制度的内容
◆ 了解档案机构的职责、设置原则与类型
◆ 熟悉档案工作管理体制
2. 技能目标
◆ 能够制定档案管理制度
◆ 能够选择适当的档案管理模式

课时建议

1课时

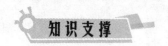

一、建立档案管理制度的意义

档案管理制度是单位档案管理行为的准则和档案业务建设的依据。建立健全并严格执行档案管理的规章制度，不仅可以为实现档案科学管理和有效开发利用创造条件，而且也是单位加强基础管理、全面提高竞争力的客观需要。

二、档案管理制度的内容

档案管理制度是人们科学管理档案，做好档案工作的重要依据，也是监督、指导、检查本单位档案工作的必要手段。

档案管理制度有档案行政管理制度和档案业务管理制度两大类。

档案行政管理制度，是保证档案工作在单位全面落实的行政性管理制度，如档案管理办法、档案工作岗位责任制、文件材料整理归档办法，具有适用范围的广泛性和发挥作用的间接性的特点。

档案业务管理制度，是关于档案收集、整理、鉴定、保管、统计、利用等业务工作的操作性的制度，如档案分类编号办法、档案库房管理制度、档案鉴定销毁制度、档案保密制度、企业特殊载体档案管理制度（包括音像档案、电子文件和电子档案、实物档案等管理制度），具有使用范围的专有性和专业性的特点

三、制定档案管理制度的要求

档案管理制度的制定要符合有关法律法规的要求，不能互相冲突，有一定的灵活性；与单位内部其他各项管理制度相衔接；符合本单位工作活动及形成文件的实际；制度的内容具体、明确，可操作性强。

四、制定档案管理制度的工作程序

（一）学习领会档案法律法规的各项规定

认真学习档案法律、档案行政法规、档案地方性法规、档案部门规章、档案规范性文件，熟悉档案法律法规的内容，领会各项规定的精神。

（二）调查分析

了解单位管理的特点和档案形成规律，搞清楚档案管理的要求和需要解决的问题。

（三）广泛收集相关部门的意见和建议

争取单位领导的重视、支持，加强与单位综合管理部门、各专业部门的沟通联系，

新编文档管理
xin bian wen dang guan li

广泛收集来自各方面的对档案管理的意见和建议。

(四) 拟写制度

根据档案工作的任务、内容、要求，拟写档案管理制度初稿。以下是几个档案管理制度应包括的主要内容：

1. 档案管理办法

规定档案管理的总体要求和原则，明确档案事务中的各种关系。内容包括：总则、档案管理体制及其职责、文件材料的形成与归档、档案的管理、奖励与处罚等。

2. 文件材料归档办法

主要规定文件材料整理归档的职责、归档文件材料的基本要求、整理标准、文件材料归档时间、归档份数、移交手续及关于文件材料归档范围和保管期限划分的附录。文件材料归档办法是职能部门进行归档工作的基本规范，是档案部门指导、检查文件归档工作的依据，是做好档案收集工作的依据。

3. 档案鉴定工作制度

其内容包括：档案鉴定工作的原则与方法、档案保管期限的确定、档案鉴定工作负责人、鉴定程序、档案销毁工作的有关要求等。

4. 档案保管制度

其内容包括：档案安全问题、进出库房登记、库藏档案定期检查、设备管理、清洁卫生等。

5. 档案借阅制度

其内容包括：阅览室借阅对象、档案阅览范围、批准权限和入室手续、档案借阅和归还手续；利用者借阅档案的若干具体规定。

6. 档案保密制度

其内容包括：保密工作的组织、档案保密措施、保密人员要求、密级档案的保管、利用密级档案的审批程序、利用密级档案应遵守的规定、密级档案的降密和解密、泄密应承担的责任等。

7. 档案人员岗位责任制度

其内容包括：档案人员的职责、权限、任务、考核和奖励措施。

8. 档案库房管理制度

其内容包括：档案库房管理的原则、档案安全保管的总体要求、库房管理措施、库房温湿度的控制、有关的纪律规定。

(五) 审核修改

广泛征求意见，对制度的内容、格式、可行性等进行全面审核，完善制度标准。

五、制定档案管理制度的注意事项

①制定档案管理制度的基本原则是合法性、适用性、系统性、操作性。

②拟写制度要熟悉档案工作业务内容。

③拟写制度要熟悉档案工作各环节的具体要求。

六、档案管理模式的含义

档案管理模式包括档案机构的设置和档案工作管理体制的选择两个方面的内容。

（一）档案机构的职责及其设置原则

1. 档案机构的含义

档案机构是一个单位档案工作任务的主要承担部门。

2. 档案机构的职责

档案机构的主要职责包括：贯彻执行档案工作法律、法规和方针政策，建立健全本单位档案工作的各项规章制度；统一管理本单位的档案和档案工作；对本单位下属单位的档案工作进行监督和指导；对本单位业务职能部门文件材料的形成、积累和整理归档工作进行指导。

3. 档案机构的设置原则

档案机构的设置要依据相关的法规，考虑单位档案工作现状和发展要求，考虑档案管理成本，保证单位档案完整、安全和有效利用。

（二）常见的档案工作机构

1. 档案室

档案室是集中统一管理本单位档案的内部机构，是单位内部具有信息服务与咨询性质的机构。档案室的类型有文书档案室、科技档案室、音像档案室、人事档案室、综合档案室和联合档案室。

2. 档案馆

档案馆是永久保存档案的基地，是提供档案信息为社会服务的中心。档案馆的类型有综合性档案馆、专门档案馆和企事业单位档案馆。

（三）档案工作的管理体制

档案工作的管理体制，是指广义上的档案工作的机构设置及隶属关系、行政职权的划分及运行等各种相关制度的总称，有宏观和微观两个层面。档案工作的宏观管理体制，指国家对档案工作进行管理的行政体制，包括管理国家档案事务的行政机构的设置、职能分工、运行方式等内容。档案工作的微观管理体制，指单位对其档案工作进行管理的内部体制，包括档案工作的领导关系、档案工作机构的设置及职责、档案

工作人员的配备等内容。

七、档案管理模式的确立程序

(一) 分析单位实际情况

分析本单位的性质、规模、人员构成情况、内部机构设置和资金条件等，考虑本单位的未来发展方向。

(二) 分析单位档案的情况

注意调查研究，了解本单位档案的种类、内容、保存价值、数量、整理和保管的情况，分析本单位档案的形成规律和特点。

(三) 熟悉不同类型档案管理模式的特点

1. 分散管理模式

这种模式是将企业各种门类的档案分别保存在各有关部门。如文书档案保存在办公部门，会计档案保存在财务部门，科技档案保存在生产技术部门等。

2. 集中管理模式

这种管理模式是将企业文书、科技、会计等各种门类的档案集中统一管理。它实际上是一个企业单位档案信息的综合体，在企业负责人的直接领导下，作为企业单位整个管理系统的一个子系统，承担着企业全部档案信息资源的储存、管理和开发利用工作，发挥统一管理档案和对内、对外组织档案信息流通的作用。

3. 信息一体化管理模式

这种管理模式是集档案、科技情报、科技图书资料等各种信息于一体，实行一体化管理，是企业内部统一的信息管理中心。

(四) 选择适宜的档案管理模式

从实现档案的科学管理和便于利用出发，针对本单位实际和所藏档案的基本情况，根据不同类型档案管理模式的特点，确定适合本单位的档案管理模式。

参 考 文 献

［1］王景峰．行政管理职位工作手册［M］．3 版．北京：人民邮电出版社，2013.

［2］黄钰茗，孙科柳．行政管理的 55 个关键细节［M］．北京：中国电力出版社，2012.

［3］张保忠．党政机关公文格式国家标准应用指南与范例全书［M］．北京：研究出版社，2012.

［4］刘淑红．浅析档案的定义及档案的特性［J］．中国地名，2012（3）.

［5］陈琳．档案管理技能训练［M］．北京：机械工业出版社，2011.

［6］汪溢，谭书旺．秘书文档管理［M］．大连：大连理工大学出版社，2011.

［7］虞巧灵，石磊．企业文书与档案管理［M］．武汉：华中科技大学出版社，2011.

［8］高金宇，唐明瑶．档案管理实务［M］．北京：科学出版社，2010.

［9］秦淑琴，李艇．企业文档管理［M］．广州：暨南大学出版社，2010.

［10］刘子芳，李艳丽，李留占．归档文件装订方式的调查分析［J］．档案管理，2010（4）.

［11］陈祖芬．职业秘书资料与档案管理教程［M］．北京：清华大学出版社，2008.

［12］李强．文书与档案管理［M］．北京：经济科学出版社，2008.

［13］刘萌．文书与档案管理［M］．北京：首都经济贸易大学出版社，2008.

［14］张虹，姬瑞环．档案管理基础［M］．北京：中国人民大学出版社，2008.

［15］孟庆荣．秘书职业技能实训教程［M］．北京：清华大学出版社，2007.

［16］徐彦，戈秀萍，何柳．文书工作与档案管理［M］．大连：东北财经大学出版社，2007.

［17］杨树森．秘书实务［M］．合肥：安徽大学出版社，2006.

［18］中国就业培训技术指导中心．秘书国家职业资格培训教程［M］．北京：中央广播电视大学出版社，2006.

［19］费文升．文书撰拟与处理［M］．合肥：合肥工业大学出版社，2005.

［20］陆予圻，朱小怡，范明辉．秘书文档管理［M］．上海：复旦大学出版社，2005.

［21］潘春胜．文书与档案管理［M］．北京：中国财政经济出版社，2005.

［22］张虹，姬瑞环．公文写作与处理［M］．北京：中国人民大学出版社，2005.

［23］余青雅．现代企业档案管理模式与创新思维［J］．攀登，2005（5）.

［24］赵映诚．文书工作与档案管理［M］．北京：高等教育出版社，2003.

附　录

党政机关公文处理工作条例

（中办发〔2012〕14 号）

（2012 年 4 月 16 日由中共中央办公厅和国务院办公厅联合印发）

第一章　总　则

第一条　为了适应中国共产党机关和国家行政机关（以下简称党政机关）工作需要，推进党政机关公文处理工作科学化、制度化、规范化，制定本条例。

第二条　本条例适用于各级党政机关公文处理工作。

第三条　党政机关公文是党政机关实施领导、履行职能、处理公务的具有特定效力和规范体式的文书，是传达贯彻党和国家的方针政策，公布法规和规章，指导、布置和商洽工作，请示和答复问题，报告、通报和交流情况等的重要工具。

第四条　公文处理工作是指公文拟制、办理、管理等一系列相互关联、衔接有序的工作。

第五条　公文处理工作应当坚持实事求是、准确规范、精简高效、安全保密的原则。

第六条　各级党政机关应当高度重视公文处理工作，加强组织领导，强化队伍建设，设立文秘部门或者由专人负责公文处理工作。

第七条　各级党政机关办公厅（室）主管本机关的公文处理工作，并对下级机关的公文处理工作进行业务指导和督促检查。

第二章　公文种类

第八条　公文种类主要有：

（一）决议。适用于会议讨论通过的重大决策事项。

（二）决定。适用于对重要事项作出决策和部署、奖惩有关单位和人员、变更或者撤销下级机关不适当的决定事项。

（三）命令（令）。适用于公布行政法规和规章、宣布施行重大强制性措施、批准授予和晋升衔级、嘉奖有关单位和人员。

（四）公报。适用于公布重要决定或者重大事项。

（五）公告。适用于向国内外宣布重要事项或者法定事项。

（六）通告。适用于在一定范围内公布应当遵守或者周知的事项。

（七）意见。适用于对重要问题提出见解和处理办法。

（八）通知。适用于发布、传达要求下级机关执行和有关单位周知或者执行的事项，批转、转发公文。

（九）通报。适用于表彰先进、批评错误、传达重要精神和告知重要情况。

（十）报告。适用于向上级机关汇报工作、反映情况，回复上级机关的询问。

（十一）请示。适用于向上级机关请求指示、批准。

（十二）批复。适用于答复下级机关请示事项。

（十三）议案。适用于各级人民政府按照法律程序向同级人民代表大会或者人民代表大会常务委员会提请审议事项。

（十四）函。适用于不相隶属机关之间商洽工作、询问和答复问题、请求批准和答复审批事项。

（十五）纪要。适用于记载会议主要情况和议定事项。

第三章　公文格式

第九条　公文一般由份号、密级和保密期限、紧急程度、发文机关标志、发文字号、签发人、标题、主送机关、正文、附件说明、发文机关署名、成文日期、印章、附注、附件、抄送机关、印发机关和印发日期、页码等组成。

（一）份号。公文印制份数的顺序号。涉密公文应当标注份号。

（二）密级和保密期限。公文的秘密等级和保密的期限。涉密公文应当根据涉密程度分别标注"绝密""机密""秘密"和保密期限。

（三）紧急程度。公文送达和办理的时限要求。根据紧急程度，紧急公文应当分别标注"特急""加急"，电报应当分别标注"特提""特急""加急""平急"。

（四）发文机关标志。由发文机关全称或者规范化简称加"文件"二字组成，也可以使用发文机关全称或者规范化简称。联合行文时，发文机关标志可以并用联合发文机关名称，也可以单独用主办机关名称。

（五）发文字号。由发文机关代字、年份、发文顺序号组成。联合行文时，使用主办机关的发文字号。

（六）签发人。上行文应当标注签发人姓名。

（七）标题。由发文机关名称、事由和文种组成。

（八）主送机关。公文的主要受理机关，应当使用机关全称、规范化简称或者同类型机关统称。

（九）正文。公文的主体，用来表述公文的内容。

（十）附件说明。公文附件的顺序号和名称。

（十一）发文机关署名。署发文机关全称或者规范化简称。

（十二）成文日期。署会议通过或者发文机关负责人签发的日期。联合行文时，署最后签发机关负责人签发的日期。

（十三）印章。公文中有发文机关署名的，应当加盖发文机关印章，并与署名机关相符。有特定发文机关标志的普发性公文和电报可以不加盖印章。

（十四）附注。公文印发传达范围等需要说明的事项。

（十五）附件。公文正文的说明、补充或者参考资料。

（十六）抄送机关。除主送机关外需要执行或者知晓公文内容的其他机关，应当使用机关全称、规范化简称或者同类型机关统称。

（十七）印发机关和印发日期。公文的送印机关和送印日期。

（十八）页码。公文页数顺序号。

第十条　公文的版式按照《党政机关公文格式》国家标准执行。

第十一条　公文使用的汉字、数字、外文字符、计量单位和标点符号等，按照有关国家标准和规定执行。民族自治地方的公文，可以并用汉字和当地通用的少数民族文字。

第十二条　公文用纸幅面采用国际标准 A4 型。特殊形式的公文用纸幅面，根据实际需要确定。

第四章　行文规则

第十三条　行文应当确有必要，讲求实效，注重针对性和可操作性。

第十四条　行文关系根据隶属关系和职权范围确定。一般不得越级行文，特殊情况需要越级行文的，应当同时抄送被越过的机关。

第十五条　向上级机关行文，应当遵循以下规则：

（一）原则上主送一个上级机关，根据需要同时抄送相关上级机关和同级机关，不抄送下级机关。

（二）党委、政府的部门向上级主管部门请示、报告重大事项，应当经本级党委、政府同意或者授权；属于部门职权范围内的事项应当直接报送上级主管部门。

（三）下级机关的请示事项，如需以本机关名义向上级机关请示，应当提出倾向性意见后上报，不得原文转报上级机关。

（四）请示应当一文一事。不得在报告等非请示性公文中夹带请示事项。

（五）除上级机关负责人直接交办事项外，不得以本机关名义向上级机关负责人报送公文，不得以本机关负责人名义向上级机关报送公文。

（六）受双重领导的机关向一个上级机关行文，必要时抄送另一个上级机关。

第十六条　向下级机关行文，应当遵循以下规则：

（一）主送受理机关，根据需要抄送相关机关。重要行文应当同时抄送发文机关的直接上级机关。

（二）党委、政府的办公厅（室）根据本级党委、政府授权，可以向下级党委、政府行文，其他部门和单位不得向下级党委、政府发布指令性公文或者在公文中向下级党委、政府提出指令性要求。需经政府审批的具体事项，经政府同意后可以由政府职能部门行文，文中须注明已经政府同意。

（三）党委、政府的部门在各自职权范围内可以向下级党委、政府的相关部门行文。

（四）涉及多个部门职权范围内的事务，部门之间未协商一致的，不得向下行文；擅自行文的，上级机关应当责令其纠正或者撤销。

（五）上级机关向受双重领导的下级机关行文，必要时抄送该下级机关的另一个上级机关。

第十七条　同级党政机关、党政机关与其他同级机关必要时可以联合行文。属于党委、政府各自职权范围内的工作，不得联合行文。

党委、政府的部门依据职权可以相互行文。

部门内设机构除办公厅（室）外不得对外正式行文。

第五章　公文拟制

第十八条　公文拟制包括公文的起草、审核、签发等程序。

第十九条　公文起草应当做到：

（一）符合党的理论路线方针政策和国家法律法规，完整准确体现发文机关意图，并同现行有关公文相衔接。

（二）一切从实际出发，分析问题实事求是，所提政策措施和办法切实可行。

（三）内容简洁，主题突出，观点鲜明，结构严谨，表述准确，文字精练。

（四）文种正确，格式规范。

（五）深入调查研究，充分进行论证，广泛听取意见。

（六）公文涉及其他地区或者部门职权范围内的事项，起草单位必须征求相关地区或者部门意见，力求达成一致。

（七）机关负责人应当主持、指导重要公文起草工作。

第二十条　公文文稿签发前，应当由发文机关办公厅（室）进行审核。审核的重点是：

（一）行文理由是否充分，行文依据是否准确。

（二）内容是否符合党的理论路线方针政策和国家法律法规；是否完整准确体现发文机关意图；是否同现行有关公文相衔接；所提政策措施和办法是否切实可行。

（三）涉及有关地区或者部门职权范围内的事项是否经过充分协商并达成一致意见。

（四）文种是否正确，格式是否规范；人名、地名、时间、数字、段落顺序、引文等是否准确；文字、数字、计量单位和标点符号等用法是否规范。

（五）其他内容是否符合公文起草的有关要求。

需要发文机关审议的重要公文文稿，审议前由发文机关办公厅（室）进行初核。

第二十一条 经审核不宜发文的公文文稿，应当退回起草单位并说明理由；符合发文条件但内容需作进一步研究和修改的，由起草单位修改后重新报送。

第二十二条 公文应当经本机关负责人审批签发。重要公文和上行文由机关主要负责人签发。党委、政府的办公厅（室）根据党委、政府授权制发的公文，由受权机关主要负责人签发或者按照有关规定签发。签发人签发公文，应当签署意见、姓名和完整日期；圈阅或者签名的，视为同意。联合发文由所有联署机关的负责人会签。

第六章　公文办理

第二十三条 公文办理包括收文办理、发文办理和整理归档。

第二十四条 收文办理主要程序是：

（一）签收。对收到的公文应当逐件清点，核对无误后签字或者盖章，并注明签收时间。

（二）登记。对公文的主要信息和办理情况应当详细记载。

（三）初审。对收到的公文应当进行初审。初审的重点是：是否应当由本机关办理，是否符合行文规则，文种、格式是否符合要求，涉及其他地区或者部门职权范围内的事项是否已经协商、会签，是否符合公文起草的其他要求。经初审不符合规定的公文，应当及时退回来文单位并说明理由。

（四）承办。阅知性公文应当根据公文内容、要求和工作需要确定范围后分送。批办性公文应当提出拟办意见报本机关负责人批示或者转有关部门办理；需要两个以上部门办理的，应当明确主办部门。紧急公文应当明确办理时限。承办部门对交办的公文应当及时办理，有明确办理时限要求的应当在规定时限内办理完毕。

（五）传阅。根据领导批示和工作需要将公文及时送传阅对象阅知或者批示。办理公文传阅应当随时掌握公文去向，不得漏传、误传、延误。

（六）催办。及时了解掌握公文的办理进展情况，督促承办部门按期办结。紧急公文或者重要公文应当由专人负责催办。

（七）答复。公文的办理结果应当及时答复来文单位，并根据需要告知相关单位。

第二十五条 发文办理主要程序是：

（一）复核。已经发文机关负责人签批的公文，印发前应当对公文的审批手续、内容、文种、格式等进行复核；需作实质性修改的，应当报原签批人复审。

（二）登记。对复核后的公文，应当确定发文字号、分送范围和印制份数并详细记载。

（三）印制。公文印制必须确保质量和时效。涉密公文应当在符合保密要求的场所印制。

（四）核发。公文印制完毕，应当对公文的文字、格式和印刷质量进行检查后分发。

第二十六条　涉密公文应当通过机要交通、邮政机要通信、城市机要文件交换站或者收发件机关机要收发人员进行传递，通过密码电报或者符合国家保密规定的计算机信息系统进行传输。

第二十七条　需要归档的公文及有关材料，应当根据有关档案法律法规以及机关档案管理规定，及时收集齐全、整理归档。两个以上机关联合办理的公文，原件由主办机关归档，相关机关保存复制件。机关负责人兼任其他机关职务的，在履行所兼职务过程中形成的公文，由其兼职机关归档。

第七章　公文管理

第二十八条　各级党政机关应当建立健全本机关公文管理制度，确保管理严格规范，充分发挥公文效用。

第二十九条　党政机关公文由文秘部门或者专人统一管理。设立党委（党组）的县级以上单位应当建立机要保密室和机要阅文室，并按照有关保密规定配备工作人员和必要的安全保密设施设备。

第三十条　公文确定密级前，应当按照拟定的密级先行采取保密措施。确定密级后，应当按照所定密级严格管理。绝密级公文应当由专人管理。

公文的密级需要变更或者解除的，由原确定密级的机关或者其上级机关决定。

第三十一条　公文的印发传达范围应当按照发文机关的要求执行；需要变更的，应当经发文机关批准。

涉密公文公开发布前应当履行解密程序。公开发布的时间、形式和渠道，由发文机关确定。

经批准公开发布的公文，同发文机关正式印发的公文具有同等效力。

第三十二条　复制、汇编机密级、秘密级公文，应当符合有关规定并经本机关负责人批准。绝密级公文一般不得复制、汇编，确有工作需要的，应当经发文机关或者其上级机关批准。复制、汇编的公文视同原件管理。

复制件应当加盖复制机关戳记。翻印件应当注明翻印的机关名称、日期。汇编本的密级按照编入公文的最高密级标注。

第三十三条　公文的撤销和废止，由发文机关、上级机关或者权力机关根据职权范围和有关法律法规决定。公文被撤销的，视为自始无效；公文被废止的，视为自废止之日起失效。

第三十四条　涉密公文应当按照发文机关的要求和有关规定进行清退或者销毁。

第三十五条　不具备归档和保存价值的公文，经批准后可以销毁。销毁涉密公文必须严格按照有关规定履行审批登记手续，确保不丢失、不漏销。个人不得私自销毁、留存涉密公文。

第三十六条　机关合并时，全部公文应当随之合并管理；机关撤销时，需要归档的公文经整理后按照有关规定移交档案管理部门。

工作人员离岗离职时，所在机关应当督促其将暂存、借用的公文按照有关规定移交、清退。

第三十七条　新设立的机关应当向本级党委、政府的办公厅（室）提出发文立户申请。经审查符合条件的，列为发文单位，机关合并或者撤销时，相应进行调整。

第八章　附　则

第三十八条　党政机关公文含电子公文。电子公文处理工作的具体办法另行制定。

第三十九条　法规、规章方面的公文，依照有关规定处理。外事方面的公文，依照外事主管部门的有关规定处理。

第四十条　其他机关和单位的公文处理工作，可以参照本条例执行。

第四十一条　本条例由中共中央办公厅、国务院办公厅负责解释。

第四十二条　本条例自 2012 年 7 月 1 日起施行。1996 年 5 月 3 日中共中央办公厅发布的《中国共产党机关公文处理条例》和 2000 年 8 月 24 日国务院发布的《国家行政机关公文处理办法》停止执行。

党政机关公文格式

（中华人民共和国国家标准 GB/9704—2012）

（国家质量监督检验检疫总局、

国家标准化管理委员会 2012 年 6 月 29 日公布）

1　范围

本标准规定了党政机关公文通用的纸张要求、排版和印制装订要求、公文格式各要素的编排规则，并给出了公文的式样。

本标准适用于各级党政机关制发的公文。其他机关和单位的公文可以参照执行。

使用少数民族文字印制的公文，其用纸、幅面尺寸及版面、印制等要求按照本标准执行，其余可以参照本标准并按照有关规定执行。

2　规范性引用文件

下列文件对于本标准的应用是必不可少的。凡是注日期的引用文件，仅所注日期的版本适用于本标准。凡是不注日期的引用文件，其最新版本（包括所有的修改单）适用于本标准。

GB/T 148　印刷、书写和绘图纸幅面尺寸

GB 3100　国际单位制及其应用

GB 3101　有关量、单位和符号的一般原则

GB 3102（所有部分）量和单位

GB/T 15834　标点符号用法

GB/T 15835　出版物上数字用法

3　术语和定义

下列术语和定义适用于本标准。

3.1　字　word

标示公文中横向距离的长度单位。在本标准中，一字指一个汉字宽度的距离。

3.2　行　line

标示公文中纵向距离的长度单位。在本标准中，一行指一个汉字的高度加 3 号汉字高度的 7/8 的距离。

4　公文用纸主要技术指标

公文用纸一般使用纸张定量为 $60 \sim 80$ g/m² 的胶版印刷纸或复印纸。纸张白度 $80\% \sim 90\%$，横向耐折度≥15 次，不透明度≥85%，pH 为 $7.5 \sim 9.5$。

5　公文用纸幅面尺寸及版面要求

5.1　幅面尺寸

公文用纸采用 GB/T 148 中规定的 A4 型纸，其成品幅面尺寸为：210 mm×297 mm。

5.2　版面要求

5.2.1　页边与版心尺寸

公文用纸天头（上白边）为 37 mm±1 mm，公文用纸订口（左白边）为 28mm±1mm，版心尺寸为 156 mm×225 mm。

5.2.2　字体和字号

如无特殊说明，公文格式各要素一般用 3 号仿宋体字。特定情况可以作适当调整。

5.2.3　行数和字数

一般每面排 22 行，每行排 28 个字，并撑满版心。特定情况可以作适当调整。

5.2.4　文字的颜色

如无特殊说明，公文中文字的颜色均为黑色。

6　印制装订要求

6.1　制版要求

版面干净无底灰，字迹清楚无断划，尺寸标准，版心不斜，误差不超过 1 mm。

6.2　印刷要求

双面印刷；页码套正，两面误差不超过 2 mm。黑色油墨应当达到色谱所标 BL100%，红色油墨应当达到色谱所标 Y80%、M80%。印品着墨实、均匀；字面不花、不白、无断划。

6.3　装订要求

公文应当左侧装订，不掉页，两页页码之间误差不超过 4 mm，裁切后的成品尺寸允许误差±2mm，四角成 90°，无毛茬或缺损。

骑马订或平订的公文应当：

a) 订位为两钉外订眼距版面上下边缘各 70 mm 处，允许误差±4mm；

b）无坏钉、漏钉、重钉，钉脚平伏牢固；

c）骑马订钉锯均订在折缝线上，平订钉锯与书脊间的距离为3～5mm。

包本装订公文的封皮（封面、书脊、封底）与书芯应吻合、包紧、包平、不脱落。

7 公文格式各要素编排规则

7.1 公文格式各要素的划分

本标准将版心内的公文格式各要素划分为版头、主体、版记三部分。公文首页红色分隔线以上的部分称为版头；公文首页红色分隔线（不含）以下、公文末页首条分隔线（不含）以上的部分称为主体；公文末页首条分隔线以下、末条分隔线以上的部分称为版记。

页码位于版心外。

7.2 版头

7.2.1 份号

如需标注份号，一般用6位3号阿拉伯数字，顶格编排在版心左上角第一行。

7.2.2 密级和保密期限

如需标注密级和保密期限，一般用3号黑体字，顶格编排在版心左上角第二行；保密期限中的数字用阿拉伯数字标注。

7.2.3 紧急程度

如需标注紧急程度，一般用3号黑体字，顶格编排在版心左上角；如需同时标注份号、密级和保密期限、紧急程度，按照份号、密级和保密期限、紧急程度的顺序自上而下分行排列。

7.2.4 发文机关标志

由发文机关全称或者规范化简称加"文件"二字组成，也可以使用发文机关全称或者规范化简称。

发文机关标志居中排布，上边缘至版心上边缘为35mm，推荐使用小标宋体字，颜色为红色，以醒目、美观、庄重为原则。

联合行文时，如需同时标注联署发文机关名称，一般应当将主办机关名称排列在前；如有"文件"二字，应当置于发文机关名称右侧，以联署发文机关名称为准上下居中排布。

7.2.5 发文字号

编排在发文机关标志下空二行位置，居中排布。年份、发文顺序号用阿拉伯数字标注；年份应标全称，用六角括号"〔 〕"括入；发文顺序号不加"第"字，不编虚位（即1不编为001），在阿拉伯数字后加"号"字。

上行文的发文字号居左空一字编排，与最后一个签发人姓名处在同一行。

7.2.6 签发人

由"签发人"三字加全角冒号和签发人姓名组成，居右空一字，编排在发文机关标志下空二行位置。"签发人"三字用3号仿宋体字，签发人姓名用3号楷体字。

如有多个签发人，签发人姓名按照发文机关的排列顺序从左到右、自上而下依次均匀编排，一般每行排两个姓名，回行时与上一行第一个签发人姓名对齐。

7.2.7　版头中的分隔线

发文字号之下 4 mm 处居中印一条与版心等宽的红色分隔线。

7.3　主体

7.3.1　标题

一般用 2 号小标宋体字，编排于红色分隔线下空二行位置，分一行或多行居中排布；回行时，要做到词意完整，排列对称，长短适宜，间距恰当，标题排列应当使用梯形或菱形。

7.3.2　主送机关

编排于标题下空一行位置，居左顶格，回行时仍顶格，最后一个机关名称后标全角冒号。如主送机关名称过多导致公文首页不能显示正文时，应当将主送机关名称移至版记，标注方法见 7.4.2。

7.3.3　正文

公文首页必须显示正文。一般用 3 号仿宋体字，编排于主送机关名称下一行，每个自然段左空两字，回行顶格。文中结构层次序数依次可以用"一、""（一）""1.""（1）"标注；一般第一层用黑体字、第二层用楷体字、第三层和第四层用仿宋体字标注。

7.3.4　附件说明

如有附件，在正文下空一行左空两字编排"附件"二字，后标全角冒号和附件名称。如有多个附件，使用阿拉伯数字标注附件顺序号（如"附件：1.×××××"）；附件名称后不加标点符号。附件名称较长需回行时，应当与上一行附件名称的首字对齐。

7.3.5　发文机关署名、成文日期和印章

7.3.5.1　加盖印章的公文

成文日期一般右空四字编排，印章用红色，不得出现空白印章。

单一机关行文时，一般在成文日期之上、以成文日期为准居中编排发文机关署名，印章端正、居中下压发文机关署名和成文日期，使发文机关署名和成文日期居印章中心偏下位置，印章顶端应当上距正文（或附件说明）一行之内。

联合行文时，一般将各发文机关署名按照发文机关顺序整齐排列在相应位置，并将印章一一对应、端正、居中下压发文机关署名，最后一个印章端正、居中下压发文机关署名和成文日期，印章之间排列整齐、互不相交或相切，每排印章两端不得超出版心，首排印章顶端应当上距正文（或附件说明）一行之内。

7.3.5.2　不加盖印章的公文

单一机关行文时，在正文（或附件说明）下空一行右空两字编排发文机关署名，在发文机关署名下一行编排成文日期，首字比发文机关署名首字右移两字，如成文日

期长于发文机关署名，应当使成文日期右空两字编排，并相应增加发文机关署名右空字数。

联合行文时，应当先编排主办机关署名，其余发文机关署名依次向下编排。

7.3.5.3　加盖签发人签名章的公文

单一机关制发的公文加盖签发人签名章时，在正文（或附件说明）下空二行右空四字加盖签发人签名章，签名章左空两字标注签发人职务，以签名章为准上下居中排布。在签发人签名章下空一行右空四字编排成文日期。

联合行文时，应当先编排主办机关签发人职务、签名章，其余机关签发人职务、签名章依次向下编排，与主办机关签发人职务、签名章上下对齐；每行只编排一个机关的签发人职务、签名章；签发人职务应当标注全称。签名章一般用红色。

7.3.5.4　成文日期中的数字

用阿拉伯数字将年、月、日标全，年份应标全称，月、日不编虚位（即 1 不编为 01）。

7.3.5.5　特殊情况说明

当公文排版后所剩空白处不能容下印章或签发人签名章、成文日期时，可以采取调整行距、字距的措施解决。

7.3.6　附注

如有附注，居左空两字加圆括号编排在成文日期下一行。

7.3.7　附件

附件应当另面编排，并在版记之前，与公文正文一起装订。"附件"二字及附件顺序号用 3 号黑体字顶格编排在版心左上角第一行。附件标题居中编排在版心第三行。附件顺序号和附件标题应当与附件说明的表述一致。附件格式要求同正文。

如附件与正文不能一起装订，应当在附件左上角第一行顶格编排公文的发文字号并在其后标注"附件"二字及附件顺序号。

7.4　版记

7.4.1　版记中的分隔线

版记中的分隔线与版心等宽，首条分隔线和末条分隔线用粗线（推荐高度为 0.35 mm），中间的分隔线用细线（推荐高度为 0.25 mm）。首条分隔线位于版记中第一个要素之上，末条分隔线与公文最后一面的版心下边缘重合。

7.4.2　抄送机关

如有抄送机关，一般用 4 号仿宋体字，在印发机关和印发日期之上一行、左右各空一字编排。"抄送"二字后加全角冒号和抄送机关名称，回行时与冒号后的首字对齐，最后一个抄送机关名称后标句号。

如需把主送机关移至版记，除将"抄送"二字改为"主送"外，编排方法同抄送机关。既有主送机关又有抄送机关时，应当将主送机关置于抄送机关之上一行，之间不加分隔线。

7.4.3　印发机关和印发日期

印发机关和印发日期一般用 4 号仿宋体字，编排在末条分隔线之上，印发机关左空一字，印发日期右空一字，用阿拉伯数字将年、月、日标全，年份应标全称，月、日不编虚位（即 1 不编为 01），后加"印发"二字。

版记中如有其他要素，应当将其与印发机关和印发日期用一条细分隔线隔开。

7.5　页码

一般用 4 号半角宋体阿拉伯数字，编排在公文版心下边缘之下，数字左右各放一条一字线；一字线上距版心下边缘 7 mm。单页码居右空一字，双页码居左空一字。公文的版记页前有空白页的，空白页和版记页均不编排页码。公文的附件与正文一起装订时，页码应当连续编排。

8　公文中的横排表格

A4 纸型的表格横排时，页码位置与公文其他页码保持一致，单页码表头在订口一边，双页码表头在切口一边。

9　公文中计量单位、标点符号和数字的用法

公文中计量单位的用法应当符合 GB 3100、GB 3101 和 GB 3102（所有部分），标点符号的用法应当符合 GB/T 15834，数字用法应当符合 GB/T 15835。

10　公文的特定格式

10.1　信函格式

发文机关标志使用发文机关全称或者规范化简称，居中排布，上边缘至上页边为 30mm，推荐使用红色小标宋体字。联合行文时，使用主办机关标志。

发文机关标志下 4 mm 处印一条红色双线（上粗下细），距下页边 20 mm 处印一条红色双线（上细下粗），线长均为 170 mm，居中排布。

如需标注份号、密级和保密期限、紧急程度，应当顶格居版心左边缘编排在第一条红色双线下，按照份号、密级和保密期限、紧急程度的顺序自上而下分行排列，第一个要素与该线的距离为 3 号汉字高度的 7/8。

发文字号顶格居版心右边缘编排在第一条红色双线下，与该线的距离为 3 号汉字高度的 7/8。

标题居中编排，与其上最后一个要素相距二行。

第二条红色双线上一行如有文字，与该线的距离为 3 号汉字高度的 7/8。

首页不显示页码。

版记不加印发机关和印发日期、分隔线，位于公文最后一面版心内最下方。

10.2　命令（令）格式

发文机关标志由发文机关全称加"命令"或"令"字组成，居中排布，上边缘至版心上边缘为 20 mm，推荐使用红色小标宋体字。

发文机关标志下空二行居中编排令号，令号下空二行编排正文。

签发人职务、签名章和成文日期的编排见 7.3.5.3。

10.3 纪要格式

纪要标志由"×××××纪要"组成，居中排布，上边缘至版心上边缘为 35 mm，推荐使用红色小标宋体字。

标注出席人员名单，一般用 3 号黑体字，在正文或附件说明下空一行左空两字编排"出席"两字，后标全角冒号，冒号后用 3 号仿宋体字标注出席人单位、姓名，回行时与冒号后的首字对齐。

标注请假和列席人员名单，除依次另起一行并将"出席"二字改为"请假"或"列席"外，编排方法同出席人员名单。

纪要格式可以根据实际制定。

11 式样

A4 型公文用纸页边及版心尺寸见图 1；公文首页版式见图 2；联合行文公文首页版式 1 见图 3；联合行文公文首页版式 2 见图 4；公文末页版式 1 见图 5；公文末页版式 2 见图 6；联合行文公文末页版式 1 见图 7；联合行文公文末页版式 2 见图 8；附件说明页版式见图 9；带附件公文末页版式见图 10；信函格式首页版式见图 11；命令（令）格式首页版式见图 12。

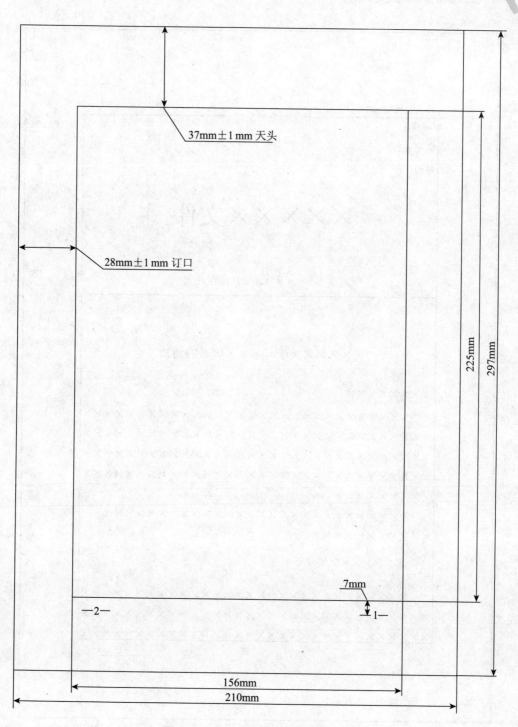

37mm±1 mm 天头

28mm±1 mm 订口

225mm

297mm

7mm

—2—

1—

156mm

210mm

图1　A4 型公文用纸页边及版心尺寸

000001

机密★1年

特急

×××××文件

×××〔2012〕10号

×××××关于××××××的通知

×××××××：

    ×××。

    ×××××××××××××××××××××××××××××××××××××××。

    ×××××××××。

    ×××××××。××

— 1 —

图2　公文首页版式

注：版心实线框仅为示意，在印制公文时并不印出。

000001

机密★1年

特急

$$×××××$$
$$×\qquad×\qquad×文件$$
$$×××××$$

×××〔2012〕10号

　　　　　××××关于××××××的通知

×××××××：

　　×××××××××××××××××××××××××××
××××××××××××××××××××××××××××××
×××××××××××××××××××××××××××××××
××××××××××××××××××××××××××××××××
×××××××××。

　　×××××××××××××××××××××××××××××

图 3　联合行文公文首页版式 1

注：版心实线框仅为示意，在印制公文时并不印出。

000001

机　密

特　急

×　×　×　×　×

×　　　×　　　×

×　×　×　×　×

　　　　　　　　　　　　　　　　签发人：×××　×××
　　　　　　　　　　　　　　　　　　　　　×××

×××〔2012〕10号

　　　　　　　×××××关于××××××的请示

×××××××××：

　　×××××××××××××××××××××××××××××××

×××××××××××××××××××××××××××××××××××

×××××××××××××××××××××××××××××××××××

×××××××××。

　　×××××××××××××××××××××××××××

　　　　　　　　　　　　　　　　　　　　　　　　　— 1 —

图 4　联合行文公文首页版式 2

注：版心实线框仅为示意，在印制公文时并不印出。

×××××××××××。

　×××××××××××××××××××××
×××××××××××××××××××××
×××××××××××××××××××。

中华人民共和国×××

××部

2012年7月1日

（×××××）

抄送：×××××××，×××××，××××，××××，
　　　×××××。

| ××××××× | 2012年7月1日印发 |

图5　公文末页版式1

注：版心实线框仅为示意，在印制公文时并不印出。

××××××××××。

    ×××。

                                        ×××××

                                 2012年7月1日

  （×××××）

抄送：×××××××，×××××，××××，××××，
×××××。

××××××   2012年7月1日印发

— 2 —

图6　公文末页版式2

注：版心实线框仅为示意，在印制公文时并不印出。

×××××××××。
　×××××××××××××××××××××
×××××××××××××××××××××
×××××。

中共中央×××
××部

中华人民共和国×××
××部

2012年7月1日

（×××××）

抄送：×××××××，×××××，××××，××××，
××××。

×××××××

2012年7月1日印发

— 2 —

图7　联合行文公文末页版式1

注：版心实线框仅为示意，在印制公文时并不印出。

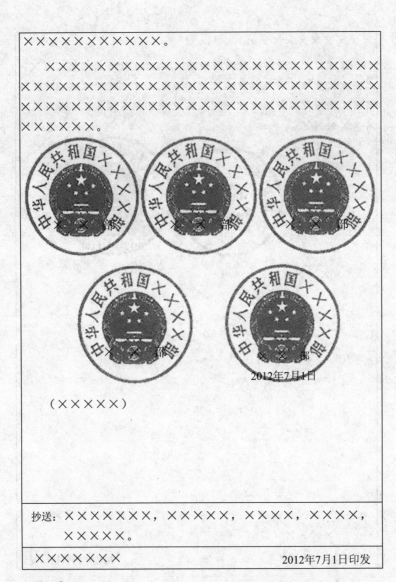

图8　联合行文公文末页版式2

注：版心实线框仅为示意，在印制公文时并不印出。

×××××××××××××。
　×××××××××××××××××××××
×××××××××××××××××××××
××××××××××××。

　　附件：1.×××××××××××××××××
　　　　×××××
　　　　2.×××××××××××

　　　　　　　　　　×××××××
　　　　　　　　　　　× × × ×
　　　　　　　　　　2012年7月1日

（×××××）

－ 2 －

图9　附件说明页版式

注：版心实线框仅为示意，在印制公文时并不印出。

附件2

××××××××××××

　××××××××××××××××××××××
××××××××××××××××××××××××
××××。
　××××××××××××××××××××××
××××××××××××××××××××××××
××××××××××××××××××××××××
××××××××××××××××××××××××
××××××××××××××××××××××××
××××××××××××××。

抄送：×××××××，×××××，××××，××××，
　　　×××××。

×××××× 　　　　　　　　　　2012年7月1日印发

— 4 —

图10　带附件公文末页版式

注：版心实线框仅为示意，在印制公文时并不印出。

中华人民共和国×××××部

000001 　　　　　　　　　　　　　　　　　　×××〔2012〕10号

机　密

特　急

×××××关于×××××××的通知

×××××××：

　　××××××××××××××××××××××××××××
××××××××××××××××××××××××××××××
××××××××××××××××××××××××××××××
×××××××××。

　　××××××××××××××××××××××××××××
××××××××××××××××××××××××××××××
×××××××××××××××××××××××××××××。

　　××××××××××××××××××××××××××××
××××××××××××××××××××××××××××××
××××××××××××××××××××××××××××××
××××××××××××××××××××××××××××××
××××××××××××××××××××××××。

图 11　信函格式首页版式

注：版心实线框仅为示意，在印制公文时并不印出。

×××××令

第×××号

×××××××××××××××××××
×××××××××××××××××××
×××××××××××××××××××
××××××××××。

部 长　×××

2012年7月1日

— 1 —

图 12　命令（令）格式首页版式

注：版心实线框仅为示意，在印制公文时并不印出。

归档文件整理规则

（中华人民共和国行业标准 DA/T 22—2000）

（中华人民共和国档案局 2000 年 12 月 6 日批准，2001 年 1 月 1 日实施）

1 范围

本标准规定了归档文件整理的原则和方法。

本标准适用于各级机关、团体和其他社会组织。

2 定义

本标准采用下列定义。

2.1 归档文件

立档单位在其职能活动中形成的、办理完毕、应作为文书档案保存的各种纸质文件材料。

2.2 归档文件整理

将归档文件以件为单位进行装订、分类、排列、编号、编目、装盒，使之有序化的过程。

2.3 件

归档文件的整理单位。一般以每份文件为一件，文件正本与定稿为一件，正文与附件为一件，原件与复制件为一件，转发文与被转发文为一件，报表、名册、图册等一册（本）为一件，来文与复文可为一件。

3 整理原则

遵循文件的形成规律，保持文件之间的有机联系，区分不同价值，便于保管和利用。

4 质量要求

4.1 归档文件应齐全完整。已破损的文件应予修整，字迹模糊或易褪变的文件应予复制。

4.2 整理归档文件所使用的书写材料、纸张、装订材料等应符合档案保护要求。

5 整理方法

5.1 装订

归档文件应按件装订。装订时，正本在前，定稿在后；正文在前，附件在后；原件在前，复制件在后；转发文在前，被转发文在后；来文与复文作为一件时，复文在前，来文在后。

5.2 分类

归档文件可以采用年度—机构（问题）—保管期限或保管期限—年度—机构（问题）等方法进行分类。同一全宗应保持分类方案的稳定。

5.2.1 按年度分类

将文件按其形成年度分类。

5.2.2 按保管期限分类

将文件按划定的保管期限分类。

5.2.3 按机构（问题）分类

将文件按其形成或承办机构（问题）分类（本项可以视情况予以取舍）。

5.3 排列

归档文件应在分类方案的最低一级类目内，按事由结合时间、重要程度等排列。会议文件、统计报表等成套性文件可集中排列。

5.4 编号

归档文件应依分类方案和排列顺序逐件编号，在文件首页上端的空白位置加盖归档章并填写相关内容。归档章设全宗号、年度、保管期限、件号等必备项，并可设置机构（问题）等选择项（见图A1。图中"＊"号栏为选择项，不选用时无须设置。以下同）。

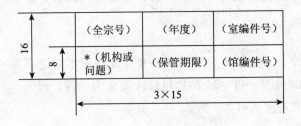

	（全宗号）	（年度）	（室编件号）
	＊（机构或问题）	（保管期限）	（馆编件号）

单位：mm
比例：1:1

图 A1　归档章式样

5.4.1 全宗号：档案馆给立档单位编制的代号。

5.4.2 年度：文件形成年度，以四位阿拉伯数字标注公元纪年，如1978。

5.4.3 保管期限：归档文件保管期限的简称或代码。

5.4.4 件号：文件的排列顺序号。

件号包括室编件号和馆编件号，分别在归档文件整理和档案移交进馆时编制。室编件号的编制方法为：在分类方案的最低一级类目内，按文件排列顺序从"1"开始标注。馆编件号按进馆要求标注。

5.4.5 机构（问题）：作为分类方案类目的机构（问题）名称或规范化简称。

5.5 编目

归档文件应依据分类方案和室编件号顺序编制归档文件目录。

5.5.1 归档文件应逐件编目。来文与复文作为一件时，只对复文进行编目。归档文件目录设件号、责任者、文号、题名、日期、页数、备注等项目（见图A2）。

件号	责任者	文号	题　名	日期	页数	备注

图 A2　归档文件目录式样

5.5.1.1　件号：填写室编件号。

5.5.1.2　责任者：制发文件的组织或个人，即文件的发文机关或署名者。

5.5.1.3　文号：文件的发文字号。

5.5.1.4　题名：文件标题。没有标题或标题不规范的，可自拟标题，外加"〔 〕"号。

5.5.1.5　日期：文件的形成时间，以 8 位阿拉伯数字标注年月日，如 19990909。

5.5.1.6　页数：每一件归档文件的页数。文件中有图文的页面为一页。

5.5.1.7　备注：注释文件需说明的情况。

5.5.2　归档文件目录用纸幅面尺寸采用国际标准 A4 型（长×宽为 297mm×210mm）。

5.5.3　归档文件目录应装订成册并编制封面。归档文件目录封面可以视需要设置全宗名称、年度、保管期限、机构（问题）等项目（见图 A3）。其中全宗名称即立档单位的名称，填写时应使用全称或规范化简称。

归 档 文 件 目 录

* 全宗名称＿＿＿＿＿＿

* 年　　　度＿＿＿＿＿

* 保管期限＿＿＿＿＿

* 机　　　构
　（问题）＿＿＿＿＿

图 A3　归档文件目录封面样式

5.6　装盒

将归档文件按室编件号顺序装入档案盒，并填写档案盒封面、盒脊及备考表项目。

5.6.1　档案盒

5.6.1.1　档案盒封面应标明全宗名称。档案盒的外形尺寸为 310mm×220mm（长×宽），盒脊厚度可以根据需要设置为 20mm、30mm、40mm 等 ［见图 A4（a）］。

5.6.1.2　档案盒应根据摆放方式的不同，在盒脊或底边设置全宗号、年度、保管期限、起止件号、盒号等必备项，并可设置机构（问题）等选择项 ［见图 A4（b）、图 A4（c）］。其中，起止件号填写盒内第一件文件和最后一件文件号，中间用"—"号连接；盒号即档案盒的排列顺序号，在档案移交进馆时按进馆要求编制。

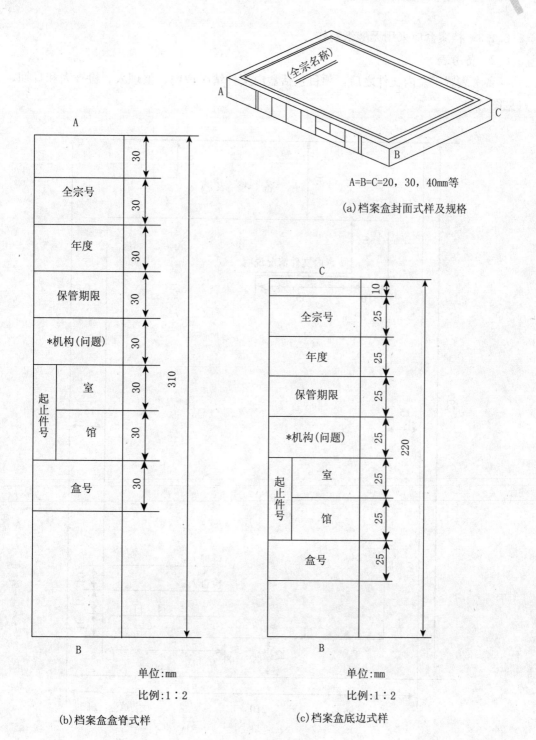

(a)档案盒封面式样及规格

A=B=C=20，30，40mm等

(b)档案盒盒脊式样

单位:mm
比例:1:2

(c)档案盒底边式样

单位:mm
比例:1:2

图A4 档案盒式样

5.6.1.3　档案盒应采用无酸纸制作。

5.6.2　备考表

　　备考表置于盒内文件之后，项目包括盒内文件情况说明、整理人、检查人和日期。
（见图 A5）

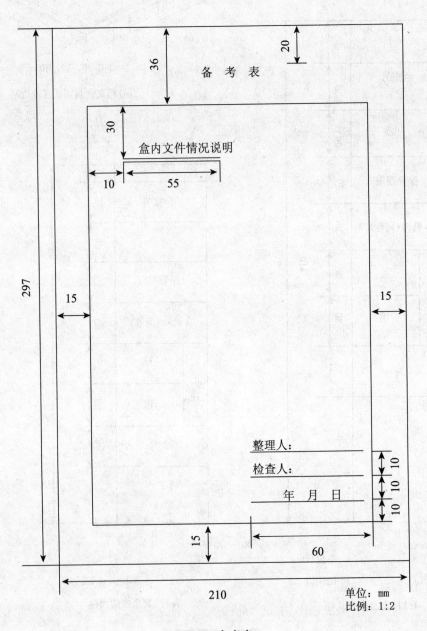

图 A5　备考表

5.6.2.1　盒内文件情况说明：填写盒内文件缺损、修改、补充、移出、销毁等情况。

5.6.2.2　整理人：负责整理归档文件的人员姓名。

5.6.2.3　检查人：负责检查归档文件整理质量的人员姓名。

5.6.2.4　日期：归档文件整理完毕的日期。

企业文件材料归档范围和档案保管期限规定

（2012 年 12 月 17 日国家档案局令第 10 号发布）

第一条　为便于企业正确界定文件材料归档范围，准确划分档案保管期限，促进企业依法经营和规范管理，根据《中华人民共和国档案法》、《中华人民共和国档案法实施办法》，制定本规定。

第二条　本规定所指的企业文件材料是指企业在研发、生产、服务、经营和管理等活动过程中形成的各种门类和载体的记录。

第三条　各级档案行政管理部门依照企业资产关系分别负责对企业文件材料归档范围和档案保管期限表编制工作进行业务指导和监督。

第四条　企业文件材料归档范围是：

（一）反映本企业在研发、生产、服务、经营、管理等各项活动和基本历史面貌的，对本企业各项活动、国家建设、社会发展和历史研究具有利用价值的文件材料；

（二）本企业在各项活动中形成的对维护国家、企业和职工权益具有凭证价值的文件材料；

（三）本企业需要贯彻执行的有关机关和上级单位的文件材料，非隶属关系单位发来的需要执行或查考的文件材料；社会中介机构出具的与本企业有关的文件材料；所属和控股企业报送的重要文件材料；

（四）有关法律法规规定应归档保存的文件材料和其他对本企业各项活动具有查考价值的文件材料。

第五条　企业下列文件材料可不归档：

（一）有关机关和上级主管单位制发的普发性不需本企业办理的文件材料，任免、奖惩非本企业工作人员的文件材料，供工作参考的抄件等；

（二）本企业文件材料中的重份文件，无查考利用价值的事务性、临时性文件，未经会议讨论、未经领导审阅和签发的文件，一般性文件的历次修改稿、各次校对稿，无特殊保存价值的信封，不需办理的一般性来信、来电记录，企业内部互相抄送的文件材料，本企业负责人兼任外单位职务形成的与本企业无关的文件材料，有关工作参考的文件材料；

（三）非隶属关系单位发来的不需贯彻执行和无参考价值的文件材料；

（四）所属和控股企业报送的供参阅的一般性简报、情况反映，其他社会组织抄送不需本企业办理的文件材料；

（五）其他不需归档的文件材料。

第六条　凡属企业归档范围的文件材料，必须按有关规定向本企业档案部门移交，

实行集中统一管理，任何个人不得据为己有或拒绝归档。

第七条　企业档案的保管期限定为永久、定期两种，定期一般分为 30 年、10 年。

第八条　永久保管的企业管理类档案主要包括：

（一）本企业设立、合并、分立、改制、上市、解散、破产或其他变动过程中形成的文件材料，本企业董事会、监事会、股东会的构成、变更、召开会议、履行职责和维护权益的文件材料；

（二）本企业资产和产权登记、评估与证明文件材料，资产和产权转让、买卖、抵押、租赁、许可、变更、保护等凭证性文件材料，对外投资文件材料；本企业资本金核算、确认、划转、变更等文件材料，企业融资文件材料；

（三）本企业关于重要问题向有关机关和上级主管单位的请示、报告、报表及其复函、批复，有关机关和上级单位制发的需本企业办理的重要文件材料，行业协会、中介机构等对本企业做出的重要决定、出具的审计、公证、裁定等重要文件材料，本企业与其他组织和个人形成的重要合同、协议及补充协议等文件材料；

（四）本企业发展规划、战略决策、重大改革、年度计划和总结文件材料，内部管理制度、规定、办法等文件材料；

（五）本企业机构演变，人力资源管理的重要文件材料；本企业涉及职工权益的其他重要文件材料；企业文化建设文件材料；

（六）本企业经营管理工作的重要文件材料；

（七）本企业生产技术管理工作的重要文件材料；

（八）本企业行政管理工作的重要文件材料；

（九）本企业党群工作的重要文件材料；

（十）新闻媒体对本企业重要活动、重大事件、典型人物的宣传报道；

（十一）有关机关和上级主管单位领导、社会知名人士等重要来宾到本企业检查、视察、调研、参观时的讲话、题词、批示、录音、录像、照片及企业工作汇报等重要文件材料；本企业参与国家和社会重大活动的重要文件材料，本企业职工参加省级以上党、团、工会、人大、政协等代表大会形成的重要文件材料；

（十二）本企业直属单位、所属、控股、参股、境外企业和机构报送的关于重要问题的报告、请示和批复等文件材料。

第九条　定期保管的企业管理类档案主要包括：

（一）本企业资本金管理、资产管理的一般性文件材料，本企业涉及职工权益的一般性文件材料；

（二）本企业部门工作或专项工作规划，半年、季度、月份计划与总结等文件材料；

（三）本企业召开会议、举办活动的一般性文件材料，发布的一般性公告；

（四）本企业经营管理工作的一般性文件材料；

（五）本企业生产技术管理工作的一般性文件材料；

（六）本企业行政管理工作的一般性文件材料；

（七）本企业党群工作的一般性文件材料；

（八）本企业关于一般性问题向有关机关和上级主管单位的请示、报告、报表及有关机关和上级主管单位的复函、批复，有关机关和上级主管单位、行业协会制发的需本企业贯彻执行的一般性文件材料和对本企业出具的一般性证明文件，本企业与其他单位和个人形成的一般性合同、协议文件材料；

（九）直属单位、所属和控股企业一般性问题的请示、报告、来函与本企业的批复、复函等文件材料；

（十）本企业参与国家和社会活动的一般性文件材料，本企业职工参加省以上党、团、工会、人大、政协等代表大会形成的一般性文件材料；本企业接待重要来宾的工作计划、方案等一般性文件材料。

第十条　企业经营管理、生产技术管理、行政管理、党群工作等管理类档案保管期限见附件。

第十一条　本规定的管理类档案保管期限为最低期限，各企业在具体划分时可选择高于本规定的期限。

第十二条　企业产品生产和服务业务、科研开发、基本建设、设备仪器、会计、干部与职工人事等文件材料的归档范围和档案保管期限，按国家有关规定、标准，结合企业实际执行。

第十三条　企业应归档纸质文件材料中，有重要修改意见和批示的修改稿及有发文稿纸或文件处理单的，应与文件正本、定稿一并归档。

企业对于无相应纸质或确实无法输出成纸质的电子文件应纳入归档范围并划分保管期限。

企业对归档的电子文件的元数据要进行相应归档。

第十四条　多个企业联合召开的会议、联合研制的产品、联合建设或研究的项目、联合行文所形成的文件材料，原件由主办企业归档，其他企业将相应的复制件或其他形式的副本归档。

第十五条　企业应依据本规定和国家及专业相关规定，结合本企业生产组织方式、产品和服务特点，编制本企业的各类文件材料归档范围和档案保管期限表。企业应按资产归属关系，指导所属企业根据有关规定规范各类文件材料归档范围和档案保管期限表的编制并审批所属企业的文件材料归档范围和档案保管期限表。

第十六条　中央管理的企业（包括国务院国有资产监督管理委员会监管中央企业、金融企业、中央所属文化企业等）总部的文件材料归档范围和管理类档案保管期限表，报国家档案局同意后执行。

地方国有企业总部编制的文件材料归档范围和管理类档案保管期限表，报同级档案行政管理部门同意后执行。

第十七条　企业资本结构或主营业务发生较大变化时，应及时修订和完善文件材

料归档范围和档案保管期限表。

第十八条　企业在编制文件材料归档范围和档案保管期限表时，应全面分析和鉴别本企业形成文件材料的现实作用和历史价值，统筹考虑纸质文件材料与其他载体文件材料的管理要求，准确界定文件材料的归档范围和划分档案保管期限。

第十九条　本规定适用于在中华人民共和国境内注册设立的企业，在境外经营的企业，由企业总部参照本规定提出实施要求；科技事业单位可参照执行。

第二十条　本规定由国家档案局负责解释。

第二十一条　本规定自 2013 年 2 月 1 日起施行。

附件：

企业管理类档案保管期限表

序号	归档范围	保管期限
1	本企业设立、变更、解散过程文件材料	
1.1	本企业筹办和设立的申请文件材料、政府相关部门批准设立本企业的相关文件材料	永久
1.2	本企业设立登记相关证照、证照变更登记文件材料	永久
1.3	本企业章程送审稿、批准稿及正式文本	永久
1.4	企业合并、分立、改制、上市、破产、解散或其他变更公司形式等过程中形成的文件材料	永久
2	本企业董事会、监事会、股东会构成及变更等方面的文件材料	
2.1	本企业董事会、监事会、股东会构成及变更文件材料，发起人协议	永久
2.2	董事会、监事会、股东代表大会会议形成的文件材料	
2.2.1	会议通知、议程、报告、决议、决定、公报声明、记录、领导人讲话、总结、纪要、讨论通过的文件材料、参加人员名单	永久
2.2.2	讨论未通过的文件材料	10 年
2.3	董事、监事、股东履职和维护权益过程形成的文件材料	
2.3.1	重要的	永久
2.3.2	一般的	30 年
3	本企业资本登记、资本变动、融资文件材料	
3.1	国有资产管理部门对本企业国有资本金核算、确认、划转、变更的文件材料	永久
3.2	其他非国有组织或机构资本对本企业投资、投入核算登记、确认文件材料	永久

序号	归档范围	保管期限
3.3	本企业证券和股票发行、增资扩股、股权变更等文件材料	
3.3.1	上市辅导和准备阶段形成的文件材料	
3.3.1.1	评估报告、审计报告、承销商出具的核查意见、股票发行上市辅导汇总报告、发行人律师意见书、律师工作报告、股东大会决议、董事会通过的资金运用方案决议、固定资产投资项目建议书、招股说明书及发行公告（含财务报告、盈利预测报告）	永久
3.3.1.2	与中介机构签订的上市辅导协议、尽职调查材料	30年
3.3.2	发行申请书、证监会核准文件材料、审核过程中提出的审核反馈意见	永久
3.3.3	股票发行申请报告及证券交易所的批复、发行方案、股票发行定价分析报告、路演推介文件材料	永久
3.3.4	上市推荐书、上市公告书、确定股票挂牌简称的函	永久
3.3.5	股票首次发行过程中形成的其他文件材料	
3.3.5.1	重要事项	永久
3.3.5.2	一般事项	30年
3.3.6	股票增发、配股文件材料	永久
3.3.7	增资扩股文件材料	永久
3.3.8	股权转让文件材料	永久
3.3.9	债权融资文件材料	永久
3.4	本企业股东、股权登记文件材料	永久
3.5	本企业融资工作中形成的其他文件材料	
3.5.1	重要事项	永久
3.5.2	一般事项	30年
4	本企业资产管理文件材料	
4.1	资产权属证明文件材料	
4.1.1	本企业土地、房屋、基础设施等不动产产权登记文件材料，重要的技术装备、设备等固定资产登记文件材料，自然资源的所有权、使用权、收益权等申请、批准、登记的文件材料	永久
4.1.2	本企业拥有的商标权、专利权、著作权、计算机软件、商业秘密、技术诀窍等知识产权创造、申请、审批、登记、运用、保护和管理中产生的文件材料	永久

序号	归档范围	保管期限
4.1.3	本企业特许经营权证文件材料，本企业资质认证、商誉评估、信用评级等文件材料	永久
4.1.4	本企业其他固定资产和无形资产权属文件材料	永久
4.1.5	本企业境外资产与产权权属文件材料	
4.1.5.1	重要的	永久
4.1.5.2	一般的	30 年
4.2	本企业资产与产权转让、买卖、抵押、租赁、许可、变更、清算、评估、处置、注销等资产变动文件材料，因产权变动所致职工身份变化的材料	永久
4.3	本企业其他债权、债务登记文件材料	
4.3.1	重要的	永久
4.3.2	一般的	30 年
4.4	境内外投资文件材料	
4.4.1	投资企业董事会、股东会文件材料，投资企业的财务报告、红利分配文件材料，股权证、转让协议等股权管理文件材料	永久
4.4.2	本企业在并购、参股、股权受让、基金业务及债权型投资等投资业务中形成的其他文件材料	
4.4.2.1	重要的	永久
4.4.2.2	一般的	30 年
5	本企业总经理办公会、党政联席会会议文件材料	
5.1	通知、议程、报告、决议、决定、公报声明、记录、领导人讲话、总结、纪要、讨论通过的文件材料，参加人员名单	永久
5.2	讨论未通过的文件材料	10 年
6	本企业召开的工作会议、专题会议的文件材料	
6.1	请示、批复、通知、名单、日程、报告、讲话、总结、决议、决定、纪要、媒体宣传报道、录音、录像	
6.1.1	重要的	永久
6.1.2	一般的	30 年
6.2	代表发言、经验交流文件材料，简报	10 年
7	本企业承办的大型展览会、博览会、论坛、学术会议、国际性会议的文件材料	

序号	归档范围	保管期限
7.1	请示、批复、申办和筹办组委会组建文件材料、主要活动安排、议程、名单、主报告（原文及译文）、辅助报告（原文及译文），领导人贺词、题词、讲话，会徽设计、简报、新闻报道	永久
7.2	代表发言、经验交流	30 年
7.3	委员会、分会会议和学术会议的讨论记录，会议代表登记表、接待安排	30 年
8	有关机关和上级主管部门领导、社会知名人士检查、视察、调研本企业工作时形成的文件、工作汇报、录音录像等文件材料	
8.1	重要的	永久
8.2	一般的	30 年
9	本企业向有关机关、上级主管单位的请示、报告与有关机关、上级主管单位的批复、批示	
9.1	重要事项	永久
9.2	一般事项、无批复的重要事项	30 年
9.3	无批复的一般事项	10 年
10	本企业收到的有关机关、上级主管单位等相关机构制发的文件材料	
10.1	涉及本企业经营管理重要事项和其他重要事项的文件材料	永久
10.2	与本企业经营管理等工作有关的一般性文件材料	10 年
11	本企业与金融机构、中介机构及其他组织和个人来往文件材料	
11.1	本企业非资本经营业务中与银行、保险、证券、基金管理等金融机构业务往来的文件材料	
11.1.1	重要事项	永久
11.1.2	一般事项	30 年
11.2	本企业非资本经营业务中与会计、审计、法律事务所等机构往来文件材料	
11.2.1	重要事项	永久
11.2.2	一般事项	30 年
11.3	本企业与所属境外企业和机构业务往来文件材料	永久
11.4	本企业与其他单位或个人发生业务关系形成的文件材料	
11.4.1	本企业签署的战略合作协议、重要谈判的合同协议	永久
11.4.2	本企业签署的长期合同或协议及其补充件	
11.4.2.1	重要的	永久
11.4.2.2	一般的	30 年

序号	归档范围	保管期限
11.4.3	本企业签署的短期合同或协议及其补充件	
11.4.3.1	重要的	30 年
11.4.3.2	一般的	10 年
11.5	本企业对其他单位或个人的资信调查、客户管理等文件材料	
11.5.1	重要的	30 年
11.5.2	一般的	10 年
11.6	本企业对外发布的公告、公示等文件材料	
11.6.1	重要事项	永久
11.6.2	一般事项	30 年
12	直属单位、所属和控股企业的请示、报告、函与本企业的批复、复函等文件材料	
12.1	重大问题	永久
12.2	一般性问题	30 年
13	本企业经营决策、建设项目（含境外项目）管理、企业管理、资本经营、财务、物资管理、产品与服务业务管理、市场开发与营销、产品与服务销售管理、售后服务管理、客户信息、信誉、统计等管理工作文件材料	
13.1	经营计划、决策文件材料	
13.1.1	本企业中长期规划、纲要，重要的经营决策文件材料	永久
13.1.2	本企业年度计划、任务目标、总结、统计文件材料	永久
13.1.3	本企业半年、季度、月份等计划、总结、统计文件材料	10 年
13.1.4	本企业、所属和控股企业的经营目标责任书、业绩考核评价文件材料	30 年
13.2	建设项目工作文件材料	
13.2.1	建设项目工作规划、计划、总结等文件材料	永久
13.2.2	建设项目工作制度、办法、规定等文件材料	永久
13.2.3	项目前期立项、规划、论证、设计、招投标、协议、合同、申请、审批等文件材料	永久
13.2.4	项目检查、竣工验收、重要的专项报告、审批意见	永久
13.3	企业管理文件材料	
13.3.1	企业管理规划、计划、总结、实施方案、制度、规定、办法等	永久
13.3.2	企业管理方案实施、检查验收文件材料	30 年
13.4	资本经营工作文件材料	

序号	归档范围	保管期限
13.4.1	资本经营工作规划、计划、总结、条例、制度、办法、规定、决定等	永久
13.4.2	资本经营工作通知、纪要、记录、调研报告	30 年
13.5	财务工作文件材料	
13.5.1	财务管理制度、规定、办法、总结	永久
13.5.2	财务管理工作计划、报告、通知	30 年
13.5.3	固定资产新增、报废、调拨文件材料	30 年
13.5.4	生产财务和成本核算文件材料	永久
13.5.5	资金管理、价格管理、会计管理文件材料	永久
13.5.6	本企业税务登记、交纳、减免、返还等工作文件材料	永久
13.5.7	本企业经营盈亏情况报告、报表	
13.5.7.1	重要的	永久
13.5.7.2	一般的	30 年
13.5.8	本企业财务预、决算报告	永久
13.6	物资管理文件材料	
13.6.1	物资管理工作制度、规定、办法	永久
13.6.2	物资台账、统计报表	30 年
13.6.3	物资分配计划、记录	10 年
13.6.4	物资采购审批手续、招投标文件材料、合同、协议、来往函件、物资保管台账、出入库记录等	
13.6.4.1	重要物资的	30 年
13.6.4.2	一般物资的	10 年
13.7	产品与服务管理文件材料	
13.7.1	产品与服务发展规划、计划、总结等	永久
13.7.2	产品与服务管理制度、办法、规定等	永久
13.7.3	调查研究文件材料	
13.7.3.1	产品与服务市场调查、技术调查、考察、预测报告、调研综合报告	10 年
13.7.3.2	产品与服务的技术、经济可行性研究报告，市场需求分析报告、收益预测分析报告	30 年
13.7.4	产品与服务决策文件材料	
13.7.4.1	产品与服务发展建议书、技术建议书、协议书、委托书、合同等	永久
13.7.4.2	专题分析报告、专题会议纪要	30 年

续　表

序号	归档范围	保管期限
13.7.4.3	研制或开发计划、方案及方案论证报告	30 年
13.7.5	阶段评审文件材料	30 年
13.8	市场开发与营销	
13.8.1	市场营销工作总结、制度，营销组织、市场网络建设、境外市场拓展、品牌建设等文件材料	永久
13.8.2	市场营销工作规划、计划等	30 年
13.8.3	产品销售计划文件材料，产品订货会、市场分析和用户调查文件材料	30 年
13.8.4	产品市场推广、营销宣传等文件材料	30 年
13.8.5	业务开办、产品上市或终止的申请、报备、批复等文件材料	永久
13.9	销售管理文件材料	
13.9.1	销售管理制度、规定、办法，销售合同、协议、函件	永久
13.9.2	售后服务文件材料	30 年
13.10	客户信息及资信调查文件材料	
13.10.1	重要客户的	永久
13.10.2	一般客户的	30 年
13.11	企业认证、达标等活动的呈报、审批文件材料，企业获得的资质、信誉证书方面的文件材料	永久
13.12	企业形象宣传文件材料	永久
13.13	统计工作文件材料	
13.13.1	统计工作制度、规定、办法，综合性统计报表	永久
13.13.2	生产、技术、经济统计报表及分析文件材料，工业普查报表	永久
13.13.3	一般性统计分析文件材料	30 年
14	本企业生产组织、质量管理、能源管理、设备管理、安全、环保、计量管理、科技管理、信息化管理、标准、图书情报等管理工作文件材料	
14.1	生产组织工作文件材料	
14.1.1	生产组织工作制度、办法、总结等	永久
14.1.2	生产组织工作规划、计划、报告	30 年
14.1.3	生产作业计划编制、执行及调度工作文件材料	10 年
14.1.4	生产调度会议记录	30 年
14.1.5	生产活动分析文件材料	10 年
14.2	质量管理工作文件材料	

序号	归档范围	保管期限
14.2.1	质量工作条例、制度、规定、总结,质量体系建设、运行及管理文件材料,产品创优获奖证书	永久
14.2.2	质量工作规划、计划、措施	30 年
14.2.3	产品质量检测、化验、试验文件材料	30 年
14.2.4	全面质量管理工作形成的文件材料	30 年
14.2.5	质量异议处理、事故分析及处理文件材料、质量认证、检查、评比文件材料	永久
14.2.6	产品召回、理赔等文件材料	永久
14.3	能源管理工作文件材料	
14.3.1	能源管理工作规定、总结	永久
14.3.2	能源管理计划、统计报表,能源消耗定额管理文件材料	30 年
14.3.3	节能工作文件材料	30 年
14.4	设备仪器管理工作文件材料	
14.4.1	设备仪器管理工作制度、规定、办法、总结等	永久
14.4.2	设备仪器管理工作规划、计划等	30 年
14.5	安全生产工作文件材料	
14.5.1	安全技术管理制度、办法、总结,自然灾害、生产安全事故抢救、调查、处理文件材料	永久
14.5.2	安全技术管理规划、计划、通报、会议记录、安全体系建设文件材料等	30 年
14.5.3	安全、消防教育、应急演练活动文件材料	10 年
14.6	环境保护工作文件材料	
14.6.1	环境保护工作制度、总结,环保调查、监测、分析文件材料	永久
14.6.2	环境保护工作规划、计划	30 年
14.6.3	环境影响评价书、环保污染防治措施、总结、报告,污染事故抢救、调查、处理文件材料	永久
14.7	计量管理工作文件材料	
14.7.1	计量工作制度、规定、办法、总结等	永久
14.7.2	计量工作规划、计划等	30 年
14.7.3	计量设备、仪器、器具定期检查记录	10 年
14.8	科技管理工作	

序号	归档范围	保管期限
14.8.1	科技管理工作制度、总结，新产品开发、科技攻关项目、科技成果管理、技术引进文件材料	永久
14.8.2	科技发展规划、计划、办法等	30 年
14.8.3	技术革新与合理化建议文件材料	10 年
14.8.4	学术交流活动文件材料	10 年
14.9	信息化管理工作文件材料	
14.9.1	企业信息化管理制度、总结等文件材料	永久
14.9.2	信息化发展规划、计划、办法等	30 年
14.9.3	企业信息化总体设计方案，信息系统设计、开发、实施过程评审文件材料	30 年
14.9.4	信息系统运行维护、数据管理、安全保密等的方案、记录、报告	30 年
14.10	标准管理工作文件材料	
14.10.1	标准工作制度、规定、办法、总结，企业基础标准、技术规范、管理标准、工作标准、生产技术规范编写、评审、发布文件材料	永久
14.10.2	标准工作规划、计划等	30 年
14.11	图书、情报工作文件材料	
14.11.1	图书、情报工作制度、规定、办法、总结	永久
14.11.2	图书、情报工作规划、计划等	30 年
15	本企业组织机构设置、人力资源、文秘、机要、档案、保密、保卫、综合治理、信访、法律、外事、风险管理、内控与审计、社会责任、基本建设管理等管理工作文件材料	
15.1	本企业组织机构设置、撤并、名称变更、岗位职责设计、人员编制、印信启用和作废等文件材料	永久
15.2	人力资源管理工作文件材料	
15.2.1	人力资源规划、工作计划、制度、办法、决定、报告等	永久
15.2.2	企业人员录用、转正、聘任、调资、定级、停薪留职、辞职、离退休、死亡、抚恤、安置等文件材料	永久
15.2.3	干部和职工的任免、升降、奖惩、考核、职称评聘等方面文件材料	永久
15.2.4	老干部、离退休人员管理有关文件材料	永久
15.2.5	企业人员薪酬、待遇等劳动人事管理文件材料	永久
15.2.6	企业签订的劳动合同	永久
15.2.7	企业先进单位、劳动模范、先进工作者的文件材料	

序号	归档范围	保管期限
15.2.7.1	本企业及省部级（含）以上表彰、奖励的	永久
15.2.7.2	其他表彰、奖励的	30 年
15.2.8	对本企业有关人员的处分文件材料	
15.2.8.1	受到警告（不含）以上处分的	永久
15.2.8.2	受到警告处分的	30 年
15.2.9	本企业人员参加社会保障、医疗保险、商业保险、住房公积金、劳动保护、职业安全、医疗卫生、计划生育等文件材料	永久
15.2.10	企业职工培训工作文件材料	
15.2.10.1	重要的	30 年
15.2.10.2	一般的	10 年
15.2.11	职工调动工作的行政、工资关系的介绍信及存根	永久
15.2.12	职工名册	永久
15.3	文秘、机要、档案、保密工作文件材料	
15.3.1	文秘、机要、档案、保密工作制度、规定、办法、总结等文件材料	永久
15.3.2	文秘、机要、档案、保密工作规划、计划文件材料	30 年
15.3.3	档案开发、编研成果，档案移交清单、销毁清册	永久
15.3.4	保密资格认证方案、申请、审查、批准文件材料	30 年
15.3.5	保密工作检查方案、通知、结论、通报等文件材料	30 年
15.4	安全保卫工作	
15.4.1	安全保卫、民兵、预备役工作规划、计划、总结、报告、报表等	30 年
15.4.2	保卫部门的安全检查、调查方案、记录、通报	30 年
15.4.3	自然灾害防范、交通管理文件材料	30 年
15.5	综合治理工作文件材料	
15.5.1	重要事项	永久
15.5.2	一般事项	30 年
15.6	信访工作文件材料	
15.6.1	重要事项	永久
15.6.2	一般事项	30 年
15.7	法律工作文件材料	
15.7.1	五年普法规划、年度计划、规章、制度、办法等	30 年
15.7.2	法院判决书、调解书等诉讼和仲裁等文件材料	永久

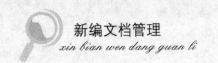

续　表

序号	归档范围	保管期限
15.7.3	一般法律事务工作文件材料	30 年
15.7.4	案件、纠纷、行政处罚、复议文件材料及公证事务中结论性材料	永久
15.7.5	案件、纠纷、行政处罚、复议文件材料及公证事务中调查、协调过程形成的文件材料	30 年
15.8	外事工作文件材料	
15.8.1	国际交往中发表的公报，签订的协议、协定、备忘录，重要的会谈记录、纪要等	永久
15.8.2	出访考察、参加国际会议、接待来访等外事活动、出访审批文件材料	永久
15.8.3	产品进出口审批和办理手续、执行日程、考察报告等一般性文件材料	30 年
15.9	风险管理、内控、审计工作文件材料	
15.9.1	风险管理、内控、审计工作制度、总结，审计意见、审计报告、专项审计通知、报告、批复、结论、调查与证明等文件材料	永久
15.9.2	风险管理、内控与审计工作方案、计划、报告、纪要等	30 年
15.9.3	内部控制管理手册、风险识别、评估、控制等过程形成的文件材料，重大风险评估报告，风险管理体系建设文件材料	30 年
15.10	社会责任工作文件材料	
15.10.1	本企业社会责任报告	永久
15.10.2	参与和投入社会公益、慈善、捐赠事业的记录文件材料	永久
15.10.3	赈灾、扶贫、献血、拥军优属等文件材料	永久
15.11	本企业的史、志、年鉴、大事记、组织沿革等编研成果，本企业编辑出版的书、报、刊等出版物	永久
15.12	本企业编制的简报、工作信息	30 年
15.13	本企业编制的通报、情况反映、参考资料等	10 年
15.14	基本建设管理文件材料	
15.14.1	基本建设工作管理制度、规定、办法、总结	永久
15.14.2	基本建设工作规划、计划，专项工作通知等文件材料	30 年
16	本企业党、团、工会等党群工作文件材料	
16.1	企业党员代表大会、职工代表大会、共青团代表大会	
16.1.1	请示、批复、批示、通知、名单、议程、报告、领导人讲话、选举结果、会议记录、讨论通过的文件、决议、纪要、公告等文件材料	永久
16.1.2	大会发言、交流、会议简报	10 年

序号	归档范围	保管期限
16.1.3	重要的贺信、贺电，筹备工作、选举工作中形成的文件材料，小组会议记录、会务工作安排、总结等文件材料	10 年
16.1.4	讨论未通过的文件材料	10 年
16.2	党委会、党委常委会、工会委员会、工会会员代表大会、共青团常委（扩大）会，党群机关办公会会议文件材料	
16.2.1	通知、议程、报告、决议、决定、公报声明、记录、领导人讲话、总结、纪要、讨论通过的文件、参加人员名单	永久
16.2.2	讨论未通过的文件材料	10 年
16.3	党务综合性工作	
16.3.1	各项条例、规章制度、办法，工作计划、总结，"三重一大"等重要专项活动工作通知、报告，重要调研文件材料、党务工作大事记等	永久
16.3.2	情况反映、工作简报及一般文件材料	30 年
16.4	组织工作	
16.4.1	党员干部考察、考核、任免、政审决定等	永久
16.4.2	入党、转正、退党、转入、转出等决定及党员名册，党团组织关系的介绍信及存根	永久
16.4.3	党委（党组）组织工作规章制度	永久
16.4.4	党群机构设置、调整、人员编制等方面决定及通知	永久
16.4.5	党费收支文件材料	30 年
16.4.6	党员学习教育等活动形成的文件材料	
16.4.6.1	重要的	永久
16.4.6.2	一般的	10 年
16.4.7	党员统计年报	永久
16.5	企业宣传统战工作报告、会议纪要、调研、计划、总结文件材料、民主党派人员名单登记、活动记录、精神文明建设方面文件材料	
16.5.1	重要的	永久
16.5.2	一般的	30 年
16.6	纪检与监察工作	
16.6.1	纪检与监察工作的规定、决定、通报、通知、会议记录、纪要、计划、总结	永久
16.6.2	党风廉政反腐工作文件材料	30 年

序号	归档范围	保管期限
16.6.3	违纪案件立案报告、调查依据、审查结论、处理意见等文件材料	
16.6.3.1	重大案件	永久
16.6.3.2	一般案件	30 年
16.7	工会、女工、共青团工作规划、年度计划、总结、规章制度、决定、通知、会议记录	永久
16.8	职工民主管理、表彰先进、劳保福利、职工维权、工会会费与财务管理文件材料、工会统计年报、工会会员名册	永久
16.9	女工工作、劳动竞赛、文体活动、计划生育等方面文件材料	
16.9.1	重要的	永久
16.9.2	一般的	10 年
16.10	共青团组织发展、劳动竞赛、表彰先进、团费管理、文体活动等文件材料	
16.10.1	重要的	永久
16.10.2	一般的	10 年
16.11	民间团体工作，民政协调工作中形成的文件材料	
16.11.1	民间团体设立、变更、撤销等的请示、批复、章程等文件材料	永久
16.11.2	民间团体活动过程形成的文件材料	
16.11.2.1	重要事项	30 年
16.11.2.2	一般事项	10 年
17	本企业其他事务管理文件材料	
17.1	企业接待工作计划、方案，重要来宾有关的照片、录音、录像、题词、讲话、批示等	
17.1.1	重要的	永久
17.1.2	一般的	30 年
17.2	企业住房房产分配、出售、出租工作文件材料	永久
17.3	企业职工承租、购置企业房产的合同、协议和有关手续	永久
17.4	新闻媒体对本企业重要活动、重大事件、典型人物的宣传报道	永久
17.5	企业文化建设文件材料	
17.5.1	企业文化建设方案	永久
17.5.2	企业文化建设其他文件材料	
17.5.2.1	重要的	永久
17.5.2.2	一般的	30 年
17.6	企业纪念、庆典活动文件材料	

序号	归档范围	保管期限
17.6.1	重要的	永久
17.6.2	一般的	30 年
18	各种非纸质载体、介质及实物形式的文件材料	
18.1	无法输出纸质的或无纸质的二维、三维、数据库类电子文件	
18.1.1	重要的	永久
18.1.2	一般的	30 年
18.2	各种有保存价值的实物	
18.2.1	重要的	永久
18.2.2	一般的	30 年
18.3	其他各种非纸质载体、介质文件材料	
18.3.1	重要的	永久
18.3.2	一般的	30 年

电子公文归档管理暂行办法

（2003 年 7 月 28 日 国家档案局令第 6 号发布）

第一条 为了加强对电子公文的归档管理，有效维护电子公文的真实性、完整性、安全性和可识别性，根据《中华人民共和国档案法》、《中华人民共和国档案法实施办法》和《国家行政机关公文处理办法》，制定本办法。

第二条 本办法所称的电子公文，是指各地区、各部门通过由国务院办公厅统一配置的电子公文传输系统处理后形成的具有规范格式的公文的电子数据。

第三条 电子公文形成单位应指定有关部门或专人负责本单位的电子公文归档工作，将电子公文的收集、整理、归档、保管、利用纳入机关文书处理程序和相关人员的岗位责任。

机关档案部门应参与和指导电子公文的形成、办理、收集和归档等各工作环节。

第四条 副省级以上档案行政管理部门负责对电子公文的归档管理工作进行监督和指导。电子公文的真实性、完整性、安全性和可识别性，移交前由形成部门负责，移交后由档案部门负责。

第五条 电子公文参照国家有关纸质文件的归档范围进行归档并划定保管期限。

第六条 电子公文一般应在办理完毕后即时向机关档案部门归档。

第七条 电子公文形成单位必须将具有永久和长期保存价值的电子公文，制成纸质公文与原电子公文的存储载体一同归档，并使两者建立互联。

第八条　需要永久和长期保存的电子公文，应在每一个存储载体中同时存有相应的符合规范要求的机读目录。

第九条　电子公文的收发登记表、机读目录、相关软件、其他说明等应与相对应的电子公文一同归档保存。

第十条　电子公文的归档应在"全国政府系统办公业务资源网电子邮件系统"平台上进行，各电子公文形成单位档案部门应配置足够容量和处理能力及相对安全的系统设备。

第十一条　电子公文形成单位应在运行电子公文处理系统的硬件环境中设置足够容量、安全的暂存存储器，存放处理完毕应归档保存的电子公文，以保证归档电子公文的完整、安全。

第十二条　电子公文形成单位应在电子公文处理系统中设置符合安全要求的操作日志，随时自动记录对电子公文实时操作的人员、时间、设备、项目、内容等，以保证归档电子公文的真实性。

第十三条　电子公文形成单位应在电子公文归档时对相关项目进行检查，检查项目包括与纸质公文核对内容、签章，审核电子公文收发登记表、操作日志及相关的著录条目等，确认电子公文及相关的信息和软件无缺损且未被非正常改动，电子公文与相应的纸质公文内容及其表现形式一致，处理过程无差错。

第十四条　归档电子公文的移交形式可以是交接双方之间进行存储载体传递或通过电子公文传输系统从网上交接。

第十五条　通过存储载体进行交接的归档电子公文，移交与接收部门均应对其载体和技术环境进行检验，确保载体清洁、无划痕、无病毒等。

第十六条　归档电子公文应存储到符合保管要求的脱机载体上。归档保存的电子公文一般不加密，必须加密归档的电子公文应与其解密软件和说明文件一同归档。

第十七条　归档的电子公文，应按本单位档案分类方案进行分类、整理，并拷贝至耐久性好的载体上，一式3套，一套封存保管；一套异地保管，一套提供利用。

第十八条　档案部门应加强对归档电子公文的管理，提供利用有密级要求的归档电子公文，应严格遵守国家有关保密的规定，采用联网的方式提供利用的，应采取稳妥的身份认定、权限控制及在存有电子公文的设备上加装防火墙等安全保密措施。

第十九条　超过保管期限的归档电子公文的鉴定和销毁，按照归档纸质文件的有关规定执行。对确认销毁的电子公文可以进行逻辑或物理删除，并应由档案部门列出销毁文件目录存档备查。

第二十条　其他类型电子公文的归档管理可参照本办法。

第二十一条　本办法未尽事宜，参照国家其他有关电子文件的标准和规定。

第二十二条　本办法由国家档案局负责解释。

第二十三条　本办法自2003年9月1日起施行。